高职高专特色课程规划教材

# 大学生心理素质训练

主　编　金　鑫

副主编　赵　猛　盖若鸥



东北大学出版社

·沈　阳·

图书在版编目（CIP）数据

大学生心理素质训练 / 金鑫主编. — 沈阳 ： 东北大学出版社，2021.8（2022.1 重印）

ISBN 978-7-5517-2642-9

Ⅰ. ①大… Ⅱ. ①金… Ⅲ. ①大学生－心理素质－素质教育 Ⅳ. ①G444

中国版本图书馆 CIP 数据核字(2021)第 163881 号

出 版 者：东北大学出版社
地址：沈阳市和平区文化路三号巷 11 号
邮编：110819
电话：024-83687331(市场部) 83680267(社务部)
传真：024-83680180(市场部) 83680265(社务部)
网址：http://www.neupress.com
E-mail: neuph@neupress.com
印 刷 者：辽宁一诺广告印务有限公司
发 行 者：东北大学出版社
幅面尺寸：185 mm×260 mm
印 张：18
字 数：405 千字
出版时间：2021 年 8 月第 1 版
印刷时间：2022 年 1 月第 2 次印刷
责任编辑：周 朦
责任校对：王 旭
封面设计：潘正一
责任出版：唐敏志

ISBN 978-7-5517-2642-9 定 价：36.80 元

# 前　言

高等职业教育按照职业分类，根据一定职业岗位（群）实际业务活动范围的要求，培养第一线实用型（技术应用型或职业型）人才。这种教育更强调对职业的针对性和职业技能能力培训，是以社会人才市场需求为导向的就业教育。新时代高职院校学生的思想丰富活跃，个性活泼张扬，动手能力较强。同时，高职院校学生正处于即将成年或刚刚成年的阶段，他们的心理情绪还未完全稳定，在面临学业、就业、情感、经济等因素时，很容易受到干扰而产生心理问题。所以，加强高职院校学生的心理健康教育，显得尤为重要。

党和国家高度重视大学生心理健康教育，出台了一系列政策、文件来加强和改进大学生心理健康教育工作，并要求各高校认真抓好落实。中共教育部党组印发的《高等学校学生心理健康教育指导纲要》（教党〔2018〕41号）中提出，心理健康教育是提高大学生心理素质、促进其身心健康和谐发展的教育，是高校人才培养体系的重要组成部分，也是高校思想政治工作的重要内容。要求完善心理健康教育教材体系，组织编写大学生心理健康教育示范教材，科学规范教学内容。创新心理健康教育教学手段，有效改进教学方法，通过线下线上、案例教学、体验活动、行为训练、心理情景剧等多种形式，激发大学生学习兴趣，提高课堂教学效果，不断提升教学质量。教育部印发的《高等学校课程思政建设指导纲要》（教高〔2020〕3号）中提出，全面推进课程思政建设，就是要寓价值观引导于知识传授和能力培养之中，帮助学生塑造正确的世界观、人生观、价值观，这是人才培养的应有之义，更是必备内容。课程思政建设内容要紧紧围绕坚定学生理想信念，以爱党、爱国、爱社会主义、爱人民、爱集体为主线，围绕政治认同、家国情怀、文化素养、宪法法治意识、道德修养等重点优化课程思政内容供给，系统进行中国特色社会主义和中国梦教育、社会主义核心价值观教育、法治教育、劳动教育、心理健康教育、中华优秀传统文化教育。

心理健康教育课程不同于其他学科课程，目标不是单纯传授心理学知识，而是提高大学生自我管理、人格发展、情绪调节和人际交往等方面的能力，增强大学生心理健康水平和心理素质，帮助大学生更好地学习、交友、就业，促进大学生在适应环境、掌握专业知识和技能的同时，德智体美劳全面发展。根据当前课程思政建设要求和心理健康教育课程特点，本书直面大学生的热点、难点问题，精选国内外典型案例（以国内古今优秀案例居多），更具中国特色，体现高职院校心理健康教育工作逐渐本土化的特色；

理论阐述科学精练，深入浅出，可读性强；心理训练操作流程清晰，针对性和实用性强；资源共享为学生提供优秀心理影片，让学生课后通过观看影片继续体会心理成长的滋味。

《大学生心理素质训练》一书，是辽宁石化职业技术学院 2020 年双高建设项目“大学生心理健康和 EAP 服务中心”系列成果之一。本书围绕高职院校学生群体的共性心理问题，重点介绍了高校专（兼）职心理健康教育教师如何以心理学理论知识为基础，运用心理行为训练形式，挖掘心理健康教育课程思政内涵，培养学生独立自主、勇于自我探索的生活态度，帮助学生学以致用，在心理健康教育教学过程中，更好地明确自身的特点，主动发现问题、解决问题，提高学生解决切实问题的能力、培养学生人际沟通的能力和自我调适的能力，养成学生平等宽容、团结协作的合作意识，切实提高学生的心理素质，满足社会各行业对高素质技能型人才的要求。本书由辽宁省高校学生心理健康教育专家工作指导组咨询督导工作组副组长、辽宁石化职业技术学院心理咨询中心主任、辽宁石化职业技术学院心理健康教育教研室主任、中国心理学会临床心理学注册工作委员会注册心理师、国家二级心理咨询师金鑫担任主编，并负责第七单元至第十二单元的撰写任务和全书统稿工作；辽宁石化职业技术学院心理健康教育教研室专职教师赵猛担任副主编，并负责第一单元、第二单元和第六单元的撰写；辽宁石化职业技术学院心理健康教育教研室兼职教师盖若鸥担任副主编，并负责第三单元、第四单元和第五单元的撰写。

高职院校心理健康教育教学的研究和探索，是建立在理论研究与实践操作相结合基础上的一个系统性、发展性和创新性的工程，需要我们坚持不懈地学习和探索，因此本书不可能囊括所有优秀的研究成果。虽然我们整个团队对本书的知识性、操作性和实用性进行了多轮研究和探讨，但由于时间仓促，本书中仍存在需要修正和完备之处，敬请业内同行、专家学者和心理学爱好者等不吝指正。

编　者<br>2021 年 5 月

# 目　录

## 第一篇　环境适应篇


第一单元　适应环境：向新生活问好 …… 3

模块一　心理故事 …… 3

故事一　大教育家陶行知 …… 3

故事二　水土不服 …… 4

模块二　心理导航 …… 5

一、学习生活新变化 …… 6

二、影响大学生环境适应的主、客观因素 …… 8

三、大学生环境适应的心理调适 …… 13

模块三　心理训练 …… 18

训练一　有缘相识 …… 18

训练二　新朋友的吸引力 …… 20

模块四　资源共享 …… 22

第二单元　学会学习：向新方法问好 …… 23

模块一　心理故事 …… 23

故事一　鲁迅在“三味书屋” …… 23

故事二　迷失在社团活动中的少年 …… 24

模块二　心理导航 …… 25

一、大学生学习的特点与心理机制 …… 26

二、大学生常见的学习心理问题 …… 31

三、大学生学习心理问题的调适 …… 34

模块三　心理训练 …… 37

训练一　时间管理 …… 37

训练二　创意无限 …… 39
模块四　资源共享 …… 41

**第三单元　生涯规划：向新阶段问好 …… 42**

模块一　心理故事 …… 42
故事一　全照亮——“网瘾少年”开始逆袭 …… 42
故事二　迷茫的“萌新” …… 44
模块二　心理导航 …… 45
一、生涯规划的内涵 …… 45
二、大学生职业生涯规划的意义 …… 47
三、大学生职业生涯规划的困惑 …… 49
四、制订职业生涯规划的方法 …… 51
模块三　心理训练 …… 56
训练一　设定自己的目标 …… 56
训练二　了解自己的职业爱好 …… 59
模块四　资源共享 …… 63

**第四单元　人际交往：向新朋友问好 …… 64**

模块一　心理故事 …… 64
故事一　寻找快乐 …… 64
故事二　“狼孩”卡玛拉 …… 65
模块二　心理导航 …… 66
一、人际关系概述 …… 67
二、大学生的人际交往 …… 68
三、大学生人际交往的常见问题 …… 73
四、大学生人际交往的不良心理调适 …… 74
模块三　心理训练 …… 77
训练一　人际交往相关测试 …… 77
训练二　我的人际圈 …… 81
模块四　资源共享 …… 85

# 第二篇　成长探索篇


**第五单元　学会沟通：探索人际互动模式** …… 89

模块一　心理故事 …… 89

故事一　午餐沟通 …… 89

故事二　坦诚与宽容 …… 91

模块二　心理导航 …… 92

一、沟通概述 …… 93

二、人际沟通的要素 …… 93

三、大学生的人际沟通 …… 94

四、沟通能力培养 …… 98

模块三　心理训练 …… 102

训练一　人际沟通自测 …… 102

训练二　倾听有礼 …… 105

模块四　资源共享 …… 107

**第六单元　谈情说爱：探索两性亲密关系** …… 108

模块一　心理故事 …… 108

故事一　爱情去哪儿了 …… 108

故事二　周幽王“烽火戏诸侯” …… 110

模块二　心理导航 …… 112

一、大学生恋爱心理概述 …… 112

二、大学生恋爱的特点 …… 116

三、大学生恋爱困惑及应对 …… 120

模块三　心理训练 …… 127

训练一　缘分天空 …… 127

训练二　郎才女貌 …… 129

模块四　资源共享 …… 131

第七单元 认识自我：探索真实的自己 …… 132
模块一 心理故事 …… 132
故事一 懊恼的山羊 …… 132
故事二 神奇的发卡 …… 133
模块二 心理导航 …… 134
一、自我意识的发展 …… 134
二、自我意识的偏差 …… 136
三、自我的完善 …… 140
模块三 心理训练 …… 142
训练一 认识独一无二的“我” …… 142
训练二 探索真实的“我” …… 146
模块四 资源共享 …… 150

第八单元 健全人格：探索积极心理品质 …… 151
模块一 心理故事 …… 151
故事一 他到底是谁 …… 151
故事二 苏章判案 …… 152
模块二 心理导航 …… 154
一、人格概述 …… 154
二、大学生常见的人格偏差及改变 …… 163
三、大学生健全人格的培养与塑造 …… 167
模块三 心理训练 …… 170
训练一 了解你的气质 …… 170
训练二 我的性格我做主 …… 178
模块四 资源共享 …… 182

第三篇 素养提升篇

第九单元 管理情绪：提升情绪掌控力 …… 185
模块一 心理故事 …… 185
故事一 爱发脾气的小男孩 …… 185

故事二　失败经历与沮丧情绪……186
模块二　心理导航……187
一、情绪概述……188
二、大学生情绪特点及其影响因素……192
三、大学生常见的情绪问题及管理……196
模块三　心理训练……201
训练一　认识我的情绪……201
训练二　学会情绪转化……205
模块四　资源共享……208

**第十单元　培养韧性：提升自身抗逆力……209**

模块一　心理故事……209
故事一　坚强乐观的桑兰……209
故事二　梅兰芳苦练基本功……210
模块二　心理导航……211
一、压力和挫折概述……212
二、科学管理压力……216
三、合理应对挫折……221
模块三　心理训练……225
训练一　我的抗逆力资源圈……225
训练二　学会与压力挫折共处……229
模块四　资源共享……233

**第十一单元　从心开始：提升心理免疫力……234**

模块一　心理故事……234
故事一　你能保密吗……234
故事二　“自强自立”的小邱……235
模块二　心理导航……236
一、心理咨询概述……236
二、大学生心理咨询的误区与程序……240
三、大学生常见的心理障碍……244
模块三　心理训练……249

训练一　成长路上有你有我 …… 249
训练二　成长路上相伴行 …… 251
模块四　资源共享 …… 254

第十二单元　珍视生命：提升主观幸福感 …… 255

模块一　心理故事 …… 255
故事一　人生的大餐 …… 255
故事二　绝望的男孩 …… 256
模块二　心理导航 …… 257
一、生命教育概述 …… 257
二、识别大学生心理危机 …… 264
三、大学生心理危机干预 …… 266
模块三　心理训练 …… 268
训练一　探索我的人生意义 …… 268
训练二　体验我的人生之旅 …… 271
模块四　资源共享 …… 275

参考文献 …… 276

附录　心理测试量表及自测问卷 …… 278

# 第一篇

## 环境适应篇

# 第一单元　适应环境：向新生活问好

**【心寄语】**

既然不能驾驭外界，我就驾驭自己；如果外界不适应我，那么我就去适应它们。

——蒙田

成功不在于时间、地点、环境，而在于人自己。

——查尔斯·B. 劳斯［美］

**【心探索】**

人的一生要走过许多风景，拥有很多个角色。成年前是儿女角色，成年后作为一个独立的个体，结婚后变成夫妻角色，有了孩子又要当负责任的爸爸妈妈……而这每一个阶段的过渡都是一次蜕变，让我们的铠甲更加坚硬，让我们的心智更加成熟。但往往破茧成蝶的过程都是痛苦的。人生的首要使命是适应环境。适应环境是生存下去的另一种说法。心理健康的人应该是能很快适应环境的人。所以，环境适应是所有人心理健康的标准之一，也是大学生心理健康的重要指标之一。世界卫生组织（WHO）和世界心理卫生联合会（WFMH）都对环境适应做出了明文规定，一些著名心理学家更强调人对环境的适应是心理健康的重要条件。实际生活中，大学生的环境适应心理问题影响着他们的生活与学习。故如何帮助大学生更好地适应环境、更好地发展自己是本单元所探讨的主要问题。

## 模块一　心理故事

### 故事一

#### 大教育家陶行知

陶行知从小天资聪慧。他常到邻村的叶家玩儿，看到厅堂里的对联字画，就用竹条在泥地上描摹。他到了该读书的年纪，家里却无力缴纳学费。幸好有位秀才在附近开馆教书，很喜欢聪明好学的陶行知，愿意免费收他为学生。就这样，6岁的陶行知得到了接受启蒙教育的机会。9岁时，陶行知来到外婆家，外婆见他聪明伶俐，就把他送到吴尔宽先生的学堂伴读，陶行知这才正式入学。在那里，陶行知练出了一手好书法。启蒙教育结束之后，他便进入学堂，读“四书”“五经”。

10岁时，因父亲失业，陶行知只得半工半读。他每天都要上山砍柴，挑一担柴到城里卖掉后，再去上学，每天往返十几里，就这样，学完了“四书”“五经”。这时的陶行知已深知读书对穷孩子来说是多么不容易，因此学习更为刻苦自觉。他听说距黄潭源村15里的小南海航埠头曹家，有一位满腹经纶的前清贡生王老先生在主持学馆，便前去求学。王老先生被他的诚意所感动，便免费让他伴读。

少年陶行知迫于生活的压力，不能一心读书，必须经常参加劳动。他有时替父亲挑瓜、挑柴进城出售，有时帮母亲挑水、洗菜。崇一学堂校长见陶行知勤奋好学，便允许他免费入学。这样，15岁的陶行知进入了崇一学堂学习。由于基础扎实，他一入学就直接被编入二年级。毕业时，他的成绩名列第一。在崇一学堂读书期间，陶行知既学现代科学知识，又没丢下古典文学。因为家境不好，他向崇一学堂的同学借来唐诗选本，在吟诵之余，将一本书工工整整地抄完了。还书时，同学的父亲问陶行知唐代诗人中最推崇谁。他不假思索地回答：“杜甫和白居易。”并说：“杜诗沉郁有力，多伤时忧国之作；白诗通俗易懂，道出民生疾苦。”同学的父亲为陶行知有这样的想法而感到惊奇，他认为陶行知一定会有所作为。后来，陶行知成为我国著名的教育家。

### 智慧点睛

成功不在于时间、地点、环境，而在于人自己。无论环境如何变化，坚持做自己热爱的事情，一步一步脚踏实地，最后一定会取得成功。

### 思考

（1）陶行知能在半工半读的情况下取得成功的关键是什么？
（2）当环境不可控时，你会怎样让自己专注于一件事？

故事二

## 水土不服

还没踏入大学的校门时，大多数同学怀揣激动的心情，憧憬着大学的美好生活与未来的发展。但经过一段时间的大学生活，不少同学发现理想的生活与现实还是存在许多差异，使他们对大学生活感到不知所措，充满迷茫。

大学生活开始没多久，许多大一新生还是充满对家的眷恋，渴望早日放假回家。

大一新生小王坦言，自己是北方人，到了南方的大学感觉自己水土不服，对地域上的差异、气候、饮食习惯等生活环境的转变很不适应。而且到了新的学校，各种事要自己做，自己的好朋友都不在身边，室友又都来自天南地北，每个人的口音不同，自己有时听不懂对方想要表达什么。一个人处在陌生的环境中，感到特别孤独胆怯，每次躺在床上时，十分想念自己的亲人、朋友，怀念跟老同学在一起的高中时光。现实中的大学同自己想象中的大学根本就不一样，大学的生活方式、住宿环境跟自己理想中的相差很大，这些问题导致自己想逃离学校，赶快回家。

他的室友小李也深有同感。小李说，自己是独生子，以前的好友各奔东西，大学的室友生活习惯也有所不同。有的室友习惯在6：30起床，闹钟一响，就会把其他室友给吵醒。有的室友就像猫头鹰一样，白天呼呼大睡，别人做什么事情都要小心翼翼的，生怕破坏了他的美梦；到了晚上，他就“刷剧”、打游戏，并且声音非常大，影响其他人休息。同时，小李也表示刚刚入学确实会难以适应，但他很乐观，说自己需要一段时间去适应大学的生活，等交了新的朋友，就会好很多。

## 智慧点睛

一棵在深山里生长了几十年的参天大树被移栽到公园里，工人精心修剪了它的枝叶。很多人围着大树观赏，议论纷纷。一位青年说道：“在深山中无人问津，被移到公园后才会有人欣赏它，想要被人赏识就要改变自己的生存环境。”而另一位长者却说：“要被人赏识就要改变自己！”

达尔文说过：“只有服从大自然，才能战胜大自然。”

## 思考

（1）为什么大学生在第一次独立生活以后会感到不适应？

（2）如何面对并解决在集体生活中的矛盾？

# 模块二　心理导航

要想取得成功，就得顺应潮流，切不可不知变通地逆流而动。

——斯长里

刚刚经历了高考的洗礼，学生通过自己的努力考上了理想中的大学，开始了大学生活。但是到了大学，有些学生会发现大学的学习与生活和高中的有很大区别：在学习方面，从高中的刻苦、疯狂地“刷题”到大学的上课时间相对自由，从周末的补习到有很多空闲时间做自己想做的事；在生活方面，从在家衣来伸手饭来张口、事事都有父母照顾，变成了一切事情都要由自己独立完成。很多学生都不适应这样的环境和生活方式。因此，大学生面临的首要问题是如何适应环境，如何以积极的态度面对现实。在适应环境的同时，保持良好的心态，以积极乐观的态度处理事情，这是大学生心理健康的重要指标。

## 一、学习生活新变化

当高考已经远去，大学生怀着一分激动，又伴着一分好奇进入大学的校门时，他们渴望能迈上一个崭新的台阶。但在现实中，他们却发现另有一系列的问题接踵而来：客观环境变化带来的心理变动，人际关系不协调带来的烦恼，还有不能正确自我定位而带来的困惑，等等。对于一部分学生来说，他们在面对这些新的问题时，就难免显得有些无所适从。

### （一）生活环境的变化

#### 1. 地理位置的变化

客观环境的变化对不同学生的影响可能是不一样的，一些从偏远山区考到大城市的学生，比来自大城市或生活在当地的学生适应起来要艰难得多，也需要付出更多的努力。

对于大学生来说，适应这种客观环境的过程事实上就是缩小理想的大学生活与现实的大学生活之间的差距，使自己对所处的生活环境有一个客观、重新的评价与适应。大学生到了一个新的环境之后，要注意观察这个环境的特点与原来环境的特点有什么样的变化，应该重新估计所面临的一些新的变化，不要总是用自己原来的眼光和观念去看待新的事物。

#### 2. 生活自理能力的提高

学生上大学后，生活环境有了很大的变化，没有了父母长辈每日的悉心照料，许多事情需要独自去处理，真正的独立生活开始了。从离不开父母的家庭生活到事事完全自理的大学生活，一切都要从头学起，从某种意义上说，这是一种真正的关于如何独立生活的训练。

大学生首先要学会打理日常生活，学会准时起床、运动，学会自己整理床铺、收拾房间，学会自己洗衣服、缝补衣服，学会自己照料自己……其次，在学习的过程中，他们如果能够和同学进行广泛的交流会对自己更有帮助，因为同学间的相互影响和相互学习，能够在一定程度上促进生活自理能力的提高。

#### 3. 生活习惯的变化

当人生不同阶段的主要任务发生变化以后，大学生的思维方式、生活习惯都要随之改变，要做一些调整，这就是对生活的一种重新认识与估计的问题。比如生活习惯（包括口音、就寝时间及睡眠习惯等）的改变，有的学生必须把音乐声开得很响才能睡得着，而有的学生有一点声音都不能入睡。在这样一个全新的环境当中，大学生住集体宿舍就必须得学会相互适应，而且需要通过交流与协商找到一种大家都能接受的解决方案。

（二）关于学习方面的变化

1. 学习方式

学生进入大学后遇到的普遍问题是学习方法不适应。他们早已习惯有老师天天陪伴、督促的被动接受知识的学习方式，而面对大学的学习特点和规律却一无所知。

进入大学以后，面对生活需要自理、学习需要自主、大量的学习时间需要自己安排等问题，部分大学生感到无所适从，学习成绩也明显下降。因此，大学新生迫切需要通过向学长、老师取经等渠道来尽快了解大学学习特点及规律，并根据自己的特点和经验，迅速摸索出一套适合自己的有效学习方法。可以说，谁能快速找到正确的学习方法，谁就能尽快适应大学的生活。

2. 学习环境

相对来说，大学的学习环境是宽松的。学生在进入大学以前，包括小学、初中、高中都有一个明确的奋斗目标，即考上大学。他们把绝大部分的精力都用来应付最后的高考，老师、家长围着他们转，督促他们去学习，不停地说："要想将来过得好，你就得考上大学。"但却没有人告诉他们如何去面对大学时期的生活。所以，许多学生都认为考上大学就万事大吉了，一经大学录取，其心情则突然放松，部分学生存在"60 分万岁"的学习心态。但其实在大学里，教师授课、教学方法和专业知识内容具有其特有的规律及特点，与中学相比差距很大，尤其是大学课堂考试较少，自学时间较多，有些学生容易在失去他人督促的情况下不知不觉地放松自己，导致学习难度不断加大。因此，尽快地适应大学的学习环境也是大学生走向成功的必要途径。

（三）自身的挑战

1. 积极提升自身素质与学历层次

当代大学生面临的最大压力就是就业难的问题。当前的教育模式与教育目的让大学生面临着就业尴尬：社会正在和世界接轨，而接轨后的人才观和用人单位选择雇员的标准有了很大的变化和差异，他们更注重大学生的实践能力，但是学校教育却仍以老方法进行教学。社会竞争日益激烈，大学生要想立足于社会，谋求适合自己的工作，必须积极地提升自身素质与学历层次，并且努力朝多样化的方向发展。

2. 对自己的认识与评价

在大学里每名学生都要面临着一个非常严峻的挑战——如何客观地认识与评价自己及所面临的处境。有一个词叫作"大学生的平庸化"，实际上就是学生在上大学之前在某些方面还是出类拔萃、非常优秀的，但上了大学之后却突然发现自己变得很平庸，在各方面也没有那么突出了。

3. 对自我认识、评价的变化

对自我认识、评价的变化是大学生需要面临的一个最重要的变化。在上大学以前，无论是在学校还是在家里，大多数学生或是成绩优异的，或是担任一定的班级职务，或是有一技之长，总之他们深得同学、老师、家长、亲友的重视，生活在一片掌声之中。但当他们进入大学之后，这种优势变得越来越小，跟周围的同学相比，他们会发现很多人比自己更优秀，有的学习成绩优异、有的体育好、有的文学修养高、有的口才好、有的学生则频频参加各种活动……看看自己，才发现什么都没有，班里位置的重新组合、成绩的高低排列、班干部竞选等情况都使得部分学生在自我评价上出现新的问题。

综上所述，入学之初，大学新生心理上的种种不适应一般表现在以下几个方面。

（1）对一切都感到无所适从。

（2）跨过高考这个门槛后，当面对更广阔、复杂的生活时，不但没有从心理上和生理上做好迎接更大困难的准备，反而放松了对自己的要求，幻想着能轻松度日，表现出懒散、散漫等行为。

（3）有些学生在高考时没有发挥好，与理想的大学或专业失之交臂，或因与同学相比感到在中学时的学习优势消失，使得精神颓废，产生失落感、自卑感等负面心理。

（4）由于对新的生活环境的不适应而产生失望感。

（5）因初来乍到，人生地不熟，师生关系、同学关系还不协调，加上中学时期只顾埋头学习，缺乏人际交往的经验，因各种人际关系不适应而产生孤独感、恐惧感等。

## 二、影响大学生环境适应的主、客观因素

适应不良是指个体不能根据环境的需要改变自己的行为或不能很好地适应环境，由此产生一些情绪、行为上的偏差。大学生在入学之初以至整个大学期间有很多适应不良的现象，表现为不同类型，且各有不同的主、客观因素。

### （一）适应不良的类型

适应不良会影响大学生的生活和学习，也阻碍大学生的进步和发展。大学生适应不良现象可以分为以下几种类型：① 成长的失落；② 生活的陋习；③ 社交的困惑；④ 厌学、逃学；⑤ 贫困的重压；⑥ 择业的彷徨；⑦ 情爱的迷失。

**案例分享**

王某是刚刚入学的新生。进入学校之后，相对其他学生来说，他对大学生活适应得比较快。在军训期间，他根据个人的兴趣爱好，参加了学生社团组织。当军训结束、大学生活步入正轨后，他发现紧凑的课程与大量的社团活动相碰撞，特别是对当前开设的专业课程，学习起来比较困难。每天繁忙的学生工作和课业压力成了王某的两座大山。

新学期开学不久，学院学生会陆续组织了系列活动。王某作为学生会中的一员，承担着自己所负责的工作。这占用了他大量的个人时间，忙到深夜成为家常便饭，更严重的是各个任务背后所带来的精神压力。他时常觉得每天的忙碌并没有意义，反倒成为自己的负担，每天都在任务无法完成的担忧中度过。

**案例解析**

大学新生初入校园，脱离了高中时期束缚式的管理模式，来到相对自由自主的大学，心理和生理层面都发生了不小的变化，很多大学生会产生不适应的消极心理。王某不会合理安排时间，对工作流程不熟悉，导致他耗费大量的个人空闲时间去完成任务。这证明他虽然具有较强的组织意识，对个人的大学生活有比较明确的追求，但是还没有掌握如何合理安排时间的方法；若他找到合理安排时间的方法，就会取得不小的进步。

（二）适应不良的主、客观因素

大学生适应不良是多种因素共同影响的结果，归纳起来可以分为客观因素和主观因素两大方面。

1. 客观因素

（1）家庭因素。

① 家庭结构。

家庭结构是成员组成及其之间相互关联的状态，以及由此形成的稳定的联系模式。大学生大多为独生子女，有研究结果表明，独生子女心理健康水平显著低于非独生子女心理健康水平，其忧郁程度显著高于非独生子女忧郁程度。因为，独生子女在家庭中缺乏同龄和同水平的交往伙伴，对父母的依赖性较强，交往能力欠佳。进入大学后，他们需要与不同个性特征的同学一起生活和学习，这可能给他们带来心理负担。而且，由于父母的溺爱，独生子女容易以自我为中心，且抵御挫折和压力的能力较差。一旦事情达不到他们的预期，很可能导致其缺乏自信从而产生心理健康问题。

我国家庭结构越来越呈现多样化，单亲、残缺、重组家庭的数量大幅上升。大学生家庭结构的缺损和异常，往往伴随着父母关系僵硬冷漠、婚姻矛盾冲突升级等现象的出现，这意味着其社会支持系统的缺失、接受的物质投资和精神关爱的不足。家庭结构缺失的大学生，其强迫、焦虑等状态明显，难以与他人建立情感联系，容易产生不健康的心理活动。

② 家庭经济条件。

家庭经济条件可以反映出父母职业、收入、社会地位、文化观念、教养方式及家庭环境，对子女的成长经历有着密切的直接的影响。大学生家庭经济条件参差不齐，家庭经济条件较好的学生优越感较强，心理健康水平较高；大多数家庭经济条件不乐观的学生自卑感较强，比普通人更敏感。随着大学生消费水平的不断提高，来自贫困家庭的大学生承受的压力和负担越来越大。对高校某学院学生心理测试结果进行分析，家庭经济贫困的大学生心理健康水平较低，除躯体化之外，其他因子数均高于家庭经济条件较好的大学生，更容易产生严重的心理问题。

③ 亲子关系。

亲子关系是指家庭结构中，年长与年幼成员之间的关系，包括相处、赡养、教育等。亲子关系决定一个家庭的稳定和氛围，对大学生的人格养成有着重要的意义。慈祥型父母采取的教养方式比较温暖，父母与子女间的沟通顺畅，家庭氛围良好，在此类家庭中成长的大学生心理适应能力较好。严厉型父母采取的教养方式比较严苛，情感回应稍显冷漠，亲子关系存在一些问题和隔阂，家庭氛围紧张，在此类家庭中成长的大学生心理机能相对消极，自尊心和幸福感不高，心理调适能力差，容易引发焦虑感，从而导致心理困扰和心理问题。

（2）学校因素。

① 自然环境对大学生心理健康的影响。

学校自然环境是校园的物质环境，包括学校的自然地理位置和气候条件，校园中教学楼、宿舍楼、图书馆、运动场等建筑物的布局及各种绿化设施。整洁、美丽、优雅、宽敞的学校自然环境既可以使大学生感到舒适、轻松、愉快，又能带给他们舒畅感、美感、安全感，让他们充满生机和活力，可以提高其大脑激活水平，并可以减轻甚至消除疲劳感，改善精神状态，增进身心健康发展。而学校自然环境不整洁、肮脏、狭窄，则会使大学生感到压抑、烦躁、沉闷、不愉快，影响他们学习活动的兴趣、效率，也影响他们的身心健康。

② 人际环境对大学生心理健康的影响。

在学校中，教师与学生之间、学生与学生之间的人际关系构成了大学生学习生活的特定人际环境。人际环境是最具有影响力的心理环境，因为作为社会的成员，人不能离开人际关系而生活，并且心理上对人际关系最为敏感。大学生的人际关系是否良好，直接影响他们的心理健康，或者从一定程度上讲就是其心理是否健康的标志。实践表明，教师对学生无限期望、关心、爱护、信任和尊重的情感，与同学之间相互尊重、关心、爱护及建立在这种基础之上的友好、融洽的人际关系，使大学生保持良好的心境，对现实与未来抱有乐观的态度，并进而形成活泼开朗、积极进取的性格；反之，在缺乏友爱和理解的人际环境中，大学生容易形成抑郁、自卑、猜疑、嫉妒、冷淡等不良性格。恶劣的人际环境可能会大大降低大学生的社会适应能力，使他们心理上感到压抑，产生人际关系障碍，严重的可能会导致病态人格。

③ 校园文化环境对大学生心理健康的影响。

校园文化环境主要包括心理文化环境和活动文化环境。心理文化环境集中体现在校风上，是学校成员共同具有的、富有特色的、相对稳定的行为倾向，是群体心理现象、精神风貌的集中表现。校风包括教风、学风、领导作风三个方面，它们相互制约、相互影响。活动文化环境表现为教学活动、科研活动、管理活动、服务活动、实践活动和丰富多彩的课外活动、社团活动，如读书报告会、学术报告会、辩论会、艺术节、科普节、书画展等。

校风体现着一所学校的办学理念、办学宗旨和办学特色，是一所学校的精神风貌的载体，是一所大学的文化底蕴和优良传统的核心与精髓。它对大学生的影响是强烈而深远的，会潜移默化地渗透到大学生的学习和生活中，影响着大学生的思想观念、价值取向和行为规范。良好的校风使大学生感到愉快，产生积极向上的情绪，从而使人与人之间的关系和谐融洽，为大学生健康人格的发展起到主导作用并提供最佳条件，同时对大学生走向社会后的发展起到巨大的激励作用；而不好的学校风气则使大学生产生消极的情绪，失去前进的动力，甚至影响他们心理的健康发展。此外，形式丰富多彩、内容新颖活泼的文化活动，能够满足大学生的求知欲望和完善知识结构的需要，培养他们的各种能力（如表达能力、协作能力、交往能力、操作能力等），增进友谊和交往，加强沟通，从而增强他们的自我价值感和自我认同感，调节精神生活，有助于良好个性品质的形成。相反，如果没有各种各样的文化活动，学校生活比较单一，就会使大学生感觉生活枯燥无味，心情烦躁，进而影响学习和人际关系，阻碍个体的发展，容易形成各种心理障碍。

④ 信息环境对大学生心理健康的影响。

学校环境是一个开放的系统，作为一种微观社会环境，它与社会大环境经常进行着物质、能量和信息的交流。各种社会信息都能及时传入学校，从而给大学生的心理健康带来种种不同的影响。学校信息环境包括课堂教学、计算机网络、图书馆、各种社会实践活动、学术交流活动、大众传播媒介、实验室设备、实习基地等。大学生的信息来源是多渠道、多途径的，获取信息的深度、广度、速度及其价值都是影响大学生成才的重要因素。好的信息无疑会使大学生开阔眼界、增长知识、发展智力、发挥创造力，有益于大学生心理健康发展。但是一些不良的信息，自然会给大学生带来许多消极的影响，尤其是在当今网络信息时代，大量的信息通过网络进入学校的各个角落。网络正在改变着当代大学生的学习、思维和生活的模式，影响着他们的政治态度、道德风貌和价值取向。我们必须看到，网络是一个信息的宝库，同时也是一个信息的垃圾场，它犹如一把双刃剑，在加强大学生与外界沟通和交流的同时，也会影响他们的身心发展。

⑤ 情感环境对大学生心理健康的影响。

情感环境是指学校教育、教学过程中形成的一种情绪、情感状态。在教学活动中，建立良好的情感环境对提高大学生的心理健康水平具有十分重要的意义。一般认为，教师的教学态度，教师的期望，教师的领导方式、移情和奖惩手段的运用，合作与竞争机制的引入，等等，都是一些直接影响课堂情感状态的无形的环境因素。如果这些因素应用得当，就可能最大限度地满足学生的学习需要，使他们产生愉快的情绪，形成积极的课堂教学气氛和良好的情感环境，从而促进学生的心理健康。如果这些因素运用不当，就会引起学生消极的情感体验，形成不良的课堂教学气氛和情感环境，进而影响学生的心理健康水平。

⑥ 舆论环境对大学生心理健康的影响。

舆论环境主要由学校内部占主导地位的集体舆论和一些与舆论不尽一致的个别意见甚至流言共同构成。舆论是学校内部社会生活中普遍存在的社会心理现象，对个人和团体具有一定的影响。一般认为，舆论是一种为多数人所赞成的公众的意见，它是一种巨大的心理力量。在学校日常生活中，舆论一旦形成，会对师生的言行产生评论、监督、鼓励、指导等不同作用，成为一股具有极大影响力的环境力量，调节着学校内部的社会生活。当然，由于社会群体的多样性与复杂性，学校内部除了有占主导地位的集体舆论外，还有一些与其不一致的其他意见甚至流言存在，这些因素共同构成了学校内的舆论环境，对大学生的生活、学习、健康等产生影响。一个好的舆论环境，必然能有效地促进学校各方面的工作，成为一种社会心理动力，有利于学生心理的健康发展；而不良的舆论环境，则可能导致人心涣散，削弱团体的凝聚力，阻碍学生的成长与正常发展。因此，培育并建设一个良好的学校舆论环境，对提高大学生心理健康水平有重要的现实意义。

（3）社会因素。

有人说，社会是一所没有校门的综合性大学，政治、经济、法律、社会风气、社会舆论、民族文化等都会影响人们的思想和心理。良好的社会风气会使学生养成热爱劳动、刻苦学习、诚实正直、尊老爱幼、宽容豁达、意志坚强等优秀品质。然而，消极的、不良的社会风气、道德风尚、流行文化等会妨碍学生心理健康的成长。有研究结果表明，不良的社会风气和道德风尚对学生的心灵起着潜移默化的毒害作用。当前，大学生中存在的狭隘、自私、抑郁、怯懦自卑、消极颓废、对立破坏等病态心理，与社会风气不正有直接关系。此外，流行文化对大学生心理健康的影响也是不容忽视的。一方面，由于它具有娱乐性、情感性、尚美性、刺激性等特点，能起到缓解大学生疲劳、情绪的作用；另一方面，它又有重感性形象、轻理性思考的特点，使不少涉世不深的大学生将卡拉 OK、劲歌狂舞、影视文化、武侠言情小说、手机游戏等流行文化视为生活第一需要，使得娱乐性变成了追求享受、情感性变成了多愁善感、尚美性变成了怪诞、刺激性变成了歇斯底里，最终荒废了学业。

2. 主观因素

心理环境是最切近人本身环境的。这种环境已经超出了物理意义与生物意义上的环境范畴，对人产生最直接的影响。人通过主观创造性活动，可以在心理上分析出自己所处的环境，并针对这样的环境调整或调节自己的心理行为。这个过程体现出以下两个特点。

第一，人的心理并不是一成不变的，而是不断发展变化的；同时，心理变化也不是凌乱纷杂的，而是系统有序的，也就是心理成长。人的心理成长是无止境的，不断地成长就是不断地扩展与丰满。

第二，人的环境与人的心理是一个共生过程。一方面，环境会决定、塑造人心理；另一方面，人通过理解认识活动，也间接地创造了环境。人与环境是协同发展的，有了环境，才有依附于环境的人心理行为；同样，有了人的心理行为，才有归属于人生活的环境。

根据心理环境理论，大学生与外部环境相互作用中，存在一个心理环境空间。这个空间成长程度，决定着大学生内部心理与外部环境是否可以协调统一。对于大学生如何普遍适应不良现象的问题，我们可以着重剖析大学生的心理环境建设，以总结出一条改进与加强的道路。影响大学生环境适应能力的不良心理因素如下。

（1）对环境变化缺乏敏感性。很多大学生不能正确掌握新旧环境之间的差异，不仅无法正确认识周围环境变化，而且拒绝接纳现实环境，单方面地希望维持原来的生活方式与习惯，以至于严重影响他们在新环境中的正常生活。

（2）缺乏独立能力。很多大学生在独立生活、独立学习、独立工作上都存在一些问题，并由此引发更多方面的不适应。相对而言，一个生活适应能力较强的人，能更有效地应对变化环境。

（3）缺乏适应环境的信心。很多大学生并非不能真正适应环境，而是对自我缺乏正确的认识，通常表现为自我设限、自我信心不足、逃避现实。他们由于在个性上存在着各种各样的问题，适应能力未能得到开发。

（4）缺乏情绪管理能力。许多大学生情绪管理能力较弱，甚至意识不到情绪具有可调适性，一味认为情绪无法自如控制，因而常常任由自己被负面情绪牵着鼻子走，且容易受到外部负面思想的影响，不能发挥个人在环境适应中的主动性。

（5）缺乏人际交往能力。大学生大多能够意识到良好人际关系对个人发展的重要性，但同时又对于各种复杂人际关系问题缺乏应对能力，不懂得交往技巧、不善于建立并改善自己的社会支持系统，以至于产生各种人际困扰，甚至成为人际交往障碍者。

（6）思维定势。很多大学生消极顺应外部环境，在适应过程中以被动、消极的姿态出现，一两次尝试适应失败后，他们便会认为自己无法适应、无能为力并接受现有状态，以致与环境格格不入。

个人主观努力水平和能否积极参加实践活动也是影响大学生适应能力的重要因素。大学生应该积极进取、奋发努力、满怀激情地投入大学生活之中。倘若他们悲观、消极、退缩、回避、自卑、自轻、自贱、自怨自艾等，不仅会出现适应不良的问题，严重的还会诱发心理障碍和心理疾病。

## 三、大学生环境适应的心理调适

大一新生如何快速地适应环境呢？

（一）培养和塑造健康的人格，加强学习，提高修养

大一新生应注重内心的修炼，追求“止于至善”。“止于至善”就是尽善尽美。他们应积极投身于社会实践，在实践中铸就健康的人格；以开放的心态，接受外界的积极影响；在集体中形成个性，在活动中塑造自我。

知识窗

什么是“脱乳期”？

（二）主动熟悉生活环境，努力成为校园主人

有的学生能很快适应校园生活环境，入校后马上到校园各处熟悉情况，主动了解办公室、教室、图书馆、医务所等的地理位置。可有的学生却相反，非常拘谨、胆小，且缺乏方向感，生怕走远一点就迷路，又不好意思开口问路，所以选择少走动、少说话，遇到一定要办的事则只能跟在别人后面，或者与他人结伴而行。

对新环境适应快的学生很快就成为班级中的重要人物，并承担一些班级工作。他们与老师、同学接触多，掌握的信息多，锻炼的机会也多，所以能力提高很快，自信心也就逐渐建立起来了。

因此，大一新生到一个新地方要活跃，要努力熟悉环境。因为熟悉环境后，他们才会尽快成为校园的主人。

（三）树立正确的学习目标，做好自我设计

进入大学的新生要做好自我设计，这是一个人学会生存的必要前提。

自我设计是人才学中的一个专门术语，意指每个人，特别是站在科学殿堂入口处、立志成才的大学生，从自己的实际情况出发，以自己的人生价值为坐标，以做一个成功的人为目的，对自己的人生道路进行规划，绘制一幅切实可行的蓝图。这个蓝图是人生设计的产品，它与机械设计的蓝图是不同的。人生设计的蓝图，不能用机械加工出来，而要依靠人的创造性来实现。人生设计归根到底就是必须回答：“我是谁？我将成为一个什么样的人？我将怎样成为一个成功的人？”很明显，能正确地回答这些问题的人，只能是自我设计者，不可能是旁观者或包办代替者。

大学生要想在未来的职业竞争中生存下去，必须努力掌握这十种技能：一是解决问题的能力；二是专业技能；三是沟通能力；四是计算机编程技能；五是培训技能；六是科学与数学技能；七是理财能力；八是信息管理能力；九是外语交际能力；十是商业管理能力。

当然，适应未来社会的生存技能，远不止上述这些技能，而且特殊职业还需要特殊的专业技能。但是，对于绝大多数人来说，如果通晓了做人的伦理准则，具有创新的能力，掌握了上述的生存技能，那么他们就不仅仅是一个适应社会的生存者，而且一定会是一个不断“有所发现，有所发明，有所创造，有所成就”的成功的人。

从高中到大学是每个人一生中的重大转折点，大学对其将来的发展是极为重要的。正如一句话所说，大学不是停车场而是加油站。大学是人们为未来发展储备知识、能力

的地方，人们能否成功在一定程度上取决于他们的大学生活是如何度过的。在大学时期，用一种健康的心态去认识问题、解决问题将有利于每一名大学生的学习及生活。

某年，一群意气风发的天之骄子从美国哈佛大学毕业，他们的智力、学历、环境条件都相差无几。临毕业前，哈佛大学对他们进行了一次关于人生目标的调查。结果，其中有27%的人无目标，60%的人有较模糊的目标，10%的人有清晰但短期的目标，其余3%的人有清晰且长期的目标（如图1-1所示）。以后的岁月，他们行进在各自的人生旅途中。

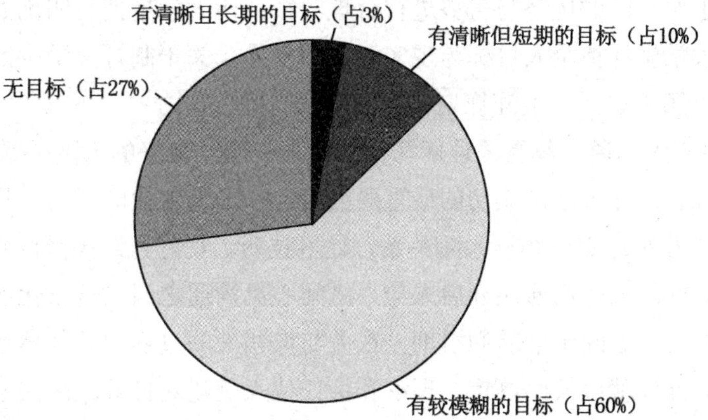


**图1-1　目标对人生影响的跟踪调查**

25年后，哈佛大学对这群学生进行了跟踪调查。调查结果显示：3%的人，在这25年间他们朝着一个方向不懈努力，几乎全部成为社会各界的成功人士，其中不乏行业领袖、社会精英；10%的人，他们的短期目标不断地实现，成为各个领域中的专业人士，大都生活在社会的中上层；60%的人，他们安稳地生活与工作，但没有什么特别的成绩，几乎都生活在社会的中下层；剩下27%的人，他们的生活没有目标，过得很不如意，并且常常在抱怨他人、抱怨社会、抱怨这个“不肯给他们机会”的世界，当然也抱怨自己。

其实，他们之间的差别仅仅在于，25年前他们中的一些人就已经知道自己最想要做的是什么，而另一些人则不清楚或不很清楚这一点。“哈佛故事”生动地说明了明确的目标对于人生成功的重要意义。当然我们还不知道，一个有了明确的目标而缺少行动的人，也将永远与成功失之交臂。

因此，对于大学生来说，一次重要的抉择（方向的选择）胜过千百次没有目标的努力。他们今天的生活是由三五年前的选择决定的，而三五年后的生活是由今天的选择决定的。

前文所说的自我设计也就是人们经常提到的大学生涯规划。它是指大学生制订一个自己在整个大学期间对学习、生活等其他方面的计划，是大学生在正确地认识自我、了解自我的前提下，对个人性格进行细致分析的基础上，并结合自己的特长和知识储备，对将来的学习目标所做的带有方向性的方案。它是指个人和组织相结合，在对一个人学业生涯的主、客观条件进行研究分析的基础上，对自己的兴趣、爱好、能力、特点进行综合分析与权衡，结合自身性格和特点，确定合理有效的奋斗目标，并为实现这一目标做出合理的安排。

大学生想要制订一份有效的学业生涯规划，最重要的一点是要认清自己，并结合自己的性格、兴趣爱好及长处进行规划设计。一份好的学业生涯规划可以帮助大学生发现自身的不足、个性特质、现有与潜在的资源优势，帮助大学生认清自己的价值并继续增值；帮助大学生对自己的优势与劣势进行合理分析；使大学生拥有明确的发展目标与未来理想；引导大学生评估个人目标与现实存在的差异。关于制订大学生涯规划的具体内容，详见本书“第三单元　生涯规划：向新阶段问好”。

（四）学会与人沟通，尊重、理解和信任他人，建立良好的人际关系

卡耐基曾说，人际关系是成功的最重要因素。一个人事业的成功，只有15%是由于他的专业技术，另外的85%要靠人际关系、处事技巧。良好人际关系的建立离不开良好的人际沟通。良好的人际沟通能开启人与人之间心灵沟通之门，这是化解误会和冲突的宝剑，是增进人与人之间感情的润滑剂。在人与人相处的过程中，你尊重别人，别人同样也会尊重你，这样就会彼此尊重。理解和信任他人是建立良好人际关系的基础，只有建立在理解和信任他人的基础上的人际关系，才能纯洁、长久而充满活力。

以下是建立良好人际关系的三件宝。

第一宝，微笑。它不花费什么，但却创造了许多成果；它在一刹那间产生，却给人留下了永恒的记忆。

第二宝，赞美。威廉·詹姆斯曾说，人性最深切的渴望就是拥有他人的赞赏。那么要怎样赞美别人才能让人接受？首先，要真诚地赞美；其次，让赞美具体化；再次，“投其所好”——赞美对方的爱好、特长；最后，还可以传达第三者的赞赏。

第三宝，聆听。即要做到耳到、眼到、心到。注视说话者，身子稍稍前倾，面部保持自然的微笑，表情随对方的谈话内容有相应的变化，恰如其分地频频点头。

本书“第四单元　人际交往：向新朋友问好”中详细介绍了关于大学生人际关系的内容。

（五）努力培养独立生活的能力，尽快进行角色转变

人总是在自然人、社会人和理想人这三重人格的支配下生存。作为大学生，第一要完成从中学生到大学生的转变，尽快了解大学生的行为规范，熟悉和遵守大学生守则，养成良好的行为习惯，做一名健康文明的大学生。第二要完成从自然人向社会人的转变。大学生接受高等教育，最终目的是将自己推向社会，所以在校学习期间，要运用所掌握的理论知识去思考和分析身边的现象和社会问题，不断地丰富自己的阅历，提高自己的能力，加速自己的社会化过程。第三，大学生要完成从社会人向理想人的转变，在这个过程中要做到以下两点。

1. 必须有自制力与独立意识

学生进入大学就意味着已经成为独立的个体，在这里没有父母老师的时时督促，也没有高考的重压，但并不意味着可以高枕无忧，放纵自己。大学生要学会自己安排时间、做好计划、寻找发展方向，不要等待别人告诉他们应该如何去做，因为这样不可能等来答案。在这里大学生要像苍鹰追逐太阳那样，执着地为目标拼搏。大学校园有图书馆，有信息网，有老师的关爱，有学长的热心指导，大学生只要具备了一定的自制力和独立意识，就可以利用这一切来解决他们所面临的问题。当真正明白该如何靠自己去解决问题时，他们就真正理解了大学的含义，就不会在大学里迷失方向、浪费时间、荒废学业。

2. 要学会承受

在高中时，学生也许承受过成绩不理想的痛苦，但在大学他们会发现有许许多多的问题让他们伤心，让他们感到无助，甚至会让他们觉得世道不太公平。比如说，情感受挫，在班级或系里的工作没有得到同学的理解，与同学关系出现问题，等等。这时，大学生一定要学会承受！

能承受一些东西也是大学生必须具备的一种心理素质。大学里的每个人都有着不同的思想观念、不同的生活方式，我们不能按自己的要求去苛求他人，我们应学会容忍他人、承受压力，用一颗平常心去面对问题。当大学生具有“大肚能忍，忍天下难忍之事”的风度时，就会拥有快乐而成功的生活和学习。

在香港大学，新生一般都要参加为期 10 天的“迎新营”。由宿舍导师（通常由高年级的学生或研究生担任）设计的团体培训项目填满了日程，新生每天只能睡两三个小时。训练时，同组学生有时会被关在一个大房子里，吃饭都不准离开，打瞌睡也会被骂。大学生要轮流站起来接受学长的“拷问”，回答之后，再接受他们的训话，诸如“回答得真差！”“真不知道你是怎么混到大学的！”等批评，让受训的新生备受打击，有的新生还哭了出来。

新生从大房子出来后，宿舍导师又都恢复了亲切与温和。新生这时才了解到，这个活动的目的是让他们学会接受别人的批评，增强抗压性。有的新生回忆起“迎新营”，认为很值得：“过了那一关，就不觉得还有什么苦和累了。”

（六）培养团队合作精神，适应集体生活

集体生活既能锻炼大学生的生活自理能力，又能培养其团队合作精神。集体生活可以给大学生提供生活自理的榜样，同样也给他们提供自理能力增长与否的参照物。适应集体生活的人际关系、不同个体的生活习惯，会为他们将来走上社会，适应不同工作岗位的人际关系和生活习惯奠定良好的基础。

## 课后思考

（1）提高环境适应能力的途径有哪些？

(2) 你在大学生活中有过哪些不适应？有什么感受？你是如何调整自己的？效果如何？

(3) 试结合自己身边的事例说明“以不变应万变”的道理。

# 模块三　心理训练

## 训练一　有缘相识

### 一、训练目标

(1) 引导成员互相认识，增进团体成员的熟悉度、亲密感。

(2) 帮助成员使用个性化方法进行自我介绍，并记忆同伴信息。

(3) 帮助成员提升环境适应的能力与技巧。

### 二、适用对象

大学任一年级的学生团体。

### 三、适用人数

人数不限。

### 四、适用场所

室内。

### 五、材料

“动物园里的叫声”活动材料：每名学生一张 A4 纸、一支笔。

### 六、活动时间

90 分钟。

### 七、活动程序

(一) 滚雪球 (时间：40 分钟)

1. 活动导入

职场中，绝大多数人都非常看重对方能不能叫出自己的名字。因此，应当用心地记住与你相识的人的名字，并在下次见面时轻松地叫出来，这样你就会赢得别人的好感。刚刚进入大学，在新环境中，让我们先从能够叫出新朋友的名字开始吧。

2. 活动实施

现在我们以“手心手背”的方式决定第一个发言的成员，然后其他成员按照逆时针的方向依次发言。发言的要求：每个人说出自己四个方面的内容，即姓名，来自哪里，爱好、特长，以及自己的专业。

成员 1："我叫张小花，来自辽宁省锦州市，喜欢美术、音乐，我的专业是××××。"

成员 2："我是来自辽宁省锦州市，喜欢美术、音乐，××××专业的张小花旁边的风小五。我也来自辽宁省锦州市，喜欢读书，我的专业是××××。"

…………

这样，以此类推，最后一名成员要记住前面所有成员的个人信息。

3. 讨论与分享

（1）刚才我们用滚雪球的方法认识新朋友，你有什么感觉？这与以前的方法有什么不同？

（2）你通常用什么方法认识新朋友，用什么方式向别人介绍自己？

（3）你还能想出哪些认识新朋友的好方法？

（二）动物园里的叫声（时间：40 分钟）

1. 活动导入

情绪分为正性情绪与负性情绪。有些正性情绪（如兴奋、乐观、幽默等）可以激发人的创造力，而许多负性情绪（如痛苦、焦虑、恐惧等）则会阻碍人创造力的发挥。每个人都有因成功或失败而导致情绪波动的经历。下面这个游戏可以让你体验情绪在问题解决中的强大作用，同时可以训练你的幽默和乐观的情绪。

2. 活动实施

这个游戏要求你和一些朋友共同完成，而且要求你偏离自己一贯的社会行为。游戏的内容是要你模仿动物园里动物的叫声。

根据以下内容决定你要模仿哪种动物：你姓氏的汉语拼音的首字母与之对应的动物名称——A ~ F 为狮子；G ~ L 为海豹；M ~ R 为猩猩；S ~ Z 为热带鸟。现在选择一个伙伴（最好在这些朋友中挑一位不太熟悉的人作为伙伴），彼此盯着对方，目光不能转移，同时用嘴大声模仿该动物的叫声，至少保持 10 秒。

3. 讨论与分享

在这个简单的游戏中，你的感觉如何？你是否感到既幽默有趣，又有些尴尬？这个游戏尽管开始时会感到不舒服，很可能结束时已是笑声满堂。也许不管你模仿的动物是什么，最后你的表现都是"傻驴"一头。

（三）活动结束（时间：10 分钟）

小组成员交流第一次团体心理训练的感受和体会，然后汇总团体的反馈，并约定第二次团体心理训练的时间、地点等。

## 训练二 新朋友的吸引力

### 一、训练目标

(1) 让刚认识的人更好地互相了解，记住对方的名字。

(2) 把自己最想与他人交流的信息简洁明了地公布出来，并学会推荐自己。

(3) 通过“个性名片”的交流，让学生了解他人，尽快地熟悉彼此。

### 二、适用对象

大学任一年级的学生团体。

### 三、适用人数

人数不限。

### 四、适用场所

室内或室外均可。

### 五、材料

“个性名片”活动材料：每人准备1个胸卡、若干彩色笔。

### 六、活动时间

90分钟。

### 七、活动程序

(一) 吸引力 (时间：10分钟)

1. 活动导入

在管理心理学中，吸引力是指能引导人们沿着一定方向前进的力量。在新环境中，人们是通过第一印象来展示自己的吸引力的。那么要怎样让大家记住自己，怎样吸引志同道合的伙伴，又怎样被自己喜欢的朋友吸引呢？让我们一起来做一个关于吸引力的活动吧。

2. 活动实施

老师让学生围成一圈坐下，然后相邻的两个人在1分钟内互相记住对方的名字及其他一些个人信息。老师喊：“吸引力！”学员问：“吸什么？”老师回应：“吸××。”学生应立即反应过来，并用手去碰那个同学，而反应慢的学生可能没办法碰到，就要接受惩罚。接下来，可以由受罚的学生当主持人，游戏继续。

3. 讨论与分享

如何更快地把对方的名字记住？

（二）个性名片（时间：30 分钟）

1. 活动导入

一群彼此不熟悉的学生坐在一起，如何在短时间内推荐自己、了解他人？设计、交流“个性名片”是一个好方法。

2. 活动实施

（1）心理行为训练员发给每名学生一个空白的胸卡，将彩色笔放于场地中央供学生使用。

（2）在 5 分钟时间内，每名学生为自己设计一张“个性名片”，并插入胸卡内。

（3）“个性名片”要求：① 不少于 5 条个人信息；② 除文字外可用图形等多种形式表现自己的个性特征；③ 可以使用多种颜色的笔。

3. 讨论与分享

小组交流，集体分享。

4. 注意事项

（1）5 条个人信息可以是具体的，也可以是抽象的、含蓄的，但要求是个性化的。

（2）心理行为训练员发现典型案例要进行交流并重点提问，深入挖掘个性特质，帮助当事人进一步了解自己。

（3）这一游戏安排在彼此不熟悉的群体中进行的效果更好，可以推荐自己、了解他人，让陌生人群较快熟悉起来。

（三）成长进化四部曲（时间：40 分钟）

1. 活动导入

从远古生物时代进化到今天的人类社会，人类历史经历了漫长的发展与变化。一部人类进化史就是一部人类的成长史。同样，我们每个人也要经历成长，在成长的不同阶段，我们会遇到许多成长中的问题，感到困惑、无奈、失望与悲伤。与此同时，成长也是一件美好的事情，充满奇特、幸运、感动与创造。成长过程中的点点滴滴需要我们细心体味……

2. 活动实施

（1）所有学生需完成从“蛋—爬行动物—猿—人”的四级进化过程。

（2）每级生物都有自己独特的代表性动作：蛋是蹲下抱头；爬行动物是用四肢行走；猿是双手高举、双腿半蹲的行走状态；人是直立行走。

（3）活动过程中，学生以身体姿势代表每级生物所处的阶段，不能用语言交流。

（4）每一次进化采用“锤子、剪刀、布”的方式进行，首先两个同类的生物猜拳竞争，赢的一方要向上进化一级，输的一方要退化为下一级。任何阶段，输的一方都要再找处在该级别的学生进行猜拳，而赢的一方向上进化，直至进化为人。

（5）进化到人的学生可以先站到场地的一边，观察场内活动的进行。没有完成进化的学生要在场地中继续完成进化。最后，在活动结束阶段总会留下没有完成进化的个别学生。

3. 讨论与分享

训练三

寻找新感觉

在游戏过程中，我们能清晰地认识到自己的许多特质：我是开放的还是防御的？我是积极主动的还是消极被动的？我是乐观的还是悲观的？我是愿意帮助他人的还是漠视他人需要的？我是胆小谨慎的还是大胆创新的？我是乐群的还是孤寂的？等等。请大家分享一下自己在本次活动中的感受。

（四）活动结束（时间：10 分钟）

小组成员交流第二次团体心理训练的感受和体会，然后汇总团体的反馈，并约定第三次团体心理训练的时间、地点等。

## 模块四　资源共享

推荐阅读

吉姆和五万个名字

影片赏析

《奇迹男孩》赏析

# 第二单元　学会学习：向新方法问好

**【心寄语】**

学习的敌人是自己的满足，要认真学习一点东西，必须从不自满开始。对自己，“学而不厌”，对人家，“诲人不倦”，我们应取这种态度。

——毛泽东

构成我们学习最大障碍的是已知的东西，而不是未知的东西。

——贝尔纳

**【心探索】**

随着社会的发展、科技的进步和经济的繁荣，社会对“人才”提出了更高的要求。由于种种原因，当代大学生面临着巨大的学习压力，这严重影响了大学生的身心健康，给他们带来了一系列的心理问题。目前，大学生学习心理压力大的问题已被广泛关注。由于近年来学校的办学方式变得越来越多元化，大学生若能找到适合自己的学习方法，在以后的学习生活中会更轻松省力。本单元将深入剖析大学生学习心理压力形成的原因、表现，并提出相应的减压措施和调适方法，对大学生全面发展、身心健康具有一定的指导作用及现实意义。

## 模块一　心理故事

### 故事一

#### 鲁迅在“三味书屋”

鲁迅12岁那年，被父亲送进了一所叫“三味书屋”的私塾读书。初入学时，鲁迅对百草园的书中描写的那些小精灵非常感兴趣。他在园中想起古人东方朔说过有一种虫叫“怪哉”，用酒一浇，便会消失不见。他非常想知道这是怎么一回事，便悄悄地问私塾的先生：“先生，‘怪哉’这虫，是怎么一回事？”先生却板着脸，很不高兴地回答：

“不知道！”后来，鲁迅慢慢体会到做学生不该问这些事，只要读书。于是，他开始刻苦读书。而起初十分严厉的先生也开始喜欢鲁迅的聪明刻苦，态度也渐渐和蔼起来。

### 智慧点睛

“多读书，读好书，好读书。”人有好坏之分，图书亦是如此。真正会学习的人，要善于取舍，要选择正确的，了解必需的，精通专业的，熟悉相关的。同时，学习需要思考。朱熹在《训学斋规》中提出“读书三到”，即心到、眼到、口到。有些人虽然勤于学习，但不过是泛泛的阅读，任何理论观点都只在脑海里一晃而过，是所谓“学而不思则罔”。因此，我们要不断地总结学习方法，集中时间、集中精力去攻读自己所选择的书籍，只有这样才能事半功倍。

### 思考

（1）私塾先生为什么在鲁迅第一次提出问题时表现得十分生气？

（2）你平时会选择怎样的问题进行钻研？

### 故事二

#### 迷失在社团活动中的少年

晓东上大学后，觉得不用再像中学时那样被人监督着每天学习了，“终于可以放飞自我了”。而且他觉得自己中学时大部分时间只顾着学习，没有什么时间去参加与自己的兴趣爱好有关的活动，又听说到大学以后一定要多参加社团活动、多交朋友，锻炼自己的综合能力，于是就给自己制订了一个三年学习计划，一边学习知识，一边锻炼能力，还参加了好几个社团。晓东一开始还很有兴趣参加各项活动，觉得自己能够应付得来，然而，很多社团的活动时间互相冲突，每个社团活动都有各自的任务要完成。渐渐地，随着社团活动陆续开展，晓东越来越难以应付繁多的社团任务，课余时间几乎都被社团活动挤占了，有时还要熬夜写作业。晓东逐渐发现自己的学习成绩开始下降，可是眼下又不好意思开口辞掉那些社团职务。这种社团活动与学习失衡的困境令晓东很苦恼。

### 智慧点睛

大学的教学管理相对宽松，几乎全凭学生自觉；同时，大学生课外时间相对增多，他们可以自由支配和利用，教师很少给予指导和建议。如何提高能力已成为大学生最重视的课题。能够兼顾社团和学习的人，往往是最令大学生羡慕的能力强的人。而因为社团活动和学习失衡出现的学习适应不良只是学习心理问题中的一个方面。

### 思考

在大学里，因为社团活动过多而影响学习的大学生大有人在。那么，大学生应该如何学会平衡学习和社团活动呢？

# 模块二　心理导航

趁年轻少壮去探求知识吧，它将弥补由于年老而带来的亏损。智慧乃是老年的精神的养料，所以年轻时应该努力，这样年老时才不致空虚。

——达·芬奇

学习是大学生的首要任务和主要活动方式，因而它对大学生心理健康和心理发展有很大影响。大学学习阶段是人才由“求学期”进入“创造期”的过渡阶段，具有专业性、探索性、职业走向性等特点。我国著名心理卫生学家陈学诗教授曾说：“心理健康的学生，学习成绩必优于心理不健康者；心理健康的成人，其工作效率必胜于心理不健康者。”

部分大学生因学习问题引发了不同程度的心理问题。在大学生面临的种种压力中，学习压力最为突出，通常表现为不适应学习环境、学习成绩不够理想等。学生从中学升入大学后，学习环境、学习内容、学习方法等发生了很大变化。面对大学课程多、难度大、要求高，特别是知识经济对大学生创造素质的较高要求，一些大学生产生了适应性不良的反应。这在大学一年级新生中表现得尤为突出。另外，大学学习的竞争日趋激烈，而大学生自信、好强、富于挑战等心理特征，使许多大学生对强手如林的大学环境，产生严重的危机感和恐惧感，精神压力加剧。

近年来，随着我国高等教育事业的快速发展，高等职业院校学生的学习问题也成为人们关注的焦点。高校扩招后，保证高等职业院校学生的学习质量，造就一大批社会主义事业合格人才，是确保我国高等职业院校生存和发展的关键因素。在本模块中，作者结合自己的教学实践和教学管理工作，对我国高等职业院校学生学习心理及方法进行探索，以便帮助广大学生提高学习成绩。

知识窗

什么是“学习”？

## 一、大学生学习的特点与心理机制

### （一）大学生学习的特点

大学教育的目的是培养国家所需要的各类高级的专门人才。大学学习与中学学习相比，有其明显的特点。

1. 学习的专业性

大学学习是以掌握专业知识和技能为主要目的的学习活动。学习内容广泛，既有专业知识，又有跨学科渗透。因此，大学生应注重专业概念的拓展和演变，不断调整学习内容，形成最佳的知识结构。

2. 学习的自主性

大学学习更多地体现在学生的自主学习中。学分制的实施给了大学生更多的选课空间，他们可以根据自己的兴趣爱好进行选择。大学课程编排具有内容多、信息量大、课时少的特点。大多数教师采用灵活的教学方法，强调重点和思路，教学内容往往与教材不完全相同。大学学习要求学生采用基于理解的自主学习方法，完成对知识的消化、理解和巩固。

3. 学习的多样性

课堂教学是大学生学习的主要途径，但大学生学习的方式和渠道还有很多，如参加学术报告、听讲座、参与课题、进行社会调查、上网检索资料、查阅文献、参与技能实训等。

4. 学习的探索性

大学学习具有研究性和探索性。一些学科的教学逐渐从阐述既定的结论转向引入各派的理论论据，更加注重对学生创新能力和文化修养的培养。因此，大学生不仅要学好书本知识和专业知识，还要学习和探讨书本之外的新知识、新思想，掌握知识的形成过程，了解学科的发展，探索新的知识领域。

5. 学习的实践性

大学生是否真的学到了知识，不仅取决于他们是否从字面上理解了知识，还取决于他们是否能用知识解决实际问题。只有把知识转化为自己的实践能力，才能真正掌握知识，否则一切都只是“纸上谈兵”。

### （二）高职院校学习活动的特点

伴随着“00后”的学生步入大学，因存在所处时代、性格、认知、思维方式等诸多不同，导致这个时代的大学生活动的内容及方式有所变化。尤其是高职院校的部分学生，文化课知识掌握不牢，对自己要求不严格，对学习的兴趣不高及“00后”与生俱来的性格特点，使得他们的学习活动在内容及方式上呈现出一些新的特点。

1. 学习情绪的低落感和学习效率的困顿感

高职院校的部分学生一直以来对本科院校十分向往，但由于高考失利或学习能力不足等种种原因，遭遇升本失败。他们在负面情绪高涨的状态下，学习倦怠感及挫败感较为明显。在高职院校中，有时会出现教师抱怨学生的低起点或学习上的惰性、学生则抱怨课程枯燥或无用的状况，进而导致教师在上课时缺乏激情，学生在上课时也会流露出厌学情绪，由此形成相互抱怨的怪圈。由于自身知识的匮乏，同时缺少良好的学习习惯，许多高职院校的学生在学习上一遇到困难，就会变得烦躁甚至放弃学习。到专业课学习阶段，还会有相当一部分学生出现畏惧情绪，不愿意钻研和深入学习知识，以至于无法体会攻克学习难题后所能感受到的快乐。相反，他们会过多体会到由学习成绩不佳、学习效率低下而带来的困顿感。面对学习上的种种问题和对未来就业方向的迷茫，不少学生悲观失望、丧失信心，在思想情绪上多呈消极、浮躁、焦虑、紧张、忧郁、自我否定等状态。这些不良情绪，将直接影响学生的学习能力和学习效率。

2. 对提高学习成绩缺乏自信心，学习行为缺乏自觉性和持久性

网络调查结果表明，从学生报考和对相关职业教育的看法上，大多数学生对进入高职院校存在自卑心理。通过与学生的交谈可以明显地感受到，他们有对考入本科院校同学的羡慕之情和因自己考试失利而产生的懊恼之情。在对高职院校学生的学习和生活进行观察时不难发现，他们常常把自己的失利归因于外部环境，而不是自身的努力不足。当教师鼓励他们认真学习，依然有希望可以升入本科院校实现自己的理想时，多数学生往往又表现出缺乏自信心，认为自己既然没有能力考进本科院校，升本的概率就十分渺茫。同时，有相当一部分高职院校的学生自控能力较差，学习不主动，学习效率低下，不会按照自身所学的专业主动选择和安排课内及外延的学习内容，不会抽时间巩固和拓展自己的知识。尽管他们在潜意识里也会有学习的冲动，但“学”什么，如何“学”，却还是要依赖教师，教师说一步学生做一步，把学习局限于课堂，把课堂上教师传授的知识作为学习的全部；遇到困难时，不能知难而进并想办法克服，学习行为缺乏自觉性和持久性。

3. 缺乏学习热情，课余生活不积极向上

一位文学家曾说，不应该消极地满足于现状，而应该是生气勃勃地改进现状。高职院校的学生往往学习能力相对薄弱，分析问题的能力、动脑思考和提炼重要知识的能力也相对不足。多数学生虽有学习意愿，但同时又普遍存在心态浮躁、缺乏学习热情、学习方法不当等问题。很大一部分高职院校的学生在学习中喜欢从主观上区分学习内容的“有用”与“无用”，对教师讲授的知识认为“无用”或“无趣味”时，就无心听课。他们在学习中不懂得要动脑思考学习中的问题，讨厌需要深入理解的学习内容，偏好实践类和情境类方面的知识学习。他们对学习理论方面的知识缺乏积极性和兴趣，只注重表面，具有表现思维能力强、抽象思维水平不足的特点。有关调查结果表明，除少数高职院校的学生在文艺、书法、体育等方面有爱好或特长外，其余大部分学生的课余生活较为单一，多为上网玩游戏、上网聊天、看言情小说和追剧等，课余生活单调，缺乏健康、积极、向上的活动或爱好。

（三）大学生学习心理的一般特点

1. 学习意识基本成熟

大学生对学习内容的选择有一定程度的自由，在学习时间的安排上有较大的支配权，自学能力已成为决定大学生学习效果的主要因素。

2. 学习动机发展达到核心层

以学习的社会意义、人生意义作为内心学习的深层动力，具有更高的自觉性、竞争性和紧迫感。学习动机的一般发展进程是直接性学习动机随着大学学习年级的升高而逐渐减弱，学习社会责任感成为主导的学习动机，随着大学学习年级的升高而加强。

3. 学习智力和能力发展达到最佳期

经过十余年的学习，大学生的学习意识获得逐步发展，调控能力日趋增强，学习能力逐渐提高，智力发展水平处于最优时期，并具有相对稳定性。

4. 学习自我评定能力日益增强

大学生对于学习的自我评价越来越客观。他们能正确认识学习的重要性，既不夸大也不缩小；对自己的学习能力也有更加客观的评定，根据自身的学习能力制定合理的学习目标，进而提高学习效率，自我评定能力也相应提高。

（四）大学生学习心理的基础

心理学研究认为，学习是一个非常复杂的心理过程，需要各种智力因素和非智力因素的积极参与，只有将这两个心理功能系统紧密地结合起来，才能完成学习过程，达到预期的学习目的。因此，这两个心理功能系统构成了大学生学习心理的基础。

1. 智力因素

智力因素是指人在认识过程方面的各种能力，是人完成各种活动所需要的最基本的心理条件。它包括注意力、感觉力、观察力、记忆力、思维力、想象力和创造力，其中以抽象思维力为核心。也可以说，智力是认识活动的综合能力。

2. 非智力因素

除智力因素以外的其他心理成分都可称为非智力因素。其中一些是观念体系方面的，如理想、信念、人生观、价值观等；另一些是反映一般心理水平的，如动机、需要、兴趣、性格、气质等。

有关研究结果证明，智力测验所得的智商（IQ）只能解释学生学业成绩的35%~45%，其余部分则要由非智力因素的作用来说明。

心理学研究结果表明，影响大学生学业成绩的主要因素是学习中的非智力因素。

学习中的非智力因素主要是指兴趣、态度、情感、意志、性格等方面对学习的影响。

（1）非智力因素——情感。

黑格尔曾说，要是没有热情，世界上任何伟大的事业都不会成功。在学习过程中，适当的激情、良好的心境、饱满的热情是学习的重要心理品质。孔子认为，对于学习，

"好之者不如乐之者"，即学习不仅需要有兴趣，还要满怀激情，此为"乐之者"。《吕氏春秋》也明确提出，如果学习是一件乐事，任何学生都会乐于从事；而如果视学习为畏途，任何学生都会试图逃避，即使学了也不会持久。在学习中，一旦有了对学习的强烈情感，就会增强学习的积极性，主动地探求新知识，大胆进行创造性思维，顽强地克服各种困难，从而提高学习效率。

知识窗

非智力因素对智力的制约研究

情感对学习的影响与多种因素有关。首先，与个体的认识有关。情感是在认识的基础上产生和发展起来的，它既可能推动和深化个体的认识，也可能妨碍对事物的进一步认识，甚至产生不正确的认识。人的情感会随着认识的发展而发生变化，认识越丰富、越深刻，情感也会越丰富、越深刻。也就是说，个体对学习的认识越深入，就越会对学习充满情感，从而就越会积极主动地进行学习；但如果对学习的认识不当，则会使个体对学习产生不适当的情感，而这种不适当的情感又会妨碍对学习进行深入的认识。因此，在学习中一定要学会用理智来分析、支配情感，不断克服消极情感，防止其对学习活动产生抑制作用。其次，与个体的需要有关。心理学认为，情感是由客观事物的刺激产生的，但并非所有的客观事物的刺激都能使人产生情感，只有当客观事物与人的主观需要处于一定的关系时，才能产生情感。可见，情感是在需要的基础上产生和发展起来的。一般来说，凡是与主观需要相符合并能使之得到满足的事物，就会产生肯定的、积极的情感；反之，则会产生否定的、消极的情感。如果个体将学习活动、求知欲望作为自己的优势需要，那么其就会产生热爱学习、追求理想的情感；而一个有严重厌学情绪的个体，只会将学习看作是一种负担和累赘。因此，在学习活动中，个体首先必须明确学习目的，培养合理正当的需要，以利于形成积极的学习情感；同时，又必须使自己的消极情感不断转化为积极情感，从而使自己的需要受到积极情感的支配和调节。

（2）非智力因素——意志。

学习既有快乐的一面，也有艰苦的一面。这就要求个体必须意志坚强、持之以恒，才能不断克服困难，提高学习效率。故孔子倡导"学贵有恒"，要求学生勇往直前，不可半途而废。革命导师马克思也说："在科学上没有平坦的大道，只有不畏劳苦沿着陡峭山路攀登的人，才有希望到达光辉的顶点。"这里的"不畏劳苦"，从心理学上来说，就是坚强的意志力，它是学业成功与否的重要因素。个体具有坚强的意志，不仅能促进其情感和智力的发展，而且可以调节和控制自己的情感，主导和支配自己的认识活动，按照自己预定的目标克服困难、勤奋学习，最终实现自己的理想。

首先，意志是阶段性地向前发展的。决心、信心、恒心是意志形成的三个阶段。其中，决心是意志形成的第一个阶段，主要是认清客观条件，开展动机冲突，积极进行思维。下定决心主要是确定行动的目的，并选择达到目的的方法和方式。信心是意志形成的第二个阶段，主要是树立确信感，建立坚定信念，形成远大理想。信心的树立主要取决于三个因素，即活动结果、他人态度和自我评价。恒心是意志形成的第三个阶段，在整个过程中具有更为本质的意义。其确立主要在于两点：一是要善于抵制不符合行动目的的主观因素的干扰；二是要善于持久地维持已经开始的符合目的行动。在学习过程中，个体一要下定决心，明确学习目的；二要树立信心，相信自己的力量；三要持之以恒，百折不挠，这样才能取得学习的成功。

其次，意志与行动密不可分。个体的意志总是在一定的行动中表现出来的，在学习活动中，必须通过具体的学习工作来培养自己的意志，必须通过攻克难关、战胜困难来磨炼自己的意志。总之，个体要利用一切机会和环境来培养良好的意志品质。

第三，意志的强弱与克服困难的大小、多少成正相关。在一定条件下，个体的意志越坚强，就越能克服更大更多的困难；个体的意志越薄弱，克服的困难就越小越少，甚至什么困难也不能克服。在学习过程中，面对各种挫折和困难，每个人都要不断加以克服和战胜，这样才能使自己的意志坚强起来，从而不断提高学习效率。

3. 创造性思维因素

（1）创造性思维的特点。

创造性思维具有以下特点。

① 思维的流畅性。是指在限定时间内产生观念数量的多少。

② 思维的灵活性。是指摒弃以往习惯的思维方式，开创从不同角度思考的能力。

③ 思维的独特性。是指产生不寻常的反应和打破常规的能力，此外还有重新定义或按新的方式对所见所闻加以组织的能力。

（2）影响创造性思维的因素。

① 智力、遗传素质和脑的活动方式。一般来说，创造性思维需要中等以上的智力。研究结果表明，智商和创造性并无直接的因果关系。非常聪明的人可能非常有创造性，或非常一般，或介于两者之间。中等智力的人可能创造性较多，也可能创造性较少。而智力低下的人往往缺乏创造性。由于人类大脑两半球的单侧化，使得在右半球加工的信息与具体形象思维能力、空间认识能力、直觉能力及想象能力有关。两半球的和谐发展与协同活动是创造性发展的物质基础。因此，要使学生发展大脑两半球的功能，特别要使其右半球的功能得到充分发展。

② 动机。当人们不受生活琐事或紧迫任务束缚时，是萌发创造性思维的最佳时机。

③ 个性。有创造性的人更加有见识、洞察力，善于判断、善于吸取经验教训，以及语言流利、兴趣广泛。

④ 环境。父母的管教方式和家庭气氛，是影响孩子创造性发展的主要因素。美国心理学家奥斯本对一些科学界精英进行调查，结果发现，一些比较有创造性的人往往来自不幸的家庭，其中有些人儿童时期缺少和谐家庭生活和父母的爱抚。此外，最富有创造精神的人，一般是兄弟姐妹中的老大。

⑤ 社会文化。美国心理学家奥斯本的研究结果表明，从小在农村长大的人比在城

市长大的人有更大的机会成为出众的创造性思维者。

## 二、大学生常见的学习心理问题

在大学校园里，大多数学生能够经受住紧张的学习对其各方面素质的综合考验，并顺利完成学业。但是也必须看到，确有相当数量的大学生存在时间或长或短、程度或轻或重的学习困难。导致学习困难的原因虽然多种多样，但是分析的结果表明，主要的原因是心理问题。常见的导致学习困难的心理问题包括学习适应不良、学习动机强度不当、学习动力缺乏、学习过度焦虑、考试过度焦虑、学习心理疲劳等。

知识窗

影响儿童创造性发展的因素

### （一）学习适应不良

学习适应不良是大学新生中普遍存在的一种心理困惑，对他们造成不同程度的影响。其具体表现在以下几个方面。

（1）对学习缺乏应有的兴趣、紧迫感和自觉性。

（2）学习缺乏独立性。学生习惯于中学时的学习方法，由教师安排自身的学习内容、学习计划、学习时间等，对教师的依赖性较强。

（3）不理解大学的学习特点和规律，不知道如何有效地开展学习活动。

（4）学习时精力投入不足，对本专业的知识、技能和要求认识不足，不知道怎样建立专业知识结构、培养专业技能，学习带有盲目性。

产生学习适应不良的原因主要有以下两点。

第一，大学的教学相对于中学来讲，在特点、方式和内容上有很大不同。大学老师一堂课讲授的内容较多，有时会与教科书上有很大出入；教学方法也与中学有差别。加上对新环境不熟悉，人际关系生疏，不能摆脱思念父母的心理，等等，都给心理素质尚未成熟的大学生带来情绪上的波动和不安，以致影响学习。

第二，大学生心理发展不成熟。由于他们缺乏生活阅历，在客观环境发生变化时，明显地暴露出适应能力差、不能尽快地随着环境的变化及时调整自己等问题，以致影响学习。

### （二）学习动机强度不当

学习动机对学习活动起着发动、推进、维持的作用，但并不意味着学习动机的强度越大，学习效果越好。缺乏动机或动机强度过弱，会使得大学生不能专注于学习，注意力不能集中，不易发生和维持学习行为。学习动机过强，大学生干什么都迫切期待成功，不能容忍任何失败。通常，高成就动机的大学生始终关注自己的学业水平，目标较高，总感觉没有达到理想状态，认为自己成绩不够理想，容易产生紧张和焦虑的心理体验。一名希望自己“出类拔萃”的大学生曾说，总以为付出就会有回报，可无论如何努力，就是达不到预期效果，心里很难受；而且他一直想继续深造，但一看到自己的高数与英语成绩，心就凉了一半。相反，低成就动机的大学生将自己定位于“混”张大学文凭，满足于各门功课“过得去”，因而学习压力反而较小，活得“自由些”“潇洒些”。更多的大学生居于中间状态，学习上有压力而无动力，有信心而无毅力，不能持之以恒。

（三）学习动力缺乏

1. 缺乏学习动力的主要表现

（1）逃避学习不愿上课。

上课无精打采，不能积极思考，课后抱着不学为妙的心态，常把主要精力放在打扑克、玩网络游戏等与学习无关的活动上；无成就感，无抱负和期望，无求知上进的愿望。

（2）注意力分散。

学习动力缺乏会使注意涣散、兴趣转移，易受各种内外因素的干扰，因而上课时听课不专心，不能集中精神思考问题，课后不肯下功夫复习巩固所学的知识，写作业不认真，满足于一知半解，对学习基本采取的是“对付”的策略。对学习以外的事反而兴致勃勃，如追剧、看电影、玩手游等，常常喧宾夺主、主次颠倒。

（3）厌倦、冷漠的情绪。

学习动力缺乏常会导致厌倦、冷漠情绪的产生，说到或想到学习就头痛，硬着头皮上课，无心写作业。有的学生为了一纸文凭不得不一天天应付下去，有的学生索性休学回家、中途辍学。

（4）缺乏适宜的学习方法。

学习动力缺乏的学生由于对学习总体上是一种消极的态度，所以很少能够努力地摸索出一套适合自己的学习方法，因而难以适应紧张、繁忙的学习情境。总之，当一名学生缺乏学习动力时，相对大多数学生紧张而有节奏的学习生活，他如同一个局外人，与学习群体不相融，因此如果不及时矫正，他就不可能坚持学习，不可能完成学习任务。

2. 缺乏学习动力的原因

学习动机与学习的需要，是受社会环境、教育过程和个体身心发展水平的影响而发展起来的。随着大学生身体、心理与社会性发展，大学生的学习动机呈现出多元化的特点。造成大学生学习动力缺乏的原因是多方面的，大体上可以归纳为以下两类：

（1）内部原因。

① 学习动机不明确。凡动力缺乏的学生被问到为什么学习、为什么读书、为什么上大学等问题时，他们便会给出一个共同的答案：以前念书就是为了考大学，考大学是为了父母，为了将来找一份好工作，为了远离穷乡僻壤，等等。这些学生由于没有确立起学习目标、人生理想，没有把自己的学习和社会的发展联系在一起，更没有和国家、民族的振兴相连，所以缺少奋发向上努力学习的原动力。他们对待学习基本上采取一种放任的态度。

② 对所学专业缺少兴趣。这是造成学习动力缺乏的重要原因之一。在高考填报志愿时，由于学生和家长对专业缺乏了解，学生进入大学开始学习后才发现对自己的专业

并不喜欢。另一种情况则是因为家长的意愿，家长从当前社会就业“热点”出发为子女填报了所谓好找工作又挣钱多，或相比之下较轻松的专业，事实上学生本人对家长选定的专业并无兴趣。还有些学生则是受考试成绩的限制，只能服从分配，不具备选择专业的条件。心理学认为兴趣是力求认识、探究某种事物的心理倾向，是一个人对某事物所抱有的积极态度。既然对所学专业没有兴趣，必然就不会有学好它的积极态度。

（2）外部原因。

外部原因是指来自社会、学校和家庭等方面的原因。改革开放以来，受市场经济大潮的冲击，知识贬值、“脑体倒挂”现象长期没有得到根本解决。有的家庭急功近利，注重考虑什么专业挣钱多、好找工作，就让子女学什么专业，而不考虑子女对这些专业是否有兴趣、这些专业是否适合子女等问题。这些因素都会对学生造成不良影响，甚至成为学生中途退学的隐性原因。

（四）学习过度焦虑

大学生正常的、适度的焦虑是学习所必需的。若焦虑过度，则会对学习起破坏作用。刚刚进入校园的大学生，有的曾经有过“佼佼者”的辉煌经历，上大学后还想保持“尖子生”的地位，这使他们长期处于冲突与痛苦中，且精神过于紧张，学习上焦虑不安。还有一些大学生因高中时的学习基础较弱，刚进入大学后跟不上老师的教学进度，又背负着家长的较高期望或一定的经济压力，从而产生巨大的学习压力而整天一筹莫展。导致部分大学生存在着过度的学习焦虑情绪，具体表现在以下几个方面。

（1）学习中心理压力太大，情绪压抑。

（2）怀疑自己的学习能力，总担心自己学得不好，对可能取得的考试成绩顾虑重重、信心不足、忧虑过度，严重的还常伴有头晕、头痛等问题，以致寝食不安。

（3）夸大学习中的困难，为此惶惶不安、焦虑万分。

（4）在学习中出现注意力涣散、记忆力减退、思维混乱、烦躁、易怒等现象。

学习过度焦虑的原因主要有以下两种：一是内部原因，如自信心不足、成就动机过强、失败恐惧心理、兴趣爱好单一、性格内向、自我封闭等；二是外部原因，如学业压力、考试压力、环境压力等。

（五）考试过度焦虑

考试焦虑是一种正常现象，但是要注意“适度”。由日常的学习焦虑引起考试的焦虑与怯场，是因情绪紧张而导致在考试中不能发挥实际水平的失常现象。适度焦虑会使人的活动变得积极，思维变得清晰；过度焦虑会使人的活动受到抑制。考试过度焦虑的主要原因是缺乏自信。这种缺乏自信是由于之前考试失败而造成心理定势，生怕考试再遭失败而产生的心理压力。在现实生活中，经常可以看到这样的学生，在应试过程中紧张恐惧、思维迟钝、记忆力下降，甚至还引起生理上的不适，如头痛、腹泻、失眠、恶心等，严重者则心跳加快、软弱无力，有时还会全身发抖，甚至晕厥。这些都是考试过度焦虑的表现，具体表现如下。

（1）情绪上表现出担忧、焦虑、烦躁不安。

（2）认知上表现为注意力不集中、记忆力下降、思维僵化。

（3）行为上表现为坐立不安、手足无措。

（4）身体上表现为头痛、食欲下降、恶心、睡眠不好等。在临考时，表现为心慌气短、呼吸急促、手足出汗、发抖、频频上厕所、思维肤浅、判断力下降、大脑一片空白。个别学生在考场上还会出现视力障碍，如看不清题目、漏题丢题等。

（六）学习心理疲劳

学习心理疲劳是学习效率逐渐降低并伴有渴望停止学习活动的生理和心理现象。生理疲劳主要是肌肉受力过久引起的如肌肉麻木、腰酸腿疼、打瞌睡等现象。心理疲劳一般是由于长期从事心智活动，大脑得不到休息而引起的注意力涣散、思维迟钝、情绪躁动、忧郁烦恼、学习效率降低等现象。其中，心理疲劳是学习疲劳的主要表现形式。学习疲劳是一种保护性抑制，通常情况下，经过适当的休息即可恢复，但是经常过度的学习疲劳，会使大学生对学习产生厌恶和烦躁情绪，大大降低学习效率。造成学习疲劳的原因主要有：对学习活动缺乏兴趣；学习时间过长，不注意劳逸结合；学习内容难度较大，产生厌烦、畏难情绪；学习过于紧张，使大脑神经持续处于高度紧张状态；睡眠时间长期不足；由于受到其他因素的干扰，如家庭经济问题、思想问题等。在学习压力下，很多大学生没有找到更有效的学习方法，只有通过无限延长学习时间来达到预期目标，久而久之，“事倍功半”，反而加重了学习心理压力。

## 三、大学生学习心理问题的调适

**案例分享**

一名高职院校的学生因步入大学后难以适应大学的学习节奏，导致学习进度跟不上，入学一年来郁郁寡欢，且近来食欲、睡眠较差，精力不济。这使得他对于学习没有兴趣，临近考试就紧张焦虑，有大难临头的感觉；难以集中注意力复习功课，常伴有头痛、失眠等症状。尽管他考试尚能及格，但还是觉得自己没用，成绩太差，对不起父母。近几个月，他常因头痛而缺课，对此非常不安、自责。

**案例解析**

随着年龄的增长，学生学习能力在逐渐下降，身体机能的改变不能决定最后的结果。这时学生就要找到适当的适合自己的学习方法，使压力化为动力，而不是自暴自弃。适当的时候可以寻求老师及家长的帮助，而不是选择自己一个人来承受。

过度的学习压力和学习焦虑，影响了大学生的精神面貌，破坏了应有的学习情绪，损坏了大学生的身心健康。有些大学生学习能力并不差，学习也不吃力，成绩还不错，但就是觉得“紧张得透不过气来”；有些大学生上了考场就“脑子一片空白”。这些大学生过度的学习焦虑使他们在认识上有了偏差，致使意志品质不完善。因此，如何解决当代大学生学习心理压力大的问题，是当今教育不可忽视的一部分。

### （一）适当调整抱负水平和学习动机强度

调整大学生的抱负水平，培养良好的学习动机，是解决大学生学习倦怠的重要手段。

1. 学习动机的分类

（1）直接性的近景学习动机。这类动机与学习活动直接联系，是由对学习的直接兴趣、对学习活动的直接结果的追求所引起的。

（2）间接性的远景学习动机。这类动机与人生意义和社会意义相联系，是社会要求在学生学习上的反映。这类动机一旦形成，就具有较大的稳定性和持久性，不易为生活中的偶然因素所改变，能在较长时间内起作用。

2. 学习动机的主要构成部分

外来动机：是指主要由外在条件诱发而来的动机。如奖学金、各种荣誉、父母的奖励和惩罚、考研、出国留学等。

内在动机：是指由个体的内在心理因素转化而来的动机。引起这类动机的学习活动是为了学会所学的内容本身，如好奇心、兴趣、自我实现、自尊心、好胜心、上进心、责任心、荣誉感、义务感、理想等心理因素。

研究结果和实践经验证明：外来动机与内在动机对大学生的学习过程都具有重要意义，两者结合会起到积极有效的作用。适当的学习动机，有利于提高学生的学习效率。心理学家耶克斯（R. M. Yerkes）与多德森（J. D. Dodson）合作对动机与工作效率之间的关系进行了研究，得出了非常利于提高工作效率的耶克斯-多德森定律。

知识窗

动机与工作效率的关系

### （二）加强理想与信念教育，增强大学生的学习动力

大学生的学习动力由学习动机、学习兴趣和学习态度三部分组成，三者在整个学习过程中密切相关、相互促进。在这三者中，学习动机的导向功能、激励功能和调节功能起着最重要的作用。因此，增强大学生的学习动机，培养良好的学习动机，是解决大学生学习困难的重要手段。增强大学生的学习动机，首先要抓住新生入学的机会，有目的、有组织、有计划地进行理想教育，引导大学生树立明确的人生目标，明确历史使命，增强社会责任感；开展专业思想教育，让大学生有选择、有目标地学习。在学生教育和管理的日常工作中，及时掌握学生的思想状况和学习情况，及时发现困难学生，尽快对个别学生进行心理辅导，教会学生必要的调适方法，使学生保持良好的健康的学习心理，努力为学生创造良好的学习氛围和精神环境。

### （三）满足自己合理的需要，踏上“自我实现”之路

在需要层次论中，马斯洛区分了缺失性需要和成长性需要，同时指出：高一级需要

的出现并不要求低一级需要百分之百地得到满足。这意味着缺失性需要得到基本满足的大学生，也可以在更高层次上追求需要的满足，以充实自己的大学生活。成长性需要的满足会带来更多想要追求的愿望。例如，认知需要指的是学习掌握知识的需要，而掌握知识不会令人厌倦，相反它对进一步的学习有促进作用。也就是说，大学生学得越多越想学。

(四) 恰当的归因风格

心理学家阿伯拉姆森（Abramson）提出了抑郁型和乐观型的归因风格。

抑郁型的归因风格把消极的事件归于内部的、稳定的和整体的因素，把积极的事件归于外部的、不稳定和局部的因素。所以具有这些风格的人常常从消极的方面去解释生活和理解他人。相反，乐观型风格的人把积极的事件归于内部的、稳定的和整体的因素，而把消极的事件归于外部的、不稳定和局部的因素。当代大学生应正确理解学业成功的真正原因和归因：将成功归因于自己的能力，将失败归因于自己不努力或粗心大意。这样，就会增强自信心，增强努力与坚持性行为，争取成功的机会。

(五) 学会有效地应付压力，平衡学习与社团活动

一个人随时可以通过想象、联想、幻想而衍生出正负情绪。大学生当发现自己有学习倦怠的征兆时，应勇于面对现实，正确认识学习倦怠的各种症状，反思压力来源，主动寻求帮助，并采用降低压力的心理治疗方法（如系统脱敏法、放松训练等）对压力加以化解。学会时间管理，在学习面前要学会取舍，量力而行，在自己精力和能力可负担的范围内选择自己感兴趣的社团。把大愿望分解为小目标，降低实现的难度，增强紧迫感。

(六) 掌握科学的学习规律，防止学习疲劳

合理规划学习时间可以帮助大学生形成良好的学习规律。一旦制订了学习时间计划，就应该实施，且严格按照计划执行。一开始，大学生应该尽力为自己创造一个良好的环境。当一个好的学习规律形成时，他们就会建立一个良性的条件反射。如果大学生掌握了科学的学习规律，就会事半功倍，形成科学运用大脑的良好习惯。科学运用大脑可以有效预防学习疲劳，提高学习效率。现代科学清楚地表明了大脑两个半球的不同功能：大脑左半球与逻辑思维有关，右半球与形象思维有关。因此，要根据大脑两个半球的不同分工，科学运用大脑。此外，大脑活动中还有一种“优势现象”，即当大脑某一功能区的活动占主导地位时，其他功能区的活动就可以相对处于静息状态。因此，如果能交替进行阅读计算、阅读思考、写作、听音乐等大脑活动，就可以防止学习疲劳。在科学学习中，大学生还要注意劳逸结合，保证充足的睡眠时间。“一张一弛”是文武之道，学习也是如此。除了学习，大学生还可以参加一些有益的文体活动，以利于放松身心，消除疲劳，提高学习效率。

综上所述，当今的大学生是伴随着改革开放的进程成长起来的新一代，有着极强的表现欲和参与欲，并且具备相当的知识和认识世界、改造世界的能力。新形势下，来自

社会的竞争压力增大，大学生的思想焦虑增加。在急剧变化的社会环境面前，由于部分大学生心理准备不充分、信心不足，加上对学校教学改革、教学条件不满等原因，其思想焦虑的增加不可避免。部分大学生心态较为低沉、消极，身心健康水平下降，尤其是学习心理健康令人担忧。不难想象，在压抑、苦恼、空虚、烦躁、焦虑的生活环境下，部分大学生不同程度地存在着心理问题与心理障碍，他们的身心素质将因此而受到影响。所以，当代大学生应加强远大理想和社会责任信念教育，并树立积极乐观的人生态度，学会寻找快乐。大学生应保持一颗轻松愉快的心，积极参与生活，享受生活的乐趣；发展业余爱好，忙里偷闲、找寻生活的乐趣；学会幽默，以乐观主义精神去迎接困难、克服困难。这样，大学生才能保持愉快的心情，才会具有健康的学习心理，并为自己心中的理想而不断奋进。

### 课后思考

（1）大学期间和中学期间的学习特点有何异同？

（2）作为一名大一新生，请谈谈你想要怎样提高自己的学习效率。

（3）除了课堂学习，社团活动和社会实践是学习吗？

## 模块三　心理训练

学习中不仅要吸收前人的知识，也要敢于怀疑、敢于创新、敢于打破思维定势，而不是墨守成规。不仅如此，学习还要讲究学习策略，学习过程中要学会与人分享交流，善于吸收他人的智慧，这样不仅有助于自己的人际关系和谐，还可以使自己的视野更开阔，学习的效果更持久深刻。本模块设计心理训练的目的，是让大学生对自己的学习加强管理，从而提高时间利用效率和学习效果。当然，仅仅靠这些训练是不能囊括学习的方方面面的，只是希望大学生能够从这些训练中受到启发，感悟其中的道理并加以实践，促进自身学习的进步。

### 训练一　时间管理

**一、训练目标**

（1）通过扮演时钟，训练反应能力和协调性。

（2）让学生懂得珍惜时间，学会合理安排时间。

**二、适用对象**

大学任一年级的学生团体。

**三、适用人数**

人数不限。

**四、适用场所**

室内。

**五、材料**

“时间分割”活动材料：事先准备好1厘米宽、100厘米长的纸条（每人一条），印有圆形图案的白纸（每人一张），笔（每人一支），长短不一的小棍儿（3根为一套，需若干套）。

**六、活动时间**

90分钟。

**七、活动程序**

（一）时间分割（时间：80分钟）

1. *活动导入*

学习是一项复杂的脑力劳动，其效果受到多种因素的制约。如何提高学习效率和学习效果是每名学生关心的话题。

时间管理是影响学习的一个重要因素，许多学生往往因不能科学有效地利用自己的时间而浪费了许多精力。实际上，只要加以训练，有效利用时间的技巧是人人都可以掌握的。

2. *活动实施*

（1）个人扮时钟。请若干名学生自愿上台，然后发给每人一套小棍儿（长棍儿代表分针，短棍儿代表时针）。学生听心理行为训练员的口令扮演出时钟上时针与分针的关系，如6时、8时、3时20分等。

（2）小组扮时钟。请学生自愿组成三人组，心理行为训练员分别给每组发一套小棍儿，最长的代表秒针、次长的代表分针、最短的代表时针。学生听心理行为训练员的口令，三人一起组合表示一个时间。

（3）撕纸条。心理行为训练员把事先准备好的1厘米宽、100厘米长的纸条发给每名学生，然后告诉大家：“每个人手中的纸条代表时间，假如这个时间是一天，那就是24小时。每个人想一想自己的一天是怎样度过的。睡觉用了多少时间，把它从纸条上撕去；吃饭、看电视、玩游戏、踢足球、聊天、发呆等分别用了多少时间，把它们一一从纸条上撕去。最后看看还剩多少时间是用来学习的。大家比一比谁留给学习的时间最多。”

（4）心理行为训练员发给每名学生一张印有圆形图案的白纸。然后请大家想一想，假如这个圆表示一周的时间，自己会怎样进行管理，如何合理分配。请各位画出“时间管理饼图”，画完后进行交流。

3. 讨论与分享

以上几种方式展示了每名学生现在的时间利用现状，请大家思考以下问题。

（1）你对哪个游戏的印象最深刻？有哪些感想？

（2）如果现在让你重新规划自己的时间表，你想怎样调整？

（3）重新调整时间表后，对自己的学习与生活方面将有什么样的影响？

4. 注意事项

（1）棍儿的长短：注意秒针、分针、时针的比例。

（2）画“时间管理饼图”时，一个圆可以代表一天，也可以代表一周、十天等不同时间。圆形分割可以用线条，也可以用彩色笔涂出色块。

（3）画“时间管理饼图”的目的是启发学生思考如何合理安排时间，所以画完后的交流很重要，心理行为训练员应根据学生的时间管理计划做出恰当的点评。

（二）活动结束（时间：10 分钟）

小组成员交流第一次团体心理训练的感受和体会，然后汇总团体的反馈，并约定第二次团体心理训练的时间、地点等。

## 训练二 创意无限

### 一、训练目标

（1）通过相互交流，达到彼此启发、开阔视野、丰富想象力的目的。

（2）通过“头脑风暴”，积极思考、大胆倡议、科学选择，克服思维定势，激发创造力。

（3）打破固有的思维，合理地利用和扩大可用资源。

### 二、适用对象

大学任一年级的学生团体。

### 三、适用人数

人数不限。

### 四、适用场所

室外、室内均可。

### 五、材料

（1）“用途无限”活动材料：塑料可乐瓶若干、A4 纸若干、笔若干。

（2）“穿越 A4 纸”活动材料：每组 3 张 A4 白纸、一把剪刀。

### 六、活动时间

90 分钟。

## 七、活动程序

### （一）用途无限（时间：40 分钟）

1. 活动导入

学生在学习的过程当中，往往会有自己的思维定势，如果他们敢于打破思维定势，充分发挥想象力和创造力，未来可能会别有一番天地。

2. 活动实施

（1）把全班学生分为若干个 6~8 人的小组，每组推选出一名组长。

（2）请组长到主持人处领取一只塑料可乐瓶、一张白纸和笔。

（3）小组成员在 5 分钟内讨论：塑料可乐瓶可以有多少种用途？并将讨论结果记录在纸上。

3. 讨论与分享

全班学生进行交流，在交流的基础上，小组成员将可乐瓶用途归类。

4. 注意事项

（1）在“头脑风暴”中，要激发学生想象出塑料可乐瓶各种各样的用途，不要有过多的约束和顾虑，在充分想象的基础上再做合理选择。

（2）在整理用途时，要注意归类总结，尽可能丰富用途的类别，而不要只停留在一种类别中的多种答案上。例如，可以做容器，用于盛水、盛油、盛可乐、盛糖……这样的答案，其思路是封闭的。

### （二）穿越 A4 纸（时间：40 分钟）

1. 活动导入

A4 纸有多少种用途？你能列举一下吗？现在很多女生都想拥有苗条的“A4 纸”小蛮腰，那么今天就思考一下我们能不能一起穿越 A4 纸。

2. 活动实施

（1）小组成员将身上的所有硬物全部摘下，方便后面“穿越”活动的顺利进行。要求成员从一张 A4 纸中钻过去，且不能将纸撕断。

（2）这张 A4 纸要保证四边不能断掉，如果断掉要重新完成手工。本活动共需完成三种穿越方式：第一种，每名成员站着穿过 A4 纸；第二种，每名成员由其他成员推举横着穿越 A4 纸；第三种，所有成员都站进 A4 纸中间，就算完成任务。哪个组先完成这三种穿越，哪个组获胜。

训练三

集思广益

3. 讨论与分享

每组派出一名代表到前面展示自己组 A4 纸的制作方案，并分享自己组的感受。

### （三）活动结束（时间：10 分钟）

小组成员交流第二次团体心理训练的感受和体会，然后汇总团体的反馈，并约定第三次团体心理训练的时间、地点等。

## 模块四　资源共享

推荐阅读

何江的青春誓言

影片赏析

《叫我第一名》赏析

# 第三单元　生涯规划：向新阶段问好

**【心寄语】**

不去掌控你的生涯规划，就是让你的存在成为一种偶然。

——欧文·亚隆

计划的制订比计划本身更为重要。

——戴尔·麦康基

**【心探索】**

许多大学生在进入大学后，突然从高三的重压中解脱出来，想着一定要先好好放松一下。但是，他们在睡够了懒觉、玩儿够了游戏之后，可能会陷入深深的迷茫。你可能也有类似的经历：每天过着不知所为的生活，内心很焦虑，却不知接下来的路该如何走。其实，如果你能认真地进行生涯规划，就能有效地破除这种状态。那么，究竟什么是生涯规划，为什么生涯规划能帮助大学生破除迷茫呢？

## 模块一　心理故事

### 故事一

#### 全照亮——"网瘾少年"开始逆袭

近日，一段关于狙击手的视频火了起来。视频拍摄地点是在珠江的海岸口，画面中，一名狙击手冷静地扣下扳机，随之而来的，是距离1000米之外的海上靶标——一个小得几乎看不清的气球应声爆炸。当时这名狙击手所用的狙击枪的有效射程仅600米，却击中了1000米之外的目标，这无异于用肉眼瞄准百米之外的针管。因为狙击枪的瞄准镜内没有相应的标尺分化，所以他能命中目标完全依靠平时练习的经验积累，难度异常之大。

这名一枪惊人的狙击手名叫全照亮，他在2019年南部战区陆军比武中斩获两个项目的第一名和七个课目的满分，取得综合第一名的好成绩，是陆军战士中新晋的枪王。更令人吃惊的是，他算不上是“正规”陆军，而是一个兵龄8年的船艇兵，他的日常工作是负责船艇出航靠离码头时撇缆绳、带缆、操作锚机……但就是这么一个似乎跟狙击手不怎么搭边的士兵，却在和许多陆军士兵甚至特种兵的同台竞技上，击败其他优秀的挑战者，拔得头筹。

了解全照亮的战友说他有着“常人少见的冷静”，那么他这种过人的冷静又是从何而来的呢？全照亮从小和爷爷奶奶一起长大，他说小时候自己很自卑，到了11岁那年又变得很叛逆，不爱进课堂，天天泡网吧。因为没钱，他饿了就吃别人剩下的东西，渴了喝自来水管里的水，村里的大人都不让自己的孩子跟他一起玩儿，怕他把孩子教坏。

全照亮人生的转变还要从他17岁那年说起。17岁的他独自从河南老家来到北京，只为了看一次升旗仪式。当年，他在北京的地下通道待了一宿后，凌晨五点便来到天安门广场观看升旗仪式。当升旗手郑重一抛，五星红旗随即迎风飞扬的那一刻，耀眼的鲜红色猝然映入全照亮眼中，当时的他觉得特别震撼，全身的毛孔都炸了起来。于是，他下定决心，要成为一名军人，要穿上那一身帅气军装，做一个正直的人。那一年，他的生命涌进了阳光，如他名字一般，人生被照亮，从此有了色彩。

有了目标，全照亮的人生一下就被照亮了，他从一开始一个单纯的想法，一步步成长为船艇兵里的“枪王”。

“枪王”的称号说起来就两个字，但做起来就如蜀道之难。全照亮当时报名参加狙击手集训的时候，经常会听到有人说他是去“做陪衬的”，对于这些指指点点，他全然不顾，想着就让实力来说话吧。每一次狙击训练的时间都很长，而且需要趴在地上呈静止状态，大多数战士都会选择在累了的时候小动一下，偷个小懒。但全照亮从没有让自己松懈，他严格依照标准要求自己，哪怕在手肘受伤流脓的情况下，还依然趴在水泥地上坚持了一个多小时，痛得冷汗直流却一下也没动。

部队的生活，给了全照亮一个人生逆袭的机会。从沉迷网瘾的小镇青年，变成人人称赞的“兵王”，变成他自己梦想中的“正直的人”。

## 智慧点睛

曾是自卑的留守儿童、叛逆的网瘾少年，如今是力压其他陆军士兵的“枪王”，他的逆袭是从17岁那年独自跑到北京天安门看了一次升国旗仪式开始的。那一场升旗的震撼唤醒了一个青年心中的正义感和爱国情怀，指引他走上人生逆袭的从军路。人生目标一旦确定，人生的根本方向也就明确了。树立了什么样的人生目标，就会有什么样的人生。

## 思考

（1）你的人生目标是什么？从小到大你的人生目标有过变化吗？

（2）是什么样的人生目标支持你成为现在的自己？如果一直没有找到自己的人生目标，你准备怎样去寻找？

## 故事二

### 迷茫的“萌新”

高职院校一名大一新生来咨询室咨询，他自述：“眼看这学期过去一半儿了，我还是很迷茫。大学之前我有很多想法：要多参加实践，要努力学习，要培养自己的特长……但是东一榔头、西一棒槌，大一过得很没有头绪。两个月下来，感觉好像个人能力也没有什么提升，英语、高数等基础课学得也不是很明白。我很想改变目前的状态，却不知道该从何做起。”

这名大学生说出了很多大一“萌新”的心声。对于刚考上大学的新生来说，从小学到高中，基本不需要规划，因为这个阶段的人生道路已经被学校、家长铺好，只要埋头努力就好。但上了大学，离开了父母的照料和庇护，太多的事情需要自己去打理，那种忙乱、困惑，以及之后的迷茫，相信很多新生都正在经历。“郁闷”“困惑”“迷茫”成为新生对大学生活描述的高频词汇。

## 智慧点睛

大学开学的第一天，在某种意义上也是一场成人礼，是一个人全新人生阶段的开始。大一新生要开始学会独立面对生活，这是一堂学校之前没有讲过的课，但它就这么鲜活地出现在每名新生的生命里，并铺展开一段段悲喜交加的纪实片。

## 思考

（1）你了解自己的需求吗？你想成为什么样的人？

（2）大学这段路你想怎么走？

# 模块二　心理导航

人生重要的事在于确立一个伟大的目标，并有决心使其实现。

——哥德

经历了千军万马过独木桥的高考，在拿到录取通知书的那一刻，相信很多学生就开始对未来的大学生活抱有众多期许。部分学生把大学想象得很美好，高中老师的那句“考上大学就好了”曾伴随他们度过了忙碌的高三生活，然而当梦想照进现实，学生逐渐感受到的却是现实与梦想之间的差距。很多学生带着新鲜感和好奇心开启了大学生活的新篇章，但是在最初的那段时间，他们总有些许的不适应。在这样的感受里，学习、工作、生活、情感、人际关系、社会实践等纷繁复杂的事情井喷一样地出现在学生面前，当他们需要面对、处理这些事情的时候，困惑和茫然也会不期而至。

## 一、生涯规划的内涵

### （一）生涯与生涯规划

美国职业心理学家舒伯认为，“生涯”是生活中各种事件的演进方向和历程，它综合了人一生中的各种职业和生活角色，由此表现出个人独特的自我发展形态。基于这一理论，目前对“生涯规划”的定义普遍认可的说法是：“生涯规划是一个人尽其所能地规划未来生涯发展的历程，在考虑个人的智能、性向、价值，以及阻力和助力的前提下，做好妥善的安排，并借此调整和摆正自己在人生中的位置，以期自己能适得其所。”

### （二）高职院校的大学生涯规划

大学生涯是指大学生从入学到毕业的整个过程，是职业生涯的准备阶段，它的好坏对职业生涯有重要影响。高职院校的大学生涯规划可以按照年级分成三个阶段。

（1）第一阶段，一年级。大学生应注重加深对本专业的认识，了解培养目标和就业方向，增强专业学习的自觉性，培养专业学习目标并初步了解将来所从事的职业，为制定职业目标打好基础。同时，建议每一名大学生建立“成长记录袋”，记录自己的兴趣、特点、职业能力倾向等内容。

（2）第二阶段，二年级。大学生积极参加相关职业资格考试，取得其他与专业相关的职业资格证书；同时利用各种机会检验自己的知识技能，通过积极参加学校和社会上的各项活动，锻炼自己的能力，进一步确认职业目标。在实践中体会自己能力与现实需要之间的差距，体会时间管理，体会团队合作。

（3）第三阶段，三年级。大学生可以在模拟的仿真的环境中进行实训，如汽车维修车间、现代化的服装车间、模具实习室……大学生在学习理论的同时增强其动手能力，获得职业技能，感受将来的从业环境。大学生要在实训中认真思考这个职业、行业是否与自己的兴趣、性格、价值观相符合，增强学习与训练的自觉性、积极性和主动性。

高职院校学生一般在学校经过两学年的系统学习与训练后，第三学年就可以直接到企业的实际岗位中进行顶岗实习，切实地感受企业文化、工作环境。他们可以通过与工友的交流来了解企业的发展前景，从而分析研究是否这就是自己的“职业锚”，思考是否要修正、如何来修正自己的职业生涯规划。可以说，在企业实习，为大学生提高能力、弥补不足提供了良好的机会。

三年级的大学生要学会总结。首先，检验自己已经确立的职业目标是否明确，准备工作是否充分；其次，要有针对性地参加专项指导，如择业技巧培训、如何参加招聘活动等；最后，大学生应充分利用学校提供的条件，了解用人公司资料信息，强化求职技巧，进行模拟面试等训练，尽快实现从学生角色到职业角色的转换，顺利实现自己的职业理想和目标。

### （三）职业生涯规划及相关理论

#### 1. 职业生涯规划的定义

什么是职业生涯规划？职业生涯规划是指将个人发展与组织发展相结合，对决定一个人职业生涯的主、客观因素进行分析、总结和测定，确定一个人的事业奋斗目标，并选择实现这一事业目标的职业，编制相应的工作、教育和培训的行动计划，对每一步骤的时间、顺序和方向做出合理的安排。

#### 2. 舒伯的生涯发展阶段理论

舒伯提出一个诠释职业发展的生涯发展模式。舒伯认为，每个人在能力、兴趣、人格特质上均存在差异。每个人在个性特质上各有所适，每种职业均要求有特别的能力、兴趣、人格特质，但是有很大的弹性可容许个人从事不同的职业，也容许不同的人从事同样的职业。个人的职业喜好、能力、工作环境和自我观念随着时间与经验而改变，因此职业的选择和适应成为一个持续不断的过程。

舒伯认为，可依据年龄将每个人生阶段与职业发展相配合，将生涯发展阶段划分为成长、探索、建立、维持与衰退五个阶段。

（1）成长期（14 岁以前）。经过家庭、学校中重要人物的认同，个体开始发展自我概念，需要与幻想为此时期最主要的特质。随着年龄增长，个体的社会参与及现实考验逐渐增加，兴趣与能力愈发重要。

成长期又可以分为三个阶段：① 幻想期（4—10 岁），以需要为主，幻想中的角色扮演甚为重要；② 兴趣期（11—12 岁），喜好是个体抱负与活动的主要决定因素；③ 能力期（13—14 岁），能力的重要性日益显现，而且个体能够考虑工作条件。

成长期的任务主要是发展自我形象，发展对工作世界的正确态度，并了解工作的意义。

（2）探索期（15—24岁）。个体在学校、休闲活动及各种工作经验中，进行自我检讨、角色探索及职业探索。

探索期又可以分为以下三个阶段。① 感受期（15—17岁），个体考虑需要、兴趣、能力及机会，做暂时的决定，并在幻想、讨论、课程及工作中加以尝试。② 过渡期（18—21岁），个体进入就业市场或进行专业训练，更重视现实的考虑，并企图实现自我概念：一般性的选择转为特定的选择。③ 尝试期（22—24岁），个体职业生涯初定并试验其成为长期职业生活的可能性，若不适应则可重新确定方向。

探索期的任务包括：①职业偏好逐渐具体化；②职业偏好特殊化；③实现职业偏好。

（3）建立期（25—44岁）。个体寻求适当的职业领域，逐步建立稳固的地位：职位、工作可能变迁，但职业不会改变。

建立期又包括以下两个阶段：① 试验承诺稳定期（25—30岁），个体寻求安定，可能因生活或工作上多次变动而尚未满意；② 建立期（31—44岁），个体致力于工作上的稳固：大部分人处于最具创意的时期，表现优良。

建立期的任务是调整、稳定并求上进。

（4）维持期（45—64岁）。个体逐渐取得一定的地位，重点在于如何维持地位，此时期很少有新意。此外，个体还要面对新来人员的挑战。

维持期的任务是维持既有成就与地位。

（5）衰退期（65岁及以上）。个体身心状况衰退，原工作停止，发展新的角色，寻求不同方式以满足需要。

衰退期的任务是减速、解脱、退休。

在上述舒伯的生涯发展阶段中，每一阶段都有一些特定的发展任务需要完成，而且前一阶段发展任务完成与否关系到后一阶段的发展是否顺利。

舒伯认为，在人的生涯发展中，每个阶段都要面对成长、探索、建立、维持和衰退的问题。例如，一名大学一年级的新生，必须适应新的角色与学习环境，经过“成长”和“探索”，一旦“建立”了较固定的适应模式，同时“维持”了大学学习生活之后，又要开始面对另一个阶段——准备求职。这时，原有的已经适应的习惯会逐渐“衰退”，继而对新阶段的任务又要进行“成长”“探索”“建立”“维持”“衰退”，如此周而复始。

## 二、大学生职业生涯规划的意义

西南大学传媒视点工作室曾经以“大学最后悔的事”为题，在网站上展开调查，结果在800多名参与投票的大学毕业生中，接近四成的人选择了“虚度大学光阴”。这项调查列举出了“虚度大学光阴”“选错专业”“没建立好人脉关系”“没处理好感情问题”等数十个选项，但是“虚度大学光阴”位居榜首。很多同学在跟帖里现身说法：

“这么多空闲时间，真不知道自己在干什么！自己就是吃了这个亏，英语四级考试没有通过，工作也没有着落。”一名大四学生告诉记者，他们在寝室卧谈会里和舍友聊起大学四年的生活，大家竟不约而同的感觉空虚，不知道自己把四年的时间花在了哪里，他们总结出了几件最浪费大学时间的事情：睡懒觉、打游戏、看连续剧、谈恋爱和参加无关紧要的社团活动。以前进校时，学长就郑重地告诫过他们要珍惜大学时光，但等到真正毕业时，一想到被浪费的大学时光，他们的肠子都悔青了。过生活里的这个“过”字最有意思，人生的很多道理要过了才知道，“只是当时已惘然”。说给当时的人听，却没人愿意听取。

大学生职业生涯规划，就是在大学生明确自己兴趣、爱好的前提下，在认真分析个人性格特征的基础上，结合自己专业特长和知识结构，对将来从事的工作所做的方向性的方案。大学生在走向社会前，将现实环境和长远规划相结合，给自己的职业生涯一个清晰的定位，是求职就业乃至将来职位升迁的关键一环。职业生涯规划的意义在于寻找适合自身发展所需要的职业，实现个体与职业的匹配，体现个体价值的最大化。

（一）职业生涯规划可以帮助大学生科学认识自我、发掘潜能

一份行之有效的职业生涯规划将会引导大学生正确认识自身的个性特质、现有与潜在的资源优势，帮助大学生重新定位自己的价值，并使其持续增值；引导大学生对自己的综合优势与劣势进行对比分析，使大学生树立明确的职业发展目标与职业理想；引导大学生评估个人目标与现实之间的差距；引导大学生确立与实际相结合的职业定位，搜索或发现新的、有潜力的就业机会；引导大学生学会运用科学的方法、采取可行的步骤与措施，不断增强大学生的职业竞争力，实现自己的职业目标与理想。

（二）职业生涯规划可以提高大学生学习的目的性和自主性

职业生涯规划是大学生为自己的成才和发展订立的心理契约。大学生如果有确定的职业目标，就会主动积极地充实自己，完善自己，大学阶段的学习和生活就会由被动变为主动。例如，职业目标是成为政府机关公务员，那么在大学期间就会主动地加强自身的政策理论水平修养，加强个人口头表达能力、文字处理能力、组织协调能力的训练；职业目标是从事营销工作，那么就会培养自己的敏锐意识、应变能力及市场分析、预测能力；职业目标是开办公司，那么就会培养自主创业、勇于开拓的精神，踏实的作风和吃苦耐劳的意志。

（三）职业生涯规划可以提升大学生核心竞争力

从人力资源的角度出发，用人单位非常看重新进员工的职业生涯规划是否透明，是否与公司的发展一致。有一名毕业生在自己的求职简历中简要地描述了自己的生涯规划：愿意从最基层的工作做起，用三至五年时间熟悉业务，掌握相应经验，然后向高级主管职位挑战。尽管他的成绩在众多竞争者中很一般，但却应聘成功了。但是，只有少数求职者会写出自己的未来发展规划。这些规划，让人力资源主管觉得求职者的求职意向是经过深思熟虑的。即使其生涯规划只有五年甚至更短的时间可以为本企业服务，用

人单位也乐于聘请这种目标明确、规划合理的人。

大学生涯是人生最重要的时期，其是否成功，取决于是否有适合自己的职业生涯规划。大学生要想在未来拥有成功的职业生涯，实现自己的人生价值，就应该按照规划有步骤、有计划地去实施，为自己的人生发展多储备能量、创造机会。

## 三、大学生职业生涯规划的困惑

谈及职业生涯规划，很多大一新生表现出冷漠的态度，并认为：好不容易熬过高中、考上大学，不愿意思考就业这么遥远的事情。然而理智地讲，不清楚将来要做什么，大学的路又怎能走得踏实而精彩呢?

大一新生对于职业生涯规划的抗拒，很值得理解。然而将来要做什么，决定了他们在大学期间怎样做正向积累，去赢得未来人生赛场上的幸福和成功。不同的大一新生对“怎样过好大学生活”有各自不同的需求，主要需求有以下几种。

（1）需求一。很多新生对大学生活有瑰丽的憧憬：“既想读书又想玩，既想学习又想恋爱”，有太多事情想尝试。他们想当班干部还怕耽误时间，想轻松快乐还想成绩好。很多大一新生的典型心理是：我什么都想要。

什么都想要，就是不知道到底要什么。生命资源是有限的，毫无聚焦地“逛大学”可以收获眼前的快乐，但是大学阶段是为下一个人生阶段服务的，如果这个阶段没有定向的积累，下一个阶段要怎样度过?

（2）需求二。也有不少新生没有思考太多，对于大学生活有些许迷茫，他们的脑袋里写满了问号，不知道大学生活能怎样度过。

有目标的学生是最好教育的，老师只要提供资源、探讨如何做就可以了；对于没有目标的学生，老师就要费些力气去帮助他们探索目标。很多职业发展迷茫期的人都会问：“我要怎么走下面一段路?”而实际上，“怎么走取决于你要到哪里去”。

（3）需求三。而有些新生一心读书，计划将来可以专升本、考研、出国。未来五年，他们想要什么样的生活，对他们而言最重要的是什么……这些就是在职业规划的理论里提及的“探讨职业价值观”。

虽然他们看上去是最省心的一批学生，因为其目标笃定、思路清晰。但在实际的职业生涯咨询中，他们中的不少人并非看上去那么坚定。所以面对这样的学生，先明确他们的目标是否坚定，深造是为将来职业发展服务还是逃避压力，是非常有必要的。然后需要帮助学生看清楚未来：如果有一天博士后出站了，你想做些什么?

（4）需求四。有些新生带着各种各样的不情愿来到学校，脸上显现出“被上学”的无奈。“抱怨”是现代社会的常见情绪问题。他们经常会问一个问题：假设没有了父母之命、亲友建议，是否有更好的选择？舒伯说，生涯成熟的标志就是自我做决策的能力。如何在大学时期发展这种能力，是值得深思的。

（5）需求五。不少学生是带着深深的自卑来到大学的。有人还没有从高考失利的阴影中走出来；有人家境拮据，某项学科知识或技能和同学相比产生了挫败……不妨问问他们："如果羡慕别人，那么为了得到你羡慕的东西，你愿意做些什么？如果高考留下了一些遗憾，如何不让这个遗憾继续？"

综上所述，大一新生面对不同的需求要进行不同的思考与分析，从而制订属于自己的职业生涯规划。下面详细介绍大学生在职业生涯规划中会遇到的困惑。

（一）职业生涯规划意识薄弱

目前，多数大学生缺乏职业生涯规划意识。不少大学生觉得"计划不如变化快"，认为职业生涯规划是一件无关紧要的事。很多人没有真正理解职业生涯规划的含义和内容，也没有意识到职业生涯规划对自身发展的重要性，不了解制订职业生涯规划的具体步骤，缺乏进行职业生涯规划的技巧和方法。于是，多数大学生在选择职业时带有很大的盲目性，往往只是根据自己对社会的感性认识做出判断，缺乏对自己的正确定位和对就业环境的分析，没有长远合理的目标规划。

（二）自我认知不够科学客观

自我认知是职业生涯规划的重要步骤，也是决定职业生涯选择的重要因素，科学的职业生涯规划是在科学的自我认知基础上进行的。自我认知是对自身的一些特质进行客观探索，即发现自己是什么样的人，从而选择适合自己的职业，为进行职业决策提供科学的依据。自我认知主要从兴趣、需要、价值观、能力、气质和性格等方面入手。

不少大学生的自我认知比较片面，缺乏综合性。多数大学生在就业时没有关注自己的性格适合哪一职业，只关注能否找到一份稳定的工作；在上大学选专业时也没有考虑到职业兴趣和能力倾向，基本上只考虑哪个专业比较热门且容易就业。在自我认知的方法上，多数大学生主要是从主观的角度或者是朋友、同学的评价中获得信息来认识自己，往往缺乏具体量化的评价。少数大学生掌握并使用标准化的职业测评工具认识自我。

（三）职业社会认知比较模糊

职业社会也就是职业世界，是一个人实现其职业生涯理想的外部平台。大学生进行职业生涯规划要对现代职业社会有所认识，了解职业社会的一般内容、社会用人单位的范围、三大产业的职业状况；了解社会需求及市场经济体制下我国大学毕业生市场化配置的就业体制；了解当前和今后一个时期我国总体就业状况和大学生就业形势，以及大学生进入职业社会的主要途径；掌握职业环境评估、职业信息的获取和职业信息评估的方法等。然而，很多大学生由于知识技能储备、社会生活经验等方面都存在不足，又对职业社会缺乏清晰的认识，从而导致职业定位模糊、发展方向迷茫。

（四）职业价值取向出现偏差

社会的普遍价值观念和生活习惯能够影响个人职业生涯决策的有效性。在当前市场经济大背景的社会环境下，大学生的职业价值判断标准显现出明显的现实主义，并带有较多经济利益倾向。很多大学生忽视了职业的理想价值，把对前途和事业的长远追求转化为对经济收入、福利待遇等的具体要求。在沈阳农业大学进行的“大学生职业设计和职业选择”问卷调查中，在“你理想中的职业的相关因素”选项中，收入占41%、职务占41%、权利占7.7%、声望占13.3%、就业地区占37%、发展阶段占40%、其他占4%。由此可见，经济因素成为影响很多大学生毕业择业的首要因素。

（五）规划缺乏可行性

切实可行的职业生涯规划能使一个人走向成功，华而不实的职业生涯规划可能使一个人误入歧途。因此，大学生制订的职业生涯规划要实事求是，要根据自己所学专业、社会需求、个人兴趣与能力特长进行规划。符合这些要求的职业生涯规划才具有可行性。同时，制订的规划要有时间的限度，即将规划的目标和行动划分到不同的时间段内完成，将整个目标划分为若干个小目标，每个目标明确预期实现的时间并实施行动。现在许多大学生的职业生涯规划并没有明确的实现规划的时间限度和各个阶段的目标，因而不能合理安排从大一到毕业各个阶段的具体的学习奋斗目标，使得设想的目标无法如期实现。甚至有的大学生做完规划就抛之脑后，没有付诸实际行动，那么再美好的职业生涯规划也无法实现。

## 四、制订职业生涯规划的方法

（一）了解规划方法

规划方法是进行职业生涯规划的重要工具。下面主要介绍5W分析法和人职匹配法两种规划方法。

1.5W分析法

5W分析法，即自己依次问自己五个问题，然后给出答案，从这五个问题的答案中找出出现频率最高的共同点，就是自己的职业生涯规划。

第一个问题，“我是谁?”（Who am I?）自己进行一次深刻的反思，比较清晰地认识自己的优点和缺点，并一一列举出来。

第二个问题，“我想干什么?”（What will I do?）检查自己职业发展的心理趋向。每个人在不同阶段的兴趣和目标并不完全一致，有时甚至是完全对立的，但随着年龄和经历的增长，人们会逐渐固定并锁定自己的终生理想。

第三个问题，“我能干什么?”（What can I do?）全面总结自己的能力与潜力。一个人职业的定位最根本的还要归结于他的能力，而职业发展空间的大小则取决于他自己的潜力。个人潜力应该从对事的兴趣、做事的韧力、临事的判断力及知识结构是否全面、是否及时更新等方面去了解。

第四个问题，“环境支持或允许我干什么?”（What can support me?）环境支持要综合两方面的因素来看：客观方面包括本地的经济发展、人事政策、企业制度、职业空间等各种状态；主观方面包括同事关系、领导态度、亲戚关系等。有时我们在职业选择时常常忽视主观方面的东西，没有将一切有利于自己发展的因素调动起来，从而影响了自己的职业切入点。而在国内通过同事、熟人找到工作是最常见也是最容易的方法。

第五个问题，“自己最终的职业目标是什么?”（What can I be in the end?）明晰了前面四个问题，就会从各个问题中找到对实现有关职业目标有利和不利的条件，列出不利条件最少的、自己想做而且能做的职业目标，那么自然就有一个清楚明了的框架了。

最后将自我职业生涯规划列出来，建立个人发展计划书档案，通过系统的学习、培训，实现理想就业目标：选择一个什么样的单位，预测自我在单位内的职务提升步骤，个人如何从低到高，逐级而上；预测工作范围的变化情况、不同工作对自己的要求及应对措施；预测可能出现的竞争，如何相处与应对，分析自我提高的可靠途径；预测发展过程中可能出现的偏差，如工作不适应或被解聘，如何改变职业方向。

这就是用“5W”分析法进行职业生涯规划。为了真正起到设计规划的作用，在问问题时，要问得彻底，答得全面，分析科学，行动迅速。

**案例分享**

**小王的职业规划**

小王是某高校计算机专业的大学生，考虑到计算机专业的女生就业情况不同于男生，同时自己对教师这个职业比较喜欢，小王采用“5W”分析法对自己的职业进行了规划，规划的具体内容如下。

（1）Who am I?

① 某重点高校计算机专业大学生；

② 学习成绩优秀，英语达到国家六级水平；

③ 辅修过心理学和管理学；

④ 参加过高校演讲比赛，拿到过名次；

⑤ 身体健康；

⑥ 性格不属于内向，但也不是特别活跃，喜欢安静；

⑦ 家庭经济状况一般，既不属于富裕的一类，也不属于特别拮据的一类；父母工作稳定，身体健康，暂时不需要有人特别照顾。

（2）What will I do?

① 很想成为一名老师，这不仅是儿时的梦想，也是现在比较喜欢的职业；

② 也想成为公司的一名技术人员；

③ 如果出国读管理方面的硕士，回国后成为一名企业管理人员也是可以接受的。

（3）What can I do?

① 做过家教，在与孩子沟通交流方面有着天生的优势；

② 当过学生干部，组织过几次有影响力的大型活动，与人相处得比较融洽；

③ 在某公司实习时做过一些软件开发工作，虽然没有大的成就，但感觉还行。

（4）What can support me?

① 家里亲戚推荐去一家公司做技术开发；

② 曾有几家学校来系里招聘，但不是当老师，而是去学校做技术维护；

③ 有个朋友开了一家公司，希望自己能够加盟，但自己不了解这家公司的具体业务，也不知道其业务发展前景如何。

(5) What can I be in the end?

最后的选择可能有如下几种。

① 到一所学校当老师。对于当老师，自己有这方面的兴趣和理想，且在知识和能力方面并不欠缺，自己有信心成为学生心中理想的好老师。不足之处在于，自己缺乏教师的基本训练和教学技巧。

② 到公司做技术人员。这一职业在收入上会更好一些，但通过近几年的发展来看，这个行业的起伏较大；同时由于计算机技术发展较快，所以自己必须随时进行知识更新，对此感觉压力较大，信心不足。

③ 去朋友的公司。这样就要丢掉自己的专业，从新行业的底层做起，风险较大。这与自己求稳定的心理需求不符，同时这个选择有来自家庭的阻力。

2. 人职匹配法

美国职业心理学家霍兰德根据多年实践与研究，提出了职业性向的六角形理论。他认为有六种人格类型分别对应着六种职业类型：现实型、研究型、艺术型、社交型、商业型、事务型。

（1）现实型。

现实型工作对个人有技术上的要求。这类工作场合常有个人操控的工具。在这样的工作场合中，人们需要有技术、能力来从事类似机器修理、电气设备修理和维护、驾驶车辆、豢养动物或者其他技术性工作。在此类工作领域中，处理事务的能力比待人接物的能力更重要。现实型的人喜欢有规则的具体劳动和需要基本技能的工作，但他们通常缺乏社交能力。现实型的人适合从事的工作主要是熟练的手工工作和技术工作，如制图员、司机、电工、机械工、运输工、产业工人及木工、瓦工、铁匠、修理工等。

（2）研究型。

研究型的人比较喜欢猜谜或者是需要用智慧思考的挑战游戏。这种类型的人喜欢学习，并对自己能解决数学或科学上的问题而感到自豪。他们也喜欢阅读有关科学或讨论科学的书刊。他们倾向于在工作上独立地解决数学或科学上的问题，喜欢智力的、抽象的、分析的、推理的和独立的定向任务，但通常缺乏领导能力。这种类型的人所适合的工作主要是科学研究和实验工作，适合成为各类科学研究人员，如气象学者、天文学者、地质学者及物理学、生物学、化学、数学等学科的科学工作者。

（3）艺术型。

艺术型的工作领域非常开放自由，鼓励创意及个人的表现能力。这类工作领域提供了开发产品与创造性解决问题的自由空间。这种让人们发挥创意，并可颠覆传统、表达自我的职业类别，包括音乐家、精致艺术家及自由作家等。艺术型的人喜欢通过艺术作品来达到自我表现的目的。他们感情丰富、善于想象，对艺术创作充满兴趣，但一般缺乏处理日常事务的能力。艺术型的人适合成为室内装饰设计师、诗人、作家、演员、记者及音乐、书画、雕塑、舞蹈、摄影等各类文学艺术工作者。

（4）社交型。

社交型的工作领域鼓励人们真诚待人，彼此了解。社交型的人对社会交往感兴趣，愿意出入社交场所，关心社会问题，愿为社会服务，但一般缺乏技术能力。社交型的人所从事的职业主要是与他人打交道和为他人办事的工作，即教育人、医治人、帮助人、服务人的工作，如教师、医生、护士、律师、服务员、公关人员及社团工作者、社会活动家等。

（5）商业型。

在商业型的工作领域中，人们通常很有自信、善用社交手腕且极为独断。这个领域重视的是升迁和权力，说服力和业务能力占了很重要的地位。但商业型的人往往缺乏科学研究能力。适合商业型的人的工作主要是管理、决策方面的工作，如担任国家机关及机构负责人、党团干部、经理、厂长、推销员及从事宣传、推广等工作。

（6）事务型。

事务型的工作领域通常是指办公室工作。在这类工作领域里，人们需要做的工作有保存记录、档案，影印资料，整理报告，等等。事务型的人往往有组织能力，且能听命行事。这类人对系统的、有条理的工作感兴趣，讲究实际，喜欢有秩序的生活，习惯按照固定的规程、计划办事。他们习惯选择与组织机构、文件档案和日程表等相关的工作，如担任办公室办事员、图书管理员、税务员、统计员、出纳员、秘书及从事打字、校对等工作。

霍兰德的人职匹配理论以个体差异为基础，通过评价个体和分析职业使二者相结合。其方法直观简单，反映了职业指导的基本方面，并且便于实施。特别是心理测验技术的运用和发展，为人职匹配提供了必要的技术手段，使得这一理论一度占据主导地位。

### （二）职业生涯规划的步骤

心理学家曾经做过这样一个实验：组织三组人，让他们分别去到10公里以外的三个村子。

第一组人既不知道村子的名字，也不知道路程有多远，只告诉他们要跟着向导走。刚走出两三公里，就开始有人叫苦；走到一半儿的时候，有的人开始愤怒了，他们抱怨为什么要走这么远，何时才能走到头，有的人甚至坐在路边不愿再向前走了；越往后，他们的情绪就越低落。

第二组人知道村子的名字和路程有多远，但路边没有里程碑，只能凭经验来估计行程的时间和距离。走到一半儿的时候，大多数人想知道已经走了多远，比较有经验的人说："大概走了一半儿的路程。"于是，大家又簇拥着继续往前走。当走到全程的四分之三时，大家情绪开始低落，觉得疲惫不堪，而路程似乎还有很长。当有人说："快到了！快到了！"大家又振作起来，加快了行进的步伐。

第三组人不仅知道村子的名字、路程的距离，而且在公路旁每隔一公里都有一块里程碑。人们边走边看里程碑，每缩短一公里大家便有一小阵儿的快乐。行进中，他们用歌声和笑声来消除疲劳，情绪一直很高涨，所以很快就到达了目的地。

于是，心理学家得出了这样的结论：当人们的行动有了明确目标的时候，并能把行动与目标不断地加以对照，进而清楚地知道自己的行进速度与目标之间的距离，那么人们行动的动机就会得到维持和加强，就会自觉地克服一切困难，努力达到目标。

职业生涯规划有一套系统的思考和方法，不仅仅是单一目标的确立，而是在确立目标的过程中所采取的一系列科学的步骤和方法，并结合现实情况，找出与目标职业的差距，且通过制订行动计划来进行弥补差距的过程。因此，做好职业生涯规划，必须熟悉和重视每一个环节和步骤，这样才能保证规划的科学性和可行性。职业生涯规划主要包括唤醒和确认、自我评估、职业探索、职业决策、行动计划、再评估和反馈六个环节。

1. 唤醒和确认

对于刚进入大学的学生来说，在大学之前没有接受过职业生涯规划教育，对职业生涯规划比较模糊，其头脑中没有相关的概念。因此，对他们职业生涯规划意识的唤醒非常重要。当大学生认识到职业生涯规划的重要性后，还需要建立为自己的职业生涯进行规划的信念，并愿意为这一过程付出积极的努力，同时还要对职业生涯规划建立合理的预期。

2. 自我评估

一个有效的职业生涯规划设计，必须是在充分且正确认识自身条件与相关环境的基础上进行的。自我评估是对自己做出全面分析，客观认识自己，了解何为自己的职业兴趣、能力结构、职业价值观、行为风格的优势与劣势等，从而在求职过程中做到扬长避短。

通常，自我评估就是要弄清楚自己想干什么、能干什么、在众多的职业面前应选择什么职业等问题。因为就一项工作来说，不是喜欢、努力就能取得好成绩的。

3. 职业探索

每一个人都处在一定的环境之中，离开这个环境，个人就无法生存与成长。要做好职业生涯规划，就要充分了解相关的职业环境。它主要是通过对组织环境特别是组织发展战略、人力资源需求、晋升发展机会的分析，以及对社会环境、经济环境等有关问题的分析与探讨，弄清楚环境对职业发展的作用及影响、环境对自己提出的要求及环境对自己的有利条件和不利条件等，以便更好地进行职业目标的规划和职业路线的选择。

4. 职业决策

职业决策就是综合上述对自我和职业方面的探索所得到的综合信息来选择目标职业的过程，其核心任务就是要设立目标。这个过程既是前两个过程的结果，又是行动计划的依据。这一过程中可能还会不断地重复前面两个步骤，以利于获得更完整的信息和确保目标的可行。

5. 行动计划

根据目标职业的要求，结合自我探索的结果，对照现实和未来职业目标的差距，制订具体的可操作的行动计划，撰写出职业生涯规划书，并以此作为大学期间学习和未来求职就业的指引。

6. 再评估和反馈

职业生涯是一个动态过程，由于影响职业生涯规划的因素有很多，有的变化因素是可以预测的，有的变化因素是难以预测的。因此，为了使职业生涯规划行之有效，就必须不断地对职业生涯规划进行评估、修正、反馈和调整。反馈调整的内容包括：职业目标的重新选择、职业生涯路线的选择、实施措施与计划的变更等。无论职业生涯规划如何修正、调整、变化，其目的不是放弃职业生涯规划，而是让职业生涯规划更加合理有效，从而保证职业生涯规划被更好地实施。

### 课后思考

（1）什么是职业生涯规划？

（2）请为自己制订一个大学期间的生涯规划。

# 模块三　心理训练

## 训练一　设定自己的目标

### 一、训练目标

（1）了解自己的愿景清单。

（2）学会设定自己的短期目标和长期目标。

### 二、适用对象

大学任一年级的学生团体。

### 三、适用人数

人数不限。

## 四、适用场所

室内。

## 五、材料

（1）“愿景清单”活动材料：每人一份“愿景清单”（如表 3-1 所示）、笔；

**表 3-1　愿景清单**

| 目标清单（毕业时） | 心动程度 | 信心程度 |
|---|---|---|
| 我成了一个________、________、________（填三个你最希望自己实现的形容词）的人 | | |
| 在学业方面，我会________________ | | |
| 在社团方面，我会________________ | | |
| 我交到________________的朋友 | | |
| 我去过________________地方 | | |
| 我获得了一份________________的工作 | | |
| 我开始了一段________________的恋爱 | | |
| 父母会以________________的眼光看待我 | | |
| 我学会________________，拥有________________的技能 | | |
| 我养成了________________的习惯 | | |
| 我对于________________有了全新的思考和认识 | | |
| 我成为________________的高手 | | |
| （写任何你想填写的内容） | | |

（2）“设定目标”活动材料：每人一张 A4 纸、笔。

## 六、活动时间

90 分钟。

## 七、活动程序

### （一）愿景清单（时间：20 分钟）

毕业时，你希望自己能达到哪些目标？请认真填写一下你的“愿景清单”，其中心动程度分为 1~5 级，用爱心（♥）表示；信心程度分为 1~5 级，用笑脸（☺）表示。现在就拿起笔行动起来吧！

### （二）设定目标（时间：60 分钟）

假如你还没有设定目标并将它写下来，还没有达到目标所要实现的计划，那么请你确认是否是因为以下原因：

（1）不了解目标的重要性；

（2）不知道如何设定目标；

（3）对失败的恐惧。

上述三个原因中，哪一个是你无法设定目标的最主要原因？你打算如何应对这些原因？

当设定目标时，平衡的概念非常重要，在以下每一个领域（学习方面、人际关系、锻炼能力、身体健康）中应至少设定三个目标。

首先，当你写下目标时，请记住：

（1）目标必须是你能做到、能拥有、能成为的事情；

（2）目标必须是你极其渴望获得的事情；

（3）目标必须是在你控制之下的事情；

（4）目标必须是很明确的事情；

（5）目标必须是以积极的语气、肯定的方式表达出来的。

其次，请在以下每一个领域中，写出三个目标：

（1）学习方面的目标：① ____________；② ____________；③ ____________；

（2）人际关系方面的目标：① ____________；② ____________；③ ____________；

（3）锻炼能力方面的目标：① ____________；② ____________；③ ____________；

（4）身体健康方面的目标：① ____________；② ____________；③ ____________。

接下来，问自己下面两个问题。

（1）上述目标是否使我向人生理想更近了一步？

如果你发现这些目标中有与你的人生目标、理想不相符的目标，你可以有两种选择：① 把它去掉、忘掉；② 重新评估你的人生目标，考虑改写。（注意：两者必须选择其一。）

记住，如果你没有制定与人生理想相匹配的目标，你就不可能实现自己的理想，也不可能取得成功。

（2）你已经记住为实现理想近期必须达到的三个目标了吗？请写下来。

①________________________________________

②________________________________________

③________________________________________

然后，在上述三个目标中，找到一个在你看来能帮你成功度过大学生活的关键目标，并将它写下来。

关键目标：________________________________

最后，请向着自己的目标奋力前进吧，成功属于你！

（三）活动结束（时间：10 分钟）

小组成员交流第一次团体心理训练的感受和体会，然后汇总团体的反馈，并约定第二次团体心理训练的时间、地点等。

## 训练二　了解自己的职业爱好

### 一、训练目标

（1）通过霍兰德职业测试，了解自己的职业爱好。

（2）探索自己的生命图。

### 二、适用对象

大学任一年级的学生团体。

### 三、适用人数

人数不限。

### 四、适用场所

室内。

### 五、材料

“我的鱼骨生命图”活动材料：A4 纸、笔。

### 六、活动时间

90 分钟。

### 七、活动程序

（一）霍兰德职业爱好问卷测试（时间：40 分钟）

仔细阅读以下各种特性表述，并在每一项特性前标上相应的记号：对于符合自己的特性，则画“+”；对于完全不符合自己的特性，则画“-”；其他的特性则不画任何记号。

1. 现实型

□喜好户外、体育类的活动及职业。

□喜欢从事与事物、动物有关的工作，而不喜欢与理念、资料或人有关的工作。

□具有运动员的能力。

□喜欢建筑，喜欢重新建构和修理东西。

□喜欢使用设备和机器。

□喜欢看到有形的结果。

□是个有毅力、勤勉的人。

□缺乏创造力和原创性。

□较喜欢用熟悉的方法做事并建立固定模式。

□喜欢思考绝对的观点。

□不喜欢模棱两可。

□较不喜欢处理抽象、理论和哲学的议题。

□是个唯物论、传统和保守的人。

□没有很好的人际关系和语言沟通技巧。

□当焦点汇聚在自己身上时会很不自在。

□很难表达自己的情感。

□常被别人认为很害羞。

2. 研究型

□天生好奇且好问。

□喜欢了解、解释及预测身边发生的事物。

□具有科学精神。

□对于非科学、过度简化或超自然的解释持悲观、批判的态度。

□对于正在做的事能全神贯注、心无旁骛。

□独立自主，且喜欢单枪匹马地做事。

□不喜欢管人，也不喜欢被管。

□喜欢以理论和解析的观点看事情，且勇于解决抽象、含糊的问题。

□具有创造力。

□常难以接受传统的态度及价值观。

□逃避那种被外在规定所束缚的结构化情境。

□处事按部就班、精确且有条理。

□对于自己的智力很有信心。

□在社交场合常觉得困窘。

□缺乏领导能力和说服技巧。

□在人际关系方面拘谨、形式化。

□通常不做情感表达。

□可能让人觉得不太友善。

3. 艺术型

□是个有创造力、善表达、有原则性、天真及有个性的人。

□喜欢与众不同，并努力做个卓绝出众的人。

□喜欢以文字、音乐、媒体和身体（如表演和舞蹈）创造新事物来表达自己的情感。

□希望得到众人的目光和赞赏，对于批评很敏感。

□在衣着、言谈举止上倾向于无拘无束、不循传统。

□喜欢在无人监督的情况下工作。

□处事较冲动。

□非常重视美及审美品位。

□较情绪化且心思复杂。

□喜欢抽象的工作及非结构化的情境。

□很难在高度秩序化和系统化的情境中表现出色。

□寻求别人的接纳和赞美。

□觉得亲密的人际关系有压力而避之。

□主要透过艺术间接地与别人交流，以弥补疏离感。

□常自我省思。

4. 社交型

□是个友善、热心、外向、易合作的人。

□喜欢与人为伍。

□能了解及洞察别人的情感和问题。

□喜欢扮演帮助别人的角色，如教师、调停者、顾问者和咨询者。

□善于表达自己，在人群中具有说服力。

□喜欢当焦点人物，并乐于处在团体的中心位置。

□对于生活及与人相处都很敏感、很理想化、很谨慎。

□喜欢处理哲学问题，如人生、宗教及道德的本质和目的。

□不喜欢从事与机器或资料有关的工作，或是结构严密、反复不变的工作。

□和他人相处融洽并能自然地表达情感。

□待人处事很圆滑，别人都认为他很仁慈、乐于助人和贴心。

5. 商业型

□是个外向、自信、有说服力、乐观的人。

□喜欢组织、领导、管理及控制团体活动，以达到个人或组织的目标。

□胸怀雄心壮志，且喜欢肩负责任。

□相当重视地位、权力、金钱及物质财产。

□喜欢控制局面。

□在发起和监督活动时充满活力和热忱。

□喜欢影响别人。

□爱好冒险，好冲动，行事武断，且言语具有说服力。

□乐于参与社交，并喜欢与有名、有影响力的人往来。

□喜欢旅行和探险，并常有新奇、昂贵的嗜好。

□自认为很受人欢迎。

□不喜欢需要科学能力的活动，以及系统、理论化的思考。

□避免从事需要注意细节及千篇一律的活动。

6. 事务型

□是个一板一眼、固执、脚踏实地的人。

□喜欢做抄写、计算等遵行固定程序的活动。

□是个可依赖、有效率且尽责的人。

□希望拥有隶属于团体和组织的安全感，且希望做个好成员。

□具有身份地位的意识，但通常不渴望居于高层领导地位。

□知道自己该做什么事时，会感到很自在。

□倾向于保守，遵循传统。

□遵循别人所期望的标准，愿被他人所认同的权威人士所领导。

□喜欢在令人愉快的室内环境工作。

□重视物质享受和财物。

□有自制力并有节制地表达自己的情感。

□避免紧张的人际关系，喜欢随性的人际关系。

□在熟识的人群中才会感到自在。

□喜欢有计划地行事，较不喜欢打破惯例。

分析及说明：请根据你标记的“+”、“-”及各特性的一般描述，选出一种最符合你的类型；然后按照“+”和“-”的数量从高到低依次排列这六种类型；最后据此思考什么职业最适合你。

（二）我的鱼骨生命图（时间：40 分钟）

1. 活动导入

鱼骨图原本用于生涯规划及管理。鱼眼，表示原点，即出生时刻及出生地；鱼头，呈现三角形，代表人出生后 0—3 岁发展迅速的阶段；鱼尾，表示职业生涯结束后，生命逐渐老去的阶段；鱼尾尖，表示生命的终点。

2. 活动实施

（1）首先请你在生命的原点上写上出生日期和 0 岁。然后请你根据自己的健康状况、家族的健康状况和你所生活地域的平均寿命来预测自己的最终年龄，并标注在箭头的终点上，见图 3-1。

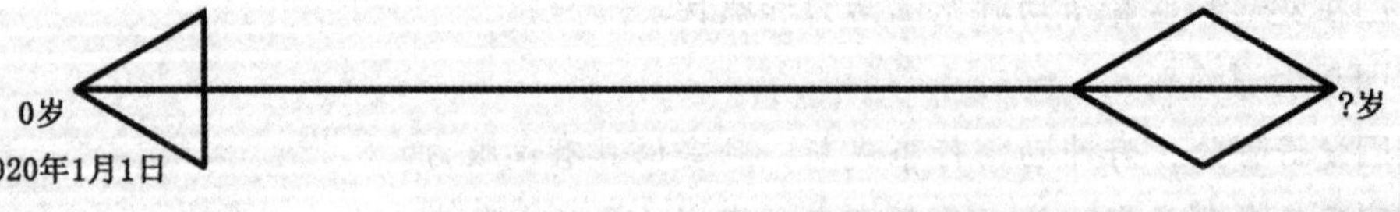


图 3-1　鱼骨图第一步示例

（2）请在鱼骨图上找出你今天的位置，用一个自己喜欢的标记标示在生命线上，并写上今天的日期和你的年龄，见图 3-2。

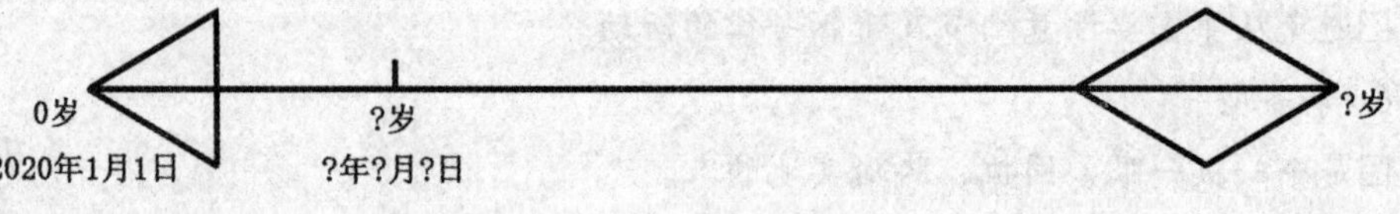


图 3-2　鱼骨图第二步示例

（3）请你仔细回忆过去，以生命线上的时间点为初始点，标出过去对你影响最大或令你最难忘的5件事，用鱼刺表示（积极影响的事件，鱼刺朝上；消极影响的事件，鱼刺朝下），并以鱼刺的长短表示事件影响力的强弱（如图3-3所示）。

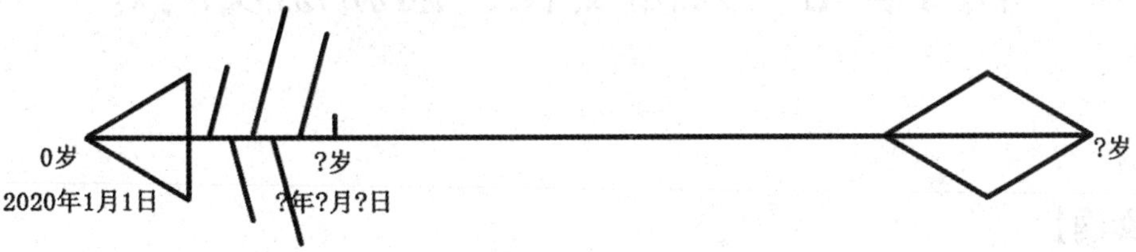


**图3-3　鱼骨图第三步示例**

3. 讨论与分享

请参考你的鱼骨生命图，深入思考，并完成下面的问题。

（1）过去的事情对你有怎样的影响？你对这些事情有什么样的看法？

（2）你对现在的自己是否感到满意？哪些人或事促成了现在的你？

（3）对未来的自己，你的预期是什么？如果你想要成为这样的人，现在需要做什么？

（三）活动结束（时间：10分钟）

小组成员交流第二次团体心理训练的感受和体会，然后汇总团体的反馈，并约定第三次团体心理训练的时间、地点等。

训练三

遇见未来的自己

# 模块四　资源共享

推荐阅读

钟南山：生命的卫士

影片赏析

《中国合伙人》赏析

# 第四单元　人际交往：向新朋友问好

【心寄语】

独学而无友，则孤陋而寡闻。

君子和而不同，小人同而不和。

——孔子

对众人一视同仁，对少数人推心置腹，对任何人不要亏负。

——莎士比亚

【心探索】

在社会生活中，每一个人都与周围的其他人有着这样或那样的交往，总是生活在一定范围的人际关系中。处于青年时期的大学生，思想活跃，感情丰富，人际交往的需求极为强烈。他们渴望友爱，力图通过交往获得友谊、结识更多朋友，度过愉快美好的大学时光。然而，在现实生活中，有的人在人际交往中左右逢源，得心应手，享受喜悦；有的人却不受欢迎，受到冷落。在校学习的大学生，人际交往能力如何，不但是个人经历、个人发展的结果，同时也是影响其在学校的学习生活和未来发展前途的重要因素。怎样才能拥有良好的人际交往呢？本单元将教会大学生如何与人交往及如何解决交往中的困惑，助力大学生体验良好的人际关系所带来的愉悦。

## 模块一　心理故事

故事一

### 寻找快乐

一名16岁的少年去拜访一位年长的智者。少年问：“我如何才能变成一个自己快乐，也能够给别人带来快乐的人呢？”智者笑着望着他说：“孩子，在你这个年龄有这样的愿望，已经是很难得了。很多比你年长得多的人，从他们问的问题本身就可以看出，不管给他们多少解释，都不可能让他们明白真正重要的道理。”少年满怀虔诚地听着，脸上没有流露出丝毫得意之色。

智者接着说：“我送给你四句话。第一句话是，把自己当成别人。你能说说这句话的含义吗？”少年回答说：“是不是说，在我感到痛苦忧伤的时候，就把自己当成是别人，这样痛苦就自然减轻了；当我欣喜若狂之时，把自己当成别人，那些狂喜也会变得平和中正一些？”

智者微微点头，接着说：“第二句话，把别人当成自己。”少年沉思一会儿，说：“这样就可以真正同情别人的不幸，理解别人的需求，并且在别人需要的时候给予恰当的帮助？”

智者两眼发光，继续说道：“第三句话，把别人当成别人。”少年说：“这句话的意思是不是说，要充分地尊重每个人的独立性，在任何情形下都不可侵犯他人的核心领地？”智者哈哈大笑：“很好，很好。孺子可教也！”

“第四句话是，把自己当成自己。这句话理解起来太难了，留着你以后慢慢品味吧。”智者说。少年说：“这句话的含义，我一时体会不出。但这四句话之间就有许多自相矛盾之处，我用什么才能把它们统一起来呢？”智者说：“很简单，用一生的时间和经历。”少年沉默了很久，然后叩首告别。

后来少年变成了青年，又变成了老人。再后来在他离开这个世界很久以后，人们都还时时提到他的名字。人们都说他是一位智者，因为他是一个快乐的人，而且也给每一个见到过他的人带来过快乐。

## 智慧点睛

把自己当成别人，就是需要我们站在公平、公正的角度来审视自身。把别人当成自己，就是要求我们学会换位思考，可以站在别人的立场上思考问题。把别人当成别人，强调的是一种尊重。把自己当成自己，强调的是一种“自我”。

## 思考

（1）你的人际关系现状如何？
（2）当遇到不快乐的事情时，你是怎么做的？

## 故事二

### “狼孩”卡玛拉

1920 年，人们在印度加尔各答东北的森林中救出两个“狼孩”，其中大的被命名为卡玛拉。卡玛拉被救回到人类社会时七八岁，她的动作姿势、情绪反应、生活方式等都表现出狼的习性。她用四肢行走，不会说话；惧怕人，白天躲藏起来，夜间潜行；每天午夜到凌晨3点钟，像狼似的引颈长嚎。研究结果表明，卡玛拉当时虽然已经七八岁，但她的智力水平却只相当于6个月的婴儿。人们花了很大气力都不能使她适应人类社会的生活方式。卡玛拉在4年之后只学会了6个单词，仅能听懂几句简单的话；在7年后才学会45个词，能勉强地学说几句话。卡玛拉死去时已经十六七岁，但她的智力仅相当于三四岁的孩子。

### 智慧点睛

上面这个故事告诉我们：失去人际交往的机会对个体的心理和生理都会造成极大的破坏。人际交往是人类存在、发展的需要，是人格发展、人格健全的必经之路，是身心健康、生活幸福的保障，是学习、事业成功的关键。因此，良好的人际交往、融洽的人际关系对于个体的发展和生活都是非常重要的。

### 思考

（1）人际交往对于人类有什么作用？

（2）人类如果没有人际交往将变成什么样？

## 模块二　心理导航

人生得一知己足矣，斯世当以同怀视之。

——鲁迅

人际交往是加快大学生社会化进程的必要前提。众所周知，一个人在事业上的成功，除了拥有非凡的专业知识外，一定的人际交往能力也是必不可少的。大学是大学生走向社会的最后一个驿站，他们在大学阶段除了要积累在未来工作岗位上使用的专业知识，还要积累社会交往的技巧和能力。大学生的交往性质和水平，直接影响着他们的社会化水平。在大学阶段里，大学生应该认真把握每一个即将走向社会的关键时刻，使自己尽量多地开展人际交往活动，锻炼自己人际交往的能力，为自己未来的人生道路铺垫最重要的基石。

## 一、人际关系概述

“人际”是指人与人之间，是表示两个人及以上的数量概念；“关系”是指事物的相互联系，这个联系包括事物与事物之间和事物内部各要素的相互影响与作用。人与人之间的相互作用包括三个方面：① 自然属性；② 生理、心理属性；③ 社会属性。人与人之间只有进行交往、交流，社会才能发展。

人际关系是人与人之间由于交往而产生的一种心理关系。它主要表现在交往过程中人与人之间的心理距离，反映着个人或群体在寻求满足社会心理需要、事业需要时的心理状态。人际关系的产生、变化和发展决定了双方心理需要满足的程度。人际关系的概念包括下面几层含义。

### （一）人际关系是社会关系的一个侧面

人存在于众多的社会关系之中，人的社会关系可以分成两类：一类是社会的生产关系及在此基础上形成的政治、经济和文化的关系等；另一类是人与人之间的心理关系，也就是人际关系。

社会关系是社会角色之间的关系，是不以人的意志为转移的客观关系；而人际关系的实质是情感上的关系，如亲子关系、夫妻关系、邻里关系、朋友关系、师生关系等。人际关系只是社会关系的一部分，不能简单地将其等同于社会关系。例如，大学校长和本校每名大学生都存在着自然的社会关系，但他们之间并不是都存在人际关系。

### （二）人际关系以需要的满足为基础

需要是建立人际关系的动力，人际关系的好坏，主要反映了人们在相互交往中的需要能否得到满足的心理状态。如果在交往中双方的需要都能得到一定程度的满足，就会产生喜欢、亲近或愿意交往等情绪反应，人们的心理距离就会缩短；反之，就会产生厌恶、憎恨等情绪反应，人们的心理距离就会加大。因此，需要的满足是建立人际关系的心理基础。

### （三）人际关系以情感为纽带

人际关系总是带有鲜明的情绪和情感色彩，且以情感为纽带表现出来。人们在相处中呈现出来的满意、愉快或疏远、冷漠的情绪状态是人际关系好坏的基本评价指标。人际关系所具有的情绪性，使人与人之间的心理距离成为可以直接观察的心理关系。

### （四）人际关系以交往为手段

人际关系是人们借助于交往努力消除陌生、缩短心理距离的结果。人际交往是人与人之间交流思想、沟通感情、传递信息的互动过程。人际交往和人际关系是两个既有联系又有区别的概念。人际交往是人们实现人际关系的手段、前提和基础，是人们交流信息、消除生疏、加深了解、获得肯定或否定体验的途径，也是人际关系形成的途径。而人际关系则是人际交往的表现和结果。不仅如此，交往的频率还是人际交往亲疏的调节器。一般说来，交往频率越高，人际关系越向纵深发展；交往频率越低，人际关系越趋于淡化；当交往完全不存在时，原有的实际意义上的人际关系也会成为名义上的人际关系。人际关系和人际交往两者的区别在于：人际关系侧重在交往基础上所形成的心理状态和结果，人际交往侧重人与人之间联系与接触的过程、行为方式和程度等；从时间上看，人际交往在前，人际关系在后；人际交往是一个动态的过程，而人际关系则具有相对的稳定性。

人际关系是和人类同时产生的，具有极其久远的历史，它是人类社会中最常见、最普通的一种关系，每个人都在一定的人际关系中工作、学习和生活。

尽管人际交往千差万别、千变万化，但其内容主要有两个方面。一是物质关系。没有物质和物质的生产，人类便不能生存，社会也就不复存在。人们为取得生活资料，必须先彼此交流和交往，然后才能进行劳动和工作的互动、互助与合作，进行能力、知识的互补与优化。二是精神关系。进行人际交往、建立人际关系，是人类生存的精神需要。人人都要交朋友，觅知音。人对精神的需要，同对物质的需要一样重要，都是不可缺少的。

## 二、大学生的人际交往

人际交往，也称社会交往，反映的是人与人之间的社会关系。因而，人际交往的思想观念、行为方式必然受到人们的认知情感、意志及社会生活等主、客观因素的影响。不同的社会群体有其不同的人际交往特征。当代大学生正处于社会变革时期，自身的条件和独特的社会角色，决定了他们在人际交往中表现出不同于其他群体的发展状况和交往特征。

### （一）大学生人际交往的发展状况

目前，大学生人际交往的主要发展状况可以归纳为以下七点。

#### 1. 自然性减弱，社会性增强

随着大学生生理与心理的日渐成熟，人生观、价值观的逐步形成与稳定，加之社会开放性的增强，人与人之间学习、经济、工作联系变得更加密切，大学生的人际交往也逐渐呈现出由自然的血缘、地缘区分亲疏的传统型人际关系向平等的、民主的新型人际关系发展的趋势。

#### 2. 依赖性减弱，自主性增强

大学期间是大学生自我意识的觉悟期，其个体的主体意识迅速增强。在人际交往方面，这表现为他们不想过多依赖家庭、父母、老师，有着强烈的成人感，希望任何事情都能够自己去尝试、去解决。依赖性减弱、自主性增强是大学生心理逐渐成熟的表现。

#### 3. 封闭性减弱，开放性增强

随着知识的积累、视野的开阔，大学生的人际交往不可能再囿于封闭狭小的圈子。当今社会正向开放化、现代化、信息化转变，人际交往也空前活跃。当代的大学生要适应社会的发展，不可能“两耳不闻窗外事，一心只读圣贤书”。

4. 单一性减弱，多样化增强

交通工具、通信工具的发达，特别是网络的出现，使大学生接触社会变得方便起来，这也为大学生人际交往发展由单一性向多样化转变提供了前提和条件。

5. 等级性减弱，平等性增强

大学是大学生脱离家庭走向社会的起点，尽管他们尚未完全脱离父母的呵护，但是他们十分珍惜独立自主和完全自理的生活，向往和追求平等的民主的人际关系。大学生活给大学生提供了由原来的家庭纵向关系为主过渡到以同学横向关系为主的生活空间。

6. 合作性减弱，竞争性增强

市场经济下，优胜劣汰的竞争规则对大学生同样有着不可忽视的影响。对一部分大学生来说，他们集体主义意识减弱，在人际交往中过分强调以自我为中心，因此竞争性增强。

7. 服务意识减弱，功利意识增强

虽然社会主义市场经济强调的仍然是奉献于社会、服务于人民，但是市场经济本身的交换法则使得一部分大学生在人与人之间、个人与集体之间、个人与社会之间的关系中追求回报，强调等价交换，把获取利益看成人际交往的首要目的。

（二）大学生人际交往的主要特征

1. 交往愿望强烈，感情色彩丰富

大学生思维活跃，兴趣广泛，知识视野比较开阔，精力充沛，求知欲旺盛，独立性、自觉性明显增强，加上生活环境的变化，对社会交往的需要比成人和中小学生更迫切。还由于青春期性成熟，生理上、心理上产生与异性交往的渴望和兴趣，因而他们普遍希望通过交往获得友谊、爱情，满足自己物质上和精神上的各种需要。对友情的珍视、渴望，以及青年人情感丰富而细腻的心理特征，使大学生在人际交往中十分注重感情的交流，所以常常表现出情绪两极化的倾向。这种情绪上的波动导致大学生人际交往的不稳定性和人际关系的多变性。有的大学生因为情绪变化快，很难交到知心朋友；有的大学生在人际交往中甚至以感性代替理智，在与异性交往中超越界限，不顾后果。

2. 注重横向交流，忽视纵向关系

横向交流特指大学生人际交往对象多以同龄人为主。由于大学是集体生活，交往机会众多，学生之间又有着同龄人共同的生理、心理特征，相似的人生经历，共同的学习任务，接近的心理期待和追求目标，所以大学生可以围绕学习、娱乐、思想交流、感情沟通来展开交往。而纵向关系是指与老师、长辈、领导的交往，这种交往常常被忽视，造成所谓“代沟”的心理定势。

3. 追求平等交往，关注精神交流

随着自我意识的发展，大学生相对中学生来说，更具有强烈的“成人感”。他们在各方面都力求体现其独立的人格，其中在交往中突出表现为要求平等相处。大量调查结果表明，大学生在人际交往中喜欢选择与自己的学历、经历、地位相似的人交往。同时，在人际交往中，他们更关注精神上的交往。虽然在当前市场经济条件下，金钱、利欲对一部分大学生产生了一定的影响，但就大学生群体或相对于其他人群来看，大学生交往中的直接功利性动机明显少于社会同龄人。和中学生相比，大学生思维活跃、兴趣广泛，除了专业学习之外，还希望开拓新的领域，发展多方面的能力和特长，对人生和社会问题也十分关注，有着十分丰富的精神世界。但他们由于没有独立的经济基础，在人际交往中，更多表现在对各类“沙龙”和研究会感兴趣，更多地追求志同道合的“精神共鸣者”。

4. 交往观念开放，理想色彩浓厚

大学期间是大学生学习知识、了解社会、探索人生的发展时期，是他们走向社会的起点。尤其市场经济的深化，择业、就业的多渠道、多元化方式的形成，为大学生人际交往观念的转变提供了必要的前提，也决定了大学生人际交往必然是一个开放的系统。除了人才密集、信息丰富的大学校园这一特定交往环境之外，他们还需要走向社会、走向更广阔的空间。

在理想与现实的选择中，大学生往往倾向于选择理想。由于大学生还处于求学阶段，没有工作和生活的压力，这就给他们追求理想创造了有利的条件。他们中的一部分在人际交往中追求完美、追求浪漫、追求理想。

（三）大学生人际交往的类型

大学生的人际交往有同学交往、舍友交往、师生交往、老乡交往、恋人交往、班级及学校交往等错综复杂的人际关系，比中学生的人际交往更加复杂、广泛，而且独立性更强，更具有社会性。下面详细介绍同学交往、舍友交往和师生交往三种主要关系。

1. 同学交往

同学是大学生人际交往的主要对象，同学交往是大学生人际交往的主要内容。同学关系总体上是和谐、友好的，并且有亲情化的趋势。在大学校园里，常常可以看到三三两两的大学生结伴而行，他们逛街、逛公园、吃饭、看电影、下棋、打牌，课余生活很丰富。若他们是女同学，还常常手挽着手，很亲密。大学生大都十分重视同学关系，崇尚相互帮助、相互照顾、相互倾诉的学友情谊。尽管有时候也会和某个同学闹点小矛盾，但他们通常能够理性地解决问题，很快恢复友谊。社团活动中，组织者常用“兄弟们多帮忙”之类的话来调动参与者的积极性。

2. 舍友交往

舍友关系是同学关系的一种，但又具有一些特殊性。舍友都喜欢按年龄大小排行，于是就有了“老大”“老二”“老三”等称呼，而且舍友之间习惯这种称呼之后，把名字都代替了，使得寝室像一个大家庭。宿舍生活是大学生活中不可缺少的一部分，舍友“抬头不见低头见”，如果交往得好，大家都开心，而且可能是一辈子的知己好友；如果交往得不好，大家都会感到别扭，影响彼此的友情。

3. 师生交往

老师与学生，是大学校园里两大基本群体。师生交往是大学生人际交往的重要内容之一。大学师生交往与中小学师生交往相比，交往、交流的不够多，关系不够密切。大学生只有遇到“功课”“学分”等与学习、考试有关的问题时，才会去寻求老师的帮助，至于其他问题（如个人的心理问题、情绪问题、家庭问题、交友问题、恋爱问题等），很少会去找老师帮助。

（四）大学生人际交往的意义

大学生人际交往的意义有以下五个方面。

第一，人际交往能满足大学生的基本心理需求。人们在满足任何一个层面的需要时，都会有人际交往的需要。美国心理学家沙赫特曾做过这样一个实验。他以15美元每小时的酬金聘请一些人到一个完全与世隔绝的小房间去居住。在5名应聘者中，有一个人在里面待了不到两个小时就出来了；待得时间最长的人在里面住了8天，他出来时说若让他再多待一分钟，就要发疯了。研究结果表明，人都有强烈的交往需要，都畏惧孤独，害怕离群独居，所以人际交往是人最基本的心理需要。

第二，人际交往能促进大学生的社会化进程。个体社会化程度的高低是衡量其成熟程度与能力强弱的尺度之一。一般来说，我们在社会交往过程中不是被动地接受生活规范，而是积极主动地在与人、与社会交往中习得社会规范、适应社会生活的。有研究结果表明，人际交往范围越广，获得的社会规范越多，反之亦然。特别是对大学生来说，良好的人际交往既是完成个体社会化的必备条件，也是完成社会化的有效途径。

第三，人际交往有利于塑造大学生的思想与人格。一个人的思想和人格主要是通过后天的社会学习形成和发展起来的。而后天的社会学习，不论是直接知识、间接知识的获得，还是世界观、人生观、价值观的形成，很多都是在人际交往中完成的。人们在与父辈、老师、同学、朋友的交往中受到人际交往的影响，成就了今天的自己。所谓“近朱者赤，近墨者黑”就是这个道理。每个人之所以成为今天的样子，主要是人际关系影响的结果，各种不同的人际关系塑造人们不同的思想和人格。

第四，良好的人际交往有利于大学生心理健康的发展。研究结果表明，大学生人际关系及应对方式对自我和谐具有一定的影响，良好的人际关系和积极灵活的应对方式，可以促进自我和谐和心理健康，其主要体现在：一是能起到代偿作用，它可以代替与父母、兄弟、姐妹的亲情，以消除失落感与孤独感；二是能稳定情绪，烦恼时有人倾吐，欢乐时有人分享，可以给人带来情感上的稳定；三是有助于自我意识的发展与深化，置身于良好人际关系中能使个体具有归属感、安全感，进而满足个体的自尊心，增强个体的自信心和自豪感。

第五，人际交往能促进大学生深化自我认识。在大学生的交往活动中，有时候两方面的评价会有一定的差距，不少大学生会因此而产生烦恼。这就要求他们要善于调节两方面的评价，全面提高自己的综合素质。大学生正确的自我认识，有助于他们找到自己的社会位置，扮演好自己的社会角色。

（五）人际交往的距离

知识窗

身体距离暗示人与人之间的亲疏远近

心理学家弗里德曼认为，人们越亲密、越友好，站得就越近：朋友比陌生人站得近；彼此想成为朋友的人站得也很近；彼此相互吸引的异性站得也要近一些。虽然大多数人很少考虑到个体空间问题，但他们知道站得近通常是友好或有兴趣的标志。人类学家霍尔则详细划分了以下四种交往距离。

1. 亲密距离

亲密距离是人际交往中的最小间隔或几乎无间隔，即常说的“亲密无间”。其近范围在 15 厘米之内，彼此可能肌肤相触、耳鬓厮磨，以至相互能感受到对方的体温、气味和气息；其远范围是 15~44 厘米，身体上的接触可能表现为挽臂执手，促膝谈心，仍体现出亲密友好的人际关系。

就交往情境而言，亲密距离属于私下情境，只限于在情感上联系高度密切的人之间；而在社交场合，两个人（尤其是异性）如此贴近，就不太雅观。在同性之间，只限于贴心朋友，彼此十分熟识，可以不拘小节，无话不谈；在异性之间，只限于夫妻和恋人之间。因此，在人际交往中，一个不属于亲密距离圈子内的人随意闯入这一空间，不管他的用心如何，都是不礼貌的，会引起对方的反感，也会自讨没趣。

2. 个人距离

个人距离是一个稍有分寸感且较少有直接身体接触的距离。个人距离的近范围为 45~76 厘米，正好能相互亲切握手，友好交谈。这是与熟人交往的空间，陌生人进入这个距离会构成对别人的侵犯。个人距离的远范围是 77~122 厘米，任何朋友和熟人都可以自由地进入这个空间。不过在通常情况下，较为融洽的熟人之间交往时，保持的距离更靠近远范围的近距离（77 厘米）一端，陌生人之间谈话则更靠近远范围的远距离（122 厘米）一端。

人际交往中，亲密距离与个人距离通常都是在非正式社交情境中使用的，在正式社交场合则使用社交距离。

3. 社交距离

社交距离体现出一种社交性或礼节上的较正式的关系，其近范围为 123~210 厘米，一般在工作环境和社交聚会上，人们都保持这种距离。有这样一种情境：一次，一个外交会谈的座位安排出现了疏漏，在两个并列的单人沙发中间没有放增加距离的茶几；结果，客人自始至终都尽量靠到沙发外侧的扶手上，且身体也不得不常常后仰。可见，不同的情境、不同的关系需要有不同的人际距离。距离与情境、关系不对应，会导致人出现明显的心理不适感。

社交距离的远范围为 211~370 厘米，其表现为一种更加正式的交往关系。公司的经理们常使用一个大而宽阔的办公桌，将来访者的座位放在离桌子有一段距离的地方，这样当他与来访者谈话时就能保持一定的距离。例如，国家领导人之间的谈判、企业招聘时的面谈等，往往都要隔一张桌子或保持一定距离，这样就增加了一种庄重的气氛。

在社交距离范围内，已经没有直接的身体接触，说话时要适当提高声音，需要更充分的目光接触。如果谈话者得不到对方目光的支持，则会有强烈的被忽视、被拒绝的感受。这时，相互间的目光接触已是交谈中不可缺少的感情交流方式了。

4. 公众距离

这是公开演说时演说者与听众所保持的距离。其近范围为 371～760 厘米，远范围在 760 厘米之外。这是一个几乎能容纳一切人的“门户开放”的空间，人们完全可以对处于此空间的其他人“视而不见”，因为相互之间未必发生一定联系。因此，在这个空间的交往，大多是当众演讲之类的情形。当演讲者试图与一个特定的听众谈话时，他必须走下讲台，使两个人的距离缩短为个人距离或社交距离，才能够实现有效沟通。

人际交往的空间距离不是固定不变的，它具有一定的伸缩性，这依赖于具体情境、交谈双方的关系、社会地位、文化背景、性格特征、心境等因素。

社会地位不同，交往的空间距离也有差异。一般说来，有权力、有地位的人对于个体空间的需求相应会大一些。此外，人们对个体空间的需求也会随具体情境的变化而变化。例如，在拥挤的公共汽车上，人们无法考虑个体空间。若在较为空旷的公共场合，人们之间的空间距离就会扩大，如在公园休息亭或较空的餐馆，若一个人毫无理由地挨着另一个人坐下，就会引起那个人的怀疑，使对方感觉不自然。

在了解了交往中人们所需的个体空间及适当的交往距离之后，就能有意识地选择与他人交往的最佳距离。而且，通过空间距离的信息，还可以很好地了解一个人的实际社会地位、性格及人们之间的相互关系，更好地进行人际交往。

## 三、大学生人际交往的常见问题

### （一）不敢交往

在人际交往的过程中，人们都存在不同程度的恐惧心理，只是每个人反应的程度不同。有一部分大学生在这方面反应特别强烈，由于害羞、自卑等心理的作用，他们在与人交往时显得特别紧张，心跳气喘、面红耳赤，两眼不敢正视对方；在与人交谈时显得语无伦次、词不达意；尤其在人多的场合或者在集体活动中，他们更感到恐惧，不敢与人交往，不敢表现自己，严重的可能患上社交恐惧症。

### （二）不愿交往

有的大学生在上了大学之后，发现自己不如在中学时那么出类拔萃，进而因嫉妒与自卑心理形成了人际交往障碍。他们认为自己不如别人，怕别人瞧不起自己，缺少人际交往必要的信任与理解，人际交往平淡。有的大学生缺乏与同学的基本合作精神，甚至视同学为对手。有的大学生自高自大，瞧不起别人。有的大学生群体意识淡薄，以自我为中心，对周围的人和事漠不关心，自己高兴、开心就愿意和别人交往，否则就拒人于千里之外。有的大学生遇事总是回避退让，整日郁郁寡欢，缺乏交往的愿望和兴趣，他们自我封闭、孤芳自赏，但又特别敏感，心理承受力差，独往独来，不愿抛头露面，不愿与人交往。

（三）不善交往

有的大学生不善于了解和掌握交往的一些知识、技巧，在交谈的过程中显得过于生硬、书生气太足、木讷，有时虽心存感激但不会表达，反而不能使他人理解。有的大学生存在因认知偏见而产生的理解障碍，不注意交往中的“第一印象”，不注意沟通方式，在劝说他人、批评他人、拒绝他人时不讲究艺术。有的大学生在与人交往的过程中不注意交往原则，开玩笑不注意场合，不懂得给他人留面子，或说话粗鲁伤害了对方的自尊心，或不懂得尊重对方的风俗习惯，或不懂装懂夸夸其谈，等等。这些表现不仅有损自身的形象，而且影响了同学之间进一步的交往。

（四）不懂交往

进入大学之后，新生大都有强烈的人际交往的欲望，但又常常感到人际交往很困难，究其原因是许多大学生对人际交往的追求带有较浓的理想色彩，以友谊的理想模式为标准来衡量生活中的人际关系，导致高期待与高挫折感并存。而对于现实生活中的人际交往却表现出强烈的不满。有的大学生不懂得交往在于平时的积累，总希望别人主动关心自己，主动与自己交往，而自己总是处于被动地位，或仅仅是自己有事求人时才去“临时抱佛脚”，使对方感到无论在物质上还是在精神上都不能使自己受益，通常就会终止与其交往。

（五）缺乏技巧

缺乏技巧是上面几种问题的综合反映，这类学生通常表现为羞怯、自卑、孤独、猜疑、嫉妒、恐惧等。他们一般都渴望交往，但由于交往方法欠妥、交往能力有限、存在个性缺陷或交往心理障碍等原因，在交往过程中既不了解自己，也不了解别人，导致交往失败。长期的交往失败使得一些大学生把交往看成一种负担，渐渐地变得自我封闭。

## 四、大学生人际交往的不良心理调适

知识窗

人际交往中的心理效应

（一）摆脱自卑心理

自卑是指个人认为在某些方面不如别人而轻视自己的心理感受。自卑的浅层理解是别人看不起自己；而其深层理解是自己看不起自己，即缺乏自信，常以忧郁、悲观、孤僻的形式表现出来。自卑感严重的人，容易使自己孤立、离群。实际上并不一定是自己在能力上真的不如别人，而是由于有一种不如别人的感觉，这种心理会阻碍着人们的人际交往。摆脱人际交往中的自卑心理应该注重以下几点。

1. 正确认识自己

努力发现自己的长处，把握自己的优势。最简单的方法是在遇到社交场合时，经常提醒自己做到“六不”：不要过分谦虚；不在乎别人的议论；不许说自己不行；不拿他人的标准看待自己；不用自己的短处与别人比较；不怕一时的失败。

2. 树立自信心

要树立自信心，最简单的方法是事先不过多地预想失败，而要建立成功的信心。每当你想躲避与人对话、拒绝参加聚会时，每当你羞于在课堂或会议上发言时，就坚定地提醒自己：“我能行！我可以大方地与人交谈！我能交更多的朋友！”久而久之，自卑心理就会消失殆尽，你也能够从实现小目标开始，不断坚定成功的信心。

3. 积极心理暗示

自卑的人总感到自己不如别人，更害怕在公开场合让别人看到自己的不足，这种感觉实质上是一种消极的自我暗示。要想摆脱自卑心理，首先要彻底摆脱消极暗示，以积极自信的暗示鼓励和肯定自己，不断鼓励自己：“我还是很不错的！”

（二）消除社交羞怯心理

可以通过加强以下几个方面的训练，来达到消除社交羞怯心理的目的。

1. 减少对自身表现的关注

过度关注自身的言行，总怕自己讲不好话、办不妥事，担心别人看到自己的弱点和不足，这样反而会减弱逻辑思维能力和语言表达能力，加重原有的紧张程度，甚至出现语无伦次、手足无措等现象。与人交往时，一定要从过度的自我防护心理中解放出来，不要刻意关注自己的表现，不要过多计较别人的评论，要开放自己的言行举止，抱着一定成功的信念，把注意力从内在转移到外在，这样就可以使自我关切度逐渐减弱，让自己的交往活动更加轻松、顺畅。

2. 主动和陌生人交谈

俗话说：“万事开头难。”消除社交羞怯心理，要学会同陌生人交谈。在适当的场合，只要勇敢地讲出第一句话、迈出第一步，就不会像想象中那样紧张。可以尝试从问候别人开始，主动同陌生人打招呼，寻找对方喜欢的话题，并给予对方关心和问候。例如，对于排队时站在你身后的人、候车室里坐在你身边的人、出租车司机、图书管理员、商店售货员等，你都可以同他们主动搭讪或随便聊天。有了这样的尝试，就会慢慢掌握怎样与他人开始第一次谈话，怎样使谈话不断进行下去，怎样使谈话圆满结束，从中领悟谈话的技巧。

3. 鼓励自己勇于尝试

结交新朋友，或找陌生人办事，有可能不顺利，也可能会失败。出现这种情况时，一定要鼓励自己勇于尝试，尽力去做，大胆出手。在日常学习和生活中，要鼓起勇气与新领导、新老师、新同学接近，主动与他们交谈，且不能仅满足于一次交往，要尝试第二次、第三次……如果有了这一次次的尝试与成功，就会逐渐形成自我肯定的模式，羞怯心理也就随之消失。切记，如果不成功，就当作是一次试验，再做进一步尝试；别人赞赏自己时，就大方地接受和享受，永远不要轻视别人的称赞。

(三) 克服嫉妒心理

嫉妒是当别人在某些方面比自己优越时，而产生的羞愧、怨恨、敌意等复杂情感。嫉妒心理具有明显的指向性，即指向原来同自己处境相似，而后来比自己优越或超越自己的人。嫉妒心强的人，不是从自己的拥有中寻找快乐和安慰，而是从他人的拥有中感受失落和痛苦，对别人的才干和成绩不服气、生怨气，有时借机撒气，进行贬低、中伤和诽谤。被嫉妒者或是无所适从，或是反唇相讥，导致人际关系变得更加紧张。许多名家对嫉妒进行了抨击，但丁说它是“灾星”，培根称它是“恶魔”，我国诗人艾青把它比喻为“心灵上的肿瘤”。嫉妒心理作为一种消极的情感体验是难以避免的，但它又是可以控制的，能够克服的。可以从以下几个方面入手来克服嫉妒心理。

1. 注意力放在自身优势上

有嫉妒心理的人往往把注意力放在别人身上，同别人进行错位比较，扭曲地看待别人的才能、荣誉或地位，从而产生嫉妒，甚至心怀怨恨。如果一个人能有意识地把注意力放在发挥自身优势上，正视自己与他人的差距，不断寻找和发现自己新的价值，开拓自己的潜能，就可以使失衡的心理获得新的平衡，嫉妒心理也会随之减弱。

2. 坦然对待别人的优点

“心底无私天地宽。”消除嫉妒心理，最根本的是去除私心杂念，改变原有的思维方式，从实际出发欣赏他人，列出他的优点，然后再问问自己：“这个人能让我学到什么?”从别人身上找到自己可以借鉴之处。

3. 站在对方的角度思考问题

当一个人置身于鲜花与掌声之中，更要谦虚谨慎，这样不仅能防止被他人嫉妒，而且能从根本上调整自己。不妨角度置换一下，即站在对方的立场上处理和思考问题，可谓“将心比心”。主动与人接触，不要在别人面前炫耀自己，这样可以防止在对方心理上造成威胁感。在感情上给予同情，在交往中予以接纳，实实在在地帮助别人，使他人感受到热心和真诚。这样，才会增进彼此的信任与友谊。

4. 要有宽容大度的胸怀

在遭到别人嫉妒时，千万不要采取针锋相对的态度，那样只能破坏自己的心情，空耗自己的精力，使人际关系不断恶化。“谁人背后无人说，谁人背后不说人。”出众者难免遭人嫉妒，被人嫉妒说明有过人之处，应该把它看作是别人对自己的羡慕，把它作为一种推动力，进一步激发自己的潜能，大胆地追求新的成功。同时，还要从积极的角度感悟嫉妒者的初衷，以同情的心态体验嫉妒者的苦衷，以真诚的爱心去感化嫉妒者，以有原则的忍让来抑制无原则的争斗，这是根治忌妒和猜疑的关键之举。

5. 将适度嫉妒变为动力

每个人都或多或少有一些嫉妒心理。嫉妒心理也有积极的一面，适度的嫉妒心理是一个人荣誉心、上进心的折射，是可以改造的“动力源”，与“眼热”或羡慕一样，是具有一定动力的，可以升华或转化为理想和抱负。克服嫉妒心理，重要的是把嫉妒化为前进的动力，不让嫉妒消耗自己拥有的“能量”。发现别人想超越自己时，要以此为动力，通过自己顽强的意志和锲而不舍的努力，赶超“对手”，这样就不会再感到苦恼和烦躁，而会感受到轻松和愉悦。

### 课后思考

（1）人际交往的意义有哪些？

（2）如何调适不良的人际交往？

# 模块三　心理训练

## 训练一　人际交往相关测试

**一、训练目标**

（1）了解自己的交往能力。

（2）了解自己在人际交往中的包容力。

（3）了解自己人际交往的心理态度。

**二、适用对象**

大学任一年级的学生团体。

**三、适用人数**

人数不限。

**四、适用场所**

室外、室内均可。

**五、材料**

无。

**六、活动时间**

90 分钟。

**七、活动程序**

（一）交往能力测试（时间：20 分钟）

1. 测试题

下面是一份人际关系行为困扰诊断表（如表 4-1 所列），共 28 个问题，请你根据自己的实际情况对每个问题做“是”（画“√”）或“非”（画“×”）两种回答，答案没有对错之分。

**表 4-1　人际关系行为困扰诊断表**

| 问题 | 是 | 非 |
| --- | --- | --- |
| （1）关于自己的烦恼有口难言 | | |
| （2）和生人见面感觉不自然 | | |
| （3）过分地羡慕和嫉妒别人 | | |
| （4）与异性交往太少 | | |
| （5）对连续不断的会谈感到困难 | | |
| （6）在社交场合感到紧张 | | |
| （7）时常伤害别人 | | |
| （8）与异性来往感觉不自然 | | |
| （9）与一大群朋友在一起，常感到孤寂或失落 | | |
| （10）极易受窘 | | |
| （11）不能与别人和睦相处 | | |
| （12）与异性相处时不知道如何适可而止 | | |
| （13）当不熟悉的人对自己倾诉其生平遭遇以求同情时，自己常感到不自在 | | |
| （14）担心别人对自己有什么坏印象 | | |
| （15）总是尽力使别人赏识自己 | | |
| （16）暗自思慕异性 | | |
| （17）时常避免表达自己的感受 | | |
| （18）对自己的仪表（容貌）缺乏信心 | | |
| （19）讨厌某人或被某人所讨厌 | | |
| （20）瞧不起异性 | | |
| （21）不能专注地倾听 | | |
| （22）自己的烦恼无人可倾诉 | | |
| （23）受别人排斥与冷落 | | |
| （24）被异性瞧不起 | | |
| （25）不能广泛地听取各种各样的意见、看法 | | |
| （26）自己常因受伤害而暗自伤心 | | |
| （27）常被别人谈论、愚弄 | | |
| （28）与异性交往时不知如何才能更好地相处 | | |

2. 测试分析

对于以上回答，画“√”的题计 1 分，画“×”的题计 0 分，所得总分对应的结论如下。

（1）0~8 分：你在与朋友相处方面的困扰较少。你性格比较开朗，善于交谈，会主动关心别人，愿意和周围的朋友在一起，对他们都比较友好。你的朋友都很喜欢你，你们相处得不错；你与异性朋友也相处得比较好。你能够从与朋友的相处中得到乐趣，你的生活是比较充实而且丰富多彩的。简而言之，你不存在或较少存在交友方面的困扰，善于与朋友相处，人缘很好，能获得朋友的许多好感与赞同。

（2）9~14 分：你在与朋友相处方面存在一定程度的困扰。你的人缘很一般，换句话说，你和朋友的关系并不牢固，时好时坏，经常处在一种起伏波动之中。

（3）15~28 分：你在与朋友相处方面的困扰较严重。你可能不善于交谈，也可能是一个性格孤僻的人，或者有明显的自高自大的表现，在人际交往方面的困扰程度很严重，且在心理上出现了较为明显的障碍。

3. 讨论与分享

测评结果与你目前的人际交往能力相符吗？请说一说对于自己目前的人际交往能力有哪些满意的地方。还有什么不满意的地方？今后想怎样提升自己的人际交往能力？

### （二）包容力测试（时间：20 分钟）

包容力被视为人们高修养、睿智的表现。得到这项生活智慧之后，不会再对不同意见感到愤恨不平，而是自然地接受它们；有了这层领悟就容易包容任何事情，社会适应的大道就会呈现在你的眼前。

1. 测试题

请仔细阅读下面 24 个情境（如表 4-2 所列），你是赞成还是反对？请对它们做出不同的态度评价。（评分标准：反对，计 0 分；不太反对，计 1 分；有点赞成，计 2 分；大致赞成，计 3 分；赞成，计 4 分；非常赞成，计 5 分；绝对赞成，计 6 分。）

**表 4-2　包容力测试量表**

| 情境 | 反对 | 不太反对 | 有点赞成 | 大致赞成 | 赞成 | 非常赞成 | 绝对赞成 |
|---|---|---|---|---|---|---|---|
| （1）半夜被邻居家婴儿的哭声吵醒，感到愤怒异常 | | | | | | | |
| （2）觉得倾听和自己意见不同的见解很困难 | | | | | | | |
| （3）客机机长应仅限男性 | | | | | | | |
| （4）公司的人事科长不应雇用有犯罪前科者 | | | | | | | |
| （5）剧场经理不应让穿牛仔裤的观众进会场参加首映典礼 | | | | | | | |
| （6）为了让不听话的小孩学习服从，一定要常处罚他 | | | | | | | |
| （7）应该强制嬉皮士和滑稽演员服役两年 | | | | | | | |
| （8）基于扰乱和平的理由，应该禁止激进政治家的活动 | | | | | | | |

**表4-2(续)**

| 情境 | 反对 | 不太反对 | 有点赞成 | 大致赞成 | 赞成 | 非常赞成 | 绝对赞成 |
|---|---|---|---|---|---|---|---|
| (9) 技术革新会无法无天，不值得学习 | | | | | | | |
| (10) 只有勤奋劳动的工作，才有高收入 | | | | | | | |
| (11) 可能的话，尽量避免和自己意见不同的人谈话 | | | | | | | |
| (12) 不承认女子足球队 | | | | | | | |
| (13) 外国劳动者不应该和一般公民享有同等权利 | | | | | | | |
| (14) 老人不应该穿着新潮服饰 | | | | | | | |
| (15) 认为早婚会有问题 | | | | | | | |
| (16) 住公寓的人不应该养猫、狗等宠物 | | | | | | | |
| (17) 公司的董事长应该对员工提升业绩和员工对公司的贡献抱有很大的希望 | | | | | | | |
| (18) "撒过一次谎，别人就不再相信你。"这句话说得没错 | | | | | | | |
| (19) 顶尖运动选手应该保持最佳状态参加大型赛事 | | | | | | | |
| (20) 对流行服饰不得不稍加考虑 | | | | | | | |
| (21) 制订休假计划时，不必考虑到小孩子的想法 | | | | | | | |
| (22) 女性和男性喝等量酒不太好 | | | | | | | |
| (23) 吸毒者被送到戒毒所是理所当然的 | | | | | | | |
| (24) 有和自己意见不一致的人在场心情就不好 | | | | | | | |

2. 测试分析

**表 4-3　分值对照表**

| 年龄范围 | | | | 包容力程度 |
|---|---|---|---|---|
| 14—16 岁 | 17—21 岁 | 22—30 岁 | 31 岁及以上 | |
| 0~10 分 | 0~13 分 | 0~9 分 | 0~15 分 | 非常强 |
| 11~12 分 | 14~16 分 | 10~15 分 | 16~31 分 | 强 |
| 13~29 分 | 17~30 分 | 16~32 分 | 32~50 分 | 尚可 |
| 30~62 分 | 31~49 分 | 33~48 分 | 51~60 分 | 稍低 |
| 63~144 分 | 50~144 分 | 49~144 分 | 61~144 分 | 很弱 |

（1）非常强——非常有包容力。不在乎别人的意见与自己是否相同，能够容忍偏激和善变的意见。

（2）强——能理解与自己意见不同的想法。心中没有偏见，愿意敞开心怀接受新潮流、新思想。同龄层中比自己缺乏包容的人有很多。

（3）尚可——包容力处在平均水准，还算可以。

（4）稍低——偶尔无法接受不同意见，对新趋势和新思想持怀疑态度。

（5）很弱——基本没有包容力。排斥与自己不同的意见，希望所有的人与自己的想法一致。

3. 讨论与分享

你对自己的包容力满意吗？今后想怎样提升自己的包容力？

**（三）人际交往的心理态度测试（时间：40分钟）**

1. 测试题

请你对照美国著名的心理学家爱利克·伯奈提出的四种人际交往的心理态度（即四种心理模式），想一想：在与家人、同学交往和沟通中，你的心理态度属于以下哪一种？

（1）“我不好—你好”。心理学家认为，人在生命的初始是依赖于周围的人而生存的，与周围的成人相比，儿童常感到自己无能，因而从小就有自卑感，总觉得自己不行，而别人行。处在心理逐渐成熟过程中的部分大学生，尚未完全摆脱小时候的那种心理模式，在人际交往中会不同程度地表现出自卑心态。

（2）“我不好—你也不好”。通常表现为不喜欢自己也不喜欢别人，看不起别人也看不起自己，导致自己比较孤僻，阻碍了人际交往。

（3）“我好—你不好”。通常表现为以自我为中心、自以为是，总认为自己是对的，而别人是错的，把人际交往中失败的责任推到他人身上，常导致自己固执己见、唯我独尊。这种人际交往模式不利于良好人际关系的建立。

（4）“我好—你也好”。表现出相信他人，能够接纳自己和他人，正视事实，并努力改变能改变的事物，善于发现自己和他人的优点与长处，从而使自己保持一种积极、乐观、进取的心理状态。这是一种成熟、健康的人际交往模式，有助于良好人际关系的建立。

2. 讨论与分享

请你再尝试分析一下，你试图想改变这种心理态度吗？如果是第四种心理态度，当你真正认为“我好—你也好”时，马上就产生一种“好”的感觉，是这样吗？

**（四）活动结束（时间：10分钟）**

小组成员交流第一次团体心理训练的感受和体会，然后汇总团体的反馈，并约定第二次团体心理训练的时间、地点等。

## 训练二　我的人际圈

### 一、训练目标

（1）通过游戏让学生体验主动交往的乐趣。

（2）学生在交流中发现共同爱好，寻找志同道合的朋友。

（3）探索了解自己的支持系统。

（4）了解自己的人际圈现状。

**二、适用对象**

大学任一年级的学生团体。

**三、适用人数**

人数不限。

**四、适用场所**

室内。

**五、材料**

（1）“有缘人”活动材料：多种颜色的小方形纸若干（每张纸分别剪成四小块彼此能相互契合的形状）、盘子；选择欢快的乐曲做背景音乐。

（2）“我的支持系统”活动材料：每人 1 张 A4 纸、1 支笔。

（3）“绘制人际财富图”活动材料：每人 1 张白纸、1 支笔。

**六、活动时间**

90 分钟。

**七、活动程序**

**（一）有缘人（时间：20 分钟）**

1. 活动导入

认识一个人靠缘分，了解一个人靠耐心，每个人都行进在路上，匆匆复匆匆，缘分只是匆匆行进中的一把扶持、一声问候，就像夏日里的一丝清凉、冬天里的一份温暖。接下来，我们通过下面的活动寻找你今天的“有缘人”。

2. 活动实施

（1）在欢快的背景音乐下，心理行为训练员要求每名参与者到场地中央的盘子里选取一张自己喜欢的纸片。

（2）参与者根据自己所选纸片的颜色与形状，到群体中寻找能与自己图形契合的“有缘人”。

（3）找到“有缘人”后，两人坐在一起，相互介绍自己，通过交谈找出彼此间三个及以上的共同点。

3. 讨论与分享

所有参与者对本次活动的感受进行交流分享。

4. 注意事项

（1）此游戏比较适合一个相互陌生的群体。

（2）纸片可以设计成 4 张纸相互契合拼成一个正方形，这样就会出现一个人同时可以与两人相契合的情况。心理行为训练员可以要求第一个图形契合的人为“有缘人”，也可以要求只要是图形能契合的人都为“有缘人”。

（3）“有缘人”可以是颜色相同形状契合，也可以是颜色不同但形状契合的人，由参与者自己理解决定。

（4）游戏还可以继续深入，在两个“有缘人”的基础上接着做“成双成对”，继续寻找图形契合的另两个“有缘人”。找到后，四个“有缘人”通过交谈，寻找彼此间存在的三个及以上的共同点。

（二）我的支持系统（时间：20 分钟）

1. 活动导入

每个人都有自己的人际圈，都有自己的社会支持系统。在这个活动中，让我们一起探索了解自己真正的社会支持系统吧。

2. 活动实施

请你填写“我的支持系统名单”（如表 4-4 所列），可以只写下三五个，也可以一次写下十几个，甚至更多。

**表 4-4　我的支持系统名单**

| 我的支持系统 |
|---|
| （1） |
| （2） |
| （3） |
| （4） |
| （5） |
| （6） |
| （7） |
| （8） |
| ⋮ |

3. 讨论与分享

完成之后，请你仔细看一下所列的名单，对其进行归纳整理。然后，设想一下当遇到灾难或是遇到无以名状的忧伤、危机之时，你将和谁倾心交谈？你会向谁发出呼救信号？你能得到谁的帮助？

（三）绘制人际财富图（时间：40 分钟）

1. 活动导入

根据马斯洛的需要层次理论，在个体发展过程中，生理需要、安全需要、社交需要、尊重需要、自我实现需要是人们赖以生存的五种最基本的需要。每个人都需要别人的关怀、帮助、爱护、同情，需要一种稳定的安全感。它表现为人们追求稳定、安全的环境，希望得到保护，能够免除恐惧和焦虑，等等，是一种精神上的需要。建立人际关系是最让人感到快乐和振奋的正向生活事件，而失去人际关系则是最糟糕、最让人难过的事件之一。但是在实际交往中，大学生或过于激进或过于保守，所以不能很好地把握人际交往的分寸。

本活动将引导同学们有意识地内省自己的人际财富圈，并借助日常生活中的情景故事，逐步澄清、渗透并建立起双赢的人际交往圈。

2. 活动实施

请每人拿出 1 张白纸和 1 支笔，根据下面的提示绘制出自己的人际财富图。

（1）在白纸的中央画一个实心圆点代表自己。

（2）以这个实心圆点为中心，画 3 个半径不等的同心圆，代表三种人际财富或者人际圈，同心圆内任意一点到中心的距离表示心理距离。然后，将亲朋好友的名字写在图上，名字越靠近中心圆点，表明他与你的关系越亲密。

（3）写在最小同心圆内的人，属于你的“一级人际财富”。你们彼此相爱，你愿意让对方走进自己心灵的最深处，分享你内心的秘密、痛苦和快乐。这样的人际财富不多，却是你最大的心灵慰藉，也是你生命中最重要的成长力量。

（4）写在第二大同心圆内的人，属于你的“二级人际财富”。你们彼此关心，时常聚在一起聊天玩耍，一起分享快乐，一起努力奋斗。虽然你们之间有些秘密是无法分享的，但这类朋友让你时常感到人生的温暖。

（5）写在最大一个同心圆内的人，属于你的“三级人际财富”。这些朋友可以是平时见面打个招呼，需要帮助时也愿意尽力帮忙的朋友；也可以是曾经比较亲密但渐渐疏远，却仍然在你心中占有一席之地的朋友；还可以是平时难得见面，却不会忘记在逢年过节问候一声的朋友。

（6）同心圆外的空白处的人代表你的“潜在人际财富”。尽量搜索你的记忆系统，把那些虽然比较疏远但仍属于你的人际财富范围的人的名字写在此处。

3. 讨论与分享

一般而言，一个成年人需要与大约 120 人维持不同程度的人际关系，其中包括 2~50 名心理关系比较密切的人。如果人际关系过疏或过密，都容易引发个体的心理问题，如孤独无助或自我迷失。

你的人际关系现状如何？是否合适？你认为自己身上具有的什么性格品质给你带来了好人缘？如果你的人缘不太好，想一想是什么原因？试着一边整理自己的人际财富，一边反思自己在人际交往中所体现出来的性格特点（例如，是否因自己一时的愤怒而失去了曾经的知己，是否因太以自我为中心而忽略了他人的感受，最终被周围的朋友渐渐疏远），并找出自己需要继续发扬和改进的地方。

训练三

学会欣赏和信任

（四）活动结束（时间：10 分钟）

小组成员交流第二次团体心理训练的感受和体会，然后汇总团体的反馈，并约定第三次团体心理训练的时间、地点等。

## 模块四　资源共享

推荐阅读

大学寝室五朵金花，都是党员都是学霸

影片赏析

《花季雨季》赏析

# 第二篇

## 成长探索篇

# 第五单元　学会沟通：探索人际互动模式

【心寄语】

谈话，和作文一样，有主题，有腹稿，有层次，有头尾，不可语无伦次。

——梁实秋

最能施惠于朋友的，往往不是金钱或一切物质上的接济，而是那些亲切的态度、欢悦的谈话、同情的流露和纯真的赞美。

——富兰克林

【心探索】

随着社会的发展、竞争的激烈，越来越多的人在与他人相处时，不知道如何沟通、交流，从而产生沟通上的障碍。在这些人中，不乏大学生的身影，他们会因为个人的兴趣爱好、性格癖好、生活习惯、成长环境的不同而产生各种不同的障碍。有一些大学生在与人相处过程中很消极，缺乏自信，不敢发表自己的意见或建议，只生活在自己的圈子里。然而，人际沟通却是人们在社会上生存与发展最迫切的需要。人们要想有所作为，学会沟通是基本条件。有效的沟通是关系到人们社会心理、社会交往、经济合作效率、素质教育及社会文明建设的大问题。所以，大学生人际沟通中出现的障碍也是人们应该关注和需要被解决的。良好的人际沟通能力及良好的人际关系是人们生存和发展的必要条件。所以，面对激烈的竞争和日益严重的社会心理压力，建立良好的人际关系，形成一种团结友爱、朝气蓬勃的人际交往环境，将更有利于大学生形成健康的人格。

## 模块一　心理故事

故事一

### 午餐沟通

美国著名的福特汽车公司在新泽西州的一家分工厂，过去曾因管理混乱，而差点倒闭。后来，总公司派去了一位很能干的人物，在他到任后的第三天，就发现了问题的症结：偌大的厂房里，一道道流水线如同一道道屏障隔断了工人们之间的直接交流；机器的轰鸣声和试车线上滚动轴发出的噪声更使工人们难以实现关于工作的信息交流。

由于工厂濒临倒闭，过去的领导一个劲儿地要生产任务，而将大家一同聚餐、厂外共同娱乐的时间压缩到最少。所有这些，使得员工们彼此谈心、交往的机会微乎其微，工厂的凄凉景象很快使他们的工作热情大减，人际关系的冷漠也使员工本来糟糕的心情雪上加霜。组织内出现混乱，人们口角不断，不必要的争议也开始增多，有的人还干脆破罐破摔。工厂的情势每况愈下，领导这才到总部去搬来救兵。

这位新任的管理者在敏锐地觉察到这些问题的根本之后，果断地决定以后员工的午餐费由厂里负担，希望所有的人都能留下来聚餐，共渡难关。在员工看来，工厂可能到了最后关头，需要大干一番了，所以心甘情愿地努力工作。其实，这位经理的真实意图就在于给员工们创造一个互相沟通了解的机会，以建立信任空间，使组织的人际关系有所改观。

在每天中午就餐时，经理还亲自在食堂的一角架起烤肉架，免费为每位员工烤肉。一番辛苦没有白费，在那段日子，员工们餐桌上谈论的话题都是有关组织未来的走向问题，大家纷纷献计献策，并主动将工作中遇到的问题拿出来讨论，共同寻求最佳的解决途径。

这位管理者的决定是有一定风险的。他冒着成本增加的危险拯救了企业不良的人际关系，使所有的员工又都回到一个和谐的氛围中。尽管机器的噪声还是不止，但已经挡不住工人们内心深处的交流了。两个月后，企业业绩回转；五个月后，企业奇迹般地开始盈利了。这个企业至今还保持着这一传统，午餐时间大家欢聚一堂，由经理亲自派送烤肉。

## 智慧点睛

现代社会，不善于沟通将失去许多机会，同时也将导致自己无法与别人协作。每个人都不是生活在孤岛上，只有与他人保持良好的协作，才能获取自己所需要的资源，才能获得成功。要知道，现实中大多数成功者都是擅长人际沟通、珍视人际沟通的人。

## 思考

（1）上大学之前，你所处的群体的成员之间善于沟通吗？

（2）以往你在群体中充当什么样的角色？你是主动与他人沟通的人还是被动与他人沟通的人？

## 故事二

### 坦诚与宽容

在某风景旅游区的一家旅店里，一位个头不高、眉清目秀的服务生正与旅客亲切地交谈着。他就是利用暑假进行社会实践的高职生于波。

去年入学的时候，本来于波是要自己来学校报到的，可是父母说什么也不放心，因为于波高中之前从来没有住过集体宿舍、没有单独出过远门。父亲把他送到学校，办完了所有的报到手续后，和他一起来到了三舍108室。宿舍门没锁，听到敲门声，宿舍里的三名男同学一面答应着，一面走到门前，他们热情地把于波父子请进屋里，又帮助于波摆放东西。一切安置好以后，于波父亲才回家。于波这时才感受到对父母的依恋和父母不在身边的孤单。宿舍里的其他三名同学都在高中时住过校，他们比较快地适应了新的环境，也很快打成了一片。于波还发现，他们到大学以后不太爱学习，有时甚至逃课，经常在宿舍逗留，常常拉着自己打牌或闲聊。于波不愿意这样度过大学生活，由于观点不同，于波与他们之间有了距离。他们不爱搭理于波，有时还取笑他。于波很烦恼，也很孤独。他想找老师调换宿舍，可这样对自己对三名室友影响都不好，于是就放弃了换宿舍的想法。晚上，于波睡不着觉时，认真地思考着如何改善他与宿舍同学的关系，既不能放弃自己的原则去迁就他们，又不能老是这样不和谐，因为要和他们在一起生活三年呢！于波觉得关系疏远不能都怪他们，其实他们也有很多优点，如热情、活泼、有爱心、有特长，如果和他们能够取长补短、共同提高该有多好。于波也觉得自己有时做得不好，只顾自己学习，独往独来，内心深处存在着看不起他们的思想。不能这样下去了，于波决心处理好同学关系，锻炼、提高自己人际沟通能力。他有意识地在气氛比较融洽的场合，和他们推心置腹地谈自己对人生、对大学的理解，对父母、对自己的责任。他态度诚恳、真切，还做了自我批评，检讨自己不够关心室友，只顾自己学习。他不但这样说，而且在行动中注意改正自己的弱点，并主动帮助同学学习。于波的坦诚换来了同学们的回应。三舍108室成为自动化系的先进宿舍，每名同学都感受到大学学习生活的快乐。

宿舍的同学关系有了好转以后，于波的心情也逐渐好转，学习、工作、参加各项活动都特别有劲头儿。系里组织提出入党申请的同学听党课，班级一名学生干部隐隐约约感到于波是自己的竞争对手，于是当老师让他通知于波听党课时，他有意未通知于波。老师发现于波没有来听党课，也没有请假，就把他从非党积极分子的名单中划掉了。当时于波并不知情。过了一段时间，系里又组织非党积极分子开展活动时，于波发现名单里没有自己，就去找老师了解一下情况。老师说他没有听党课，不能做非党积极分子。于波觉得不对劲儿，老师也似乎明白了事情的真相，安慰他以后还有机会。于波从老师面部表情的变化知道事有蹊跷，心中十分恼火。他很有策略地查出老师上一次让谁通知听党课这件事的来龙去脉，然后准备选择一个全班同学都在的场合把这件事挑明，让大家都知道这名同学的为人。可是还没等他这样做，那名同学主动找他承认了错误。这时于波非常矛盾，他觉得如果这样算了，他的气还没消，可是这名同学已经赔礼道歉了。"得饶人处且饶人"这句处世名言让他放弃了原来的想法。于波想人都有糊涂的时候，难免犯错误，只要同学肯改正，就应该给他改正的机会。所以于波原谅了这名同学。两个人在后来的学习生活中，相互帮助，共同进步，还成了好朋友。

在学习生活中，于波体会到坦诚、宽容是获得朋友和建立良好人际关系的关键。这不，他又把自己放到了社会的海洋里，他要通过暑假的社会实践，让自己对人际交往的原则、方法有更深刻的认识和理解。他希望不断提高自己人际沟通的能力，拥有更多的朋友。

### 智慧点睛

在组织中，沟通是一件很重要的事，巧妙的人际沟通容易使成员感到愉快、亲切、随和。巧妙地进行人际沟通能释放和缓解压力，能使大事化小、小事化了，从而起到维护人际关系的作用。

### 思考

（1）你曾遇到过哪些沟通方面的困难？

（2）你都是用什么沟通方式来解决困难的？

## 模块二　心理导航

一个人必须知道该说什么，一个人必须知道什么时候说，一个人必须知道对谁说，一个人必须知道怎么说。

——德鲁克

在人们的日常生活中，沟通无处不在，良好有效的沟通是人们提升工作效率和生活质量的重要手段。只有与人进行良好的沟通，才能被他人所理解；只有与人进行良好的沟通，才能得到必要的信息；只有与人进行良好的沟通，才能获得他人的鼎力相助。一个人只有与他人准确、及时地沟通，才能建立起牢固、长久的人际关系，进而能使自己在事业上左右逢源、如虎添翼，最终取得成功。石油大王洛克菲勒曾说："假如人际沟通能力也是同糖或咖啡一样的商品的话，我愿意付出比太阳底下任何东西都珍贵的价格购买这种能力。”由此可见沟通的重要性。

## 一、沟通概述

人际沟通简称沟通，是人与人之间传递信息、沟通思想和交流情感的过程。按照在信息传递中有无反馈信息，人际沟通可以分为双向沟通和单向沟通。双向沟通是指具有反馈信息的人际沟通，如两个人之间的对话；单向沟通是指没有反馈信息的人际沟通，如电视台播音员和观众之间的沟通。

沟通是人与人之间发生相互联系的最主要的形式。心理学研究发现，人醒着的时候，大约70%的时间都花在沟通上，如与别人交谈、读书、上课、听广播、看电视，都是在进行沟通。沟通的广度和方便度是衡量生活质量的重要方面。沟通不仅直接影响青年学生在校期间的学习、生活，也直接影响其心理健康水平。在现实生活中，许许多多的不愉快、不顺畅、难堪、挫折、失败、不幸，均与缺乏沟通或沟通不成功有关系。

## 二、人际沟通的要素

所有的人际沟通都是由发送者—接收者、信息、渠道、反馈、噪声和环境等要素构成的。在不同情况下的沟通，其构成要素有所不同。

### （一）发送者—接收者

由于人与人之间的信息交流是一种双向的互动过程，所以发送者和接收者只是相对而言，这两种身份能够发生转换。例如，甲和乙是进行人际沟通的双方，当甲发出一个信息给乙时，甲就是沟通的发送者，乙则是沟通的接收者；乙收到甲发来的信息后也会发出一个信息（反馈信息）给甲，此时乙就变成了沟通的发送者，甲就变成了沟通的接收者。在沟通过程中，发送者的功能是产生、提供用于交流的信息，是沟通的初始者，处于主动地位；而接收者则是被告知事实、观点或被迫改变自己的立场、行为等的人，处于被动地位。发送者和接收者两种身份转换的特点对于信息交流有着重要影响。

### （二）信息

信息是由一个发送者—接收者所要分享的思想和情感所构成的。由于不同的发送者往往有着不同的“符号—信息”系统，因而接收者的理解可能与发送者的意图存在偏差。在一种认知体系中，符号是指代一定意义的意象，可以是图形图像、文字组合，也可以是声音信号、建筑造型，甚至可以是一种思想文化、一个时事人物等。

所有的沟通信息都是由语言符号和非语言符号组成的。其中，语言符号用于表示某一个特定事物或思想，如“椅子”代表一件物品；非语言符号即不用词语而进行沟通的方式，如面部表情、手势、姿势和外表等。

### （三）渠道

渠道也称作媒介，是信息经过的路线，是信息到达接收者的手段。语言符号可以有口头和书面两种形式，每一种又可以通过多种多样的载体进行传递。口头语言可以通过面谈、演说、会议、电话、录音带、可视电话等多种渠道传递；书面语言可以通过信件、内部刊物、布告、文件、投影、电子邮件等进行传递。非语言符号通过人的眼神、表情、动作和空间距离等来进行人与人之间的信息交流。

(四) 反馈

反馈是指接收者把收到并理解的信息返回给发送者，以便发送者对接收者是否已经正确理解信息进行核实。反馈可以让沟通的参与者知道他们所分享的思想和情感是否按照他们计划的方式发送出去，能够让双方真正地把握沟通的有效性，有助于提高沟通的准确性，减少出现误差的概率。因此，为了检验信息沟通的效果，反馈是必不可少和至关重要的。

(五) 噪声

噪声是影响发送者准确解释心理和接收者准确理解信息的障碍。噪声发生在发送者和接收者之间，它分为外部噪声、内部噪声和语义噪声三种形式。

(1) 外部噪声。是指来源于环境的阻碍接收和理解信息的各种因素。例如，和亲密朋友推心置腹地交流时，周围突然发出的高声呼叫。

(2) 内部噪声。是指来自沟通主体身上的阻碍因素，如注意力分散、存在某些信念和偏见等。

(3) 语义噪声。是指沟通的参与者之间的信息符号系统差异所产生的阻碍因素。人的个体差异通常会导致其内在的信息符号代码系统不能与他人的完全一致，因此也就在客观上留有产生系统差异噪声的可能性。

(六) 环境

环境是沟通发生的地方，能对沟通产生重大的影响。正式的环境适合于正式的沟通。例如，礼堂是演讲和表演的好地方，但对于交谈并不理想。人们经常根据沟通的目的选择沟通地点，因为在不同环境下，沟通效果是不一样的。例如，许多年轻人喜欢在大排档用餐，因为他们喜欢热闹，在那种嘈杂的环境中谈天说地，不用顾及很多；而在高档酒楼里用餐时，虽然比较舒适，但要顾及餐桌礼仪，远不及在大排档自由。

## 三、大学生的人际沟通

沟通是人类的基本需求，人只有在不断地与他人沟通中才能促进个性发展，有利于心理健康。一个人在走向成功的过程中，建立良好的人际关系至关重要，而沟通是建立人际关系的基础。大学生正处在学习知识、了解社会、探索人生的重要发展时期，他们的主要活动都是在与人沟通的过程中进行与实现的。

知识窗

人际交往中非语言沟通技巧

（一）大学生人际沟通的特点

大学生，特别是大学新生，由于与人沟通和相处的经验较少，在处理人际关系方面的问题时会感受到一定的压力。一方面，大学生对建立良好的人际关系有极大的渴望，希望通过沟通建立和谐、友好、真诚的人际关系；另一方面，他们由于缺乏正确的沟通态度和技巧，又常常事与愿违。

1. 沟通意愿较强

进入大学开始独立生活后，许多大学生在人际沟通方面逐渐独立起来，而且与异性沟通的愿望也逐渐增强。大学生在沟通过程中情感成分多、功利色彩少，同学之间虽然也有竞争，但是相对来说没有那么激烈，彼此间很珍视友谊。

大学生中善于沟通的学生被称为人缘型学生，他们表现出这样一些人格特征：尊重别人，关心别人，有同情心，对同学一视同仁，待人热情，开朗，有责任感，忠厚，诚实，谦虚，独立，兴趣广泛。但是，也有些人缘不好的学生，被称为嫌弃型学生。这类学生的人格特点表现为：以自我为中心，不为别人着想，缺乏责任感，把自己置于集体之外，不尊重别人，支配欲强，对人冷淡，孤僻，不合群，情绪不稳定，自命不凡，敏感，气量小，爱嫉妒，懒散，不求上进，兴趣贫乏。

2. 沟通方式网络化

在当今中国网络迅速发展的大潮中，成千上万的大学生走进了计算机网络构建的虚拟社会。在这个以网络为基础的跨地域、多媒体的信息平台上，大学生获取到课堂和课本以外的知识和信息，加强同世界的沟通和人际交往。上网学习、娱乐、沟通信息、交流情感，成为大学生课余生活的新时尚。

沟通方式网络化应该得益于网络本身所具有的独特魅力。网络能让使用者产生亲密感、无时空感和无压抑感，而这种力量是其他任何事物都不曾有过的。首先，网络为大学生拓宽了一条信息来源和沟通的渠道。在信息社会，谁能更快、更多地掌握信息，谁就会在竞争中获得主动权。为快捷、高效地获取所需信息，大学生就会求助于网络。其次，网络扩大了大学生的社交范围和沟通对象，满足了人类渴望参与、合群的原始动力。那些在现实生活中有着重重顾虑的大学生可以在此尽情地发泄情感，畅所欲言，并轻而易举地找到自己的“归宿”。借助网络聊天，他们可以舒缓现实中的压力，同时可以使自己变成一个变幻莫测、魅力无穷的形象。网络聊天时，他们不需和交谈对象面对面，甚至听不到声音，只是通过文字来表达，因此可以把自己很好地伪装起来。躲在网络这样一个虚拟的屏障后面聊天，他们能够拥有较多的安全感，有助于释放自我。

（二）大学生沟通中存在的问题

人际沟通能力是现代人不可缺少的重要能力之一。与人沟通和相处的问题不是大学生独有的，但这一问题在有些大学生中的表现却有特殊性。

## 案例分享

### 紧张的寝室关系

中午吃完饭，正是大家午睡休息的时间，忽听啪的一声，陈思摔门而去……接着1号楼505寝室里又传出了一片吵闹声。隔壁寝室的同学似乎对此已经司空见惯，甚至没人出来看一眼劝解劝解，只是说了句："一天到晚这样，还有完没完了？"这是怎么回事？本是同一屋檐下的四个姐妹，她们究竟怎么了？

这个寝室里住着四个女生：三个是独生女（即来自大连的王婷，来自沈阳的陈思，来自锦州的许多多）；还有一个叫张盈盈，不是独生女，她有一个妹妹。刚上大一的时候，四个人还能和睦相处，可是时间长了，彼此之间的矛盾也逐渐凸显出来。

王婷、陈思依赖性很强，又都来自大城市，老是玩儿在一起，是505寝室比较引人注目的一对组合。王婷的个性高傲，从不承认自己的毛病，即使被人明确指出存在的问题，她也是"死鸭子嘴硬"，并且极力攻击这个指出她毛病的人。陈思又是直性子的人，有问题就要当面讲出来，因此她们之间常常战争不断。比如，王婷有时吃饭会发出吧唧的声音，陈思很不喜欢，她说："婷，吃饭的时候能不能小声点，我知道你吃得很香，别让我妒忌呀！"这对于陈思来说已经是极为婉转的表达方式了，可王婷的脸还是迅速地沉了下来，说道："你吃饭的时候能不能不说话呀，就像上辈子没吃过饭似的，生怕别人抢了你的！"不用说，两个人虽然是好朋友，但一场争吵又在所难免。不过出问题的还不只是这两个人，张盈盈就曾与其他室友冷战过很长时间。她是长女，脾气比较大，有时会无端迁怒于别人，让人很难适应。有一次，因为一点儿小事把室友集体惹恼了，她们冷战了两个多礼拜，其他三人谁都不跟她说话，当她不存在。一开始她还很强硬，死不悔改，就是不肯认错。最后寝室长许多多也生气了，一状告到学生办公室。老师找张盈盈谈话，告诉她要学会处理人际关系，做事不能只考虑个人。张盈盈的态度终于有了较大转变，主动要求和好，态度极其谦卑，然而，其他三人心里仍然不谅解，心想："早干吗来着，这么敬酒不吃吃罚酒的……"

寝室长许多多是本地人，也是505寝室的核心。刚入学时，在很多事情上，其他三个人习惯以她马首是瞻，慢慢就使她养成了说一不二的习惯，而她又特别挑剔，经常为一些小事和室友闹得不可开交。许多多住在陈思的上铺，人又有点儿胖，在上面翻转摇晃床的幅度比较大，使陈思感到很烦。但由于许多多周末或没课的时候经常回家，住校的时间不太多，陈思也就不太计较了，两个人平时倒也相安无事。但有一次考试的前一天晚上，陈思因心情不太好在床上翻转的次数多了一点儿，许多多就显得十分生气，说："虽然我知道你不是故意的，但是你的行为已经对我造成了困扰，希望你注意。"陈思本来就很烦躁，一下也倒出自己忍了很久的怨气："你也不看看你每天翻了多少次，对我造成的困扰有多少……"王婷也早就不满许多多平时说一不二的作风，劝解的言语也有指责许多多的意味，结果争吵的声音越来越大。那时正是夜深人静的时候，惊动了隔壁寝室不说，搞得一层楼的人都没法休息，直到楼下的宿管阿姨上来调节，这场争吵才算平息下来。但是陈思等三人的心里却仍在嘀咕：把我们的温和看作软弱、友善看作无能，真不知道她是怎么想的……

### 案例解析

“寝室像家一样温馨”是我们对自己寝室生活的理想向往，然而，对一部分学生来说，收获的恰好是相反的方面。他们认为，寝室里多的是冷嘲热讽、钩心斗角，少的是相互欣赏、相互宽容。寝室是每天校园生活的出发点和归宿，住于斯、衣于斯、食于斯，其间过得如何，对每名学生都会产生举足轻重的影响，继而深刻作用于他们的心灵。505 寝室的四个人本应该亲如姐妹，现在却似乎成了冤家对头。但愿她们都为和谐的寝室生活做出努力，这样才能过得快乐而无忧。

请同学们思考一下：505 寝室的四个人之间的相处之道出现了什么问题？

1. 缺少沟通技巧

有些大学生虽然渴望沟通，但由于沟通方法欠妥、沟通能力有限、存在个性缺陷或沟通心理障碍等，他们在沟通过程中既不了解自己，也不了解别人，最终导致沟通失败。长期的沟通失败，使得这些大学生把沟通看成一种负担，渐渐变得自我封闭。

2. 沟通圈子较窄

值得注意的是，大学生与同等文化知识水平的人沟通较多，与其他阶层的人沟通较少。从大学生自身的成长来讲，他们需要多与社会各阶层人士接触，如工人、农民等，这样才能在社会发展中找到自己的位置。尽管有的大学生出身于工人、农民家庭，但大多较少从事家庭生产劳动，缺少真正融入大众的生活体验。大学生在沟通中出现的一些问题（如轻信他人、偏执、妄自尊大等）都与他们社交面过窄、对自我缺乏正确认识有关。因此，适当地参加生产实习、社会实践、支教活动、志愿者活动等，有助于提高大学生的沟通能力，拓宽大学生的交往范围。

3. 与父母沟通较少

有人认为，高中生因为面对高考压力和父母对其学习成绩的严格要求，所以与父母的沟通易出现障碍，而大学生的生理与心理都已接近或达到成熟，与父母交流理应比高中生顺畅。但现实情况却并非如此。许多大学生仍然对父母有一种抵触的情绪，他们大都反对父母的教育方式，难以忍受父母对他们的不理解。

大学生不愿与父母交流，有他们自身的原因。进入大学以后，大学生的心理会发生很大变化，有学习成绩下降带来的落差感，有陌生环境带来的孤独感，也有缺乏交往能力导致的失落感。另外，现在的大学生多是在被过度关心的环境里成长起来的，他们对父母缺乏关心和理解，在处理与父母沟通的问题上，经常以自我为中心，导致两代人交流困难。

## 四、沟通能力培养

当今社会，竞争越来越激烈，和外界打交道的机会越来越多，单位也更加重视员工的交际与沟通能力。大学生马上要从校园走上职场，掌握良好的沟通能力是他们走向成功的必要条件。

### （一）培养成功沟通的心理品质

#### 1. 克服沟通中的心理障碍

在人际沟通的过程中，由于不良心理作祟，造成沟通难以维持的现象在大学生中并不少见。常见的沟通心理障碍有羞怯、自卑、猜疑、嫉妒、自负等。羞怯使人羞于与陌生人打交道，害怕变换环境，在沟通中由于紧张不安而难以充分表达自己的意见；自卑使人在沟通中首先怀疑自己的沟通能力，因担心被人瞧不起而在沟通中畏首畏尾，遇到一点挫折就怨天尤人，自我贬损；猜疑是沟通的拦路虎，正常的沟通因疑心作祟而产生裂痕，甚至发展为对立；嫉妒使人心胸狭窄、鼠目寸光，导致沟通关系难以维系；自负使人傲气轻狂、居高临下，过分相信自己而使周围的人与之疏远。因此，要保持正常的人际沟通，必须努力克服以上不良心理。

#### 2. 培养良好的人际沟通心理品质

要保证人与人之间进行正常的沟通与互助，除了沟通情境的因素外，更需要具备一定的心理品质。良好的沟通心理品质是大学生提高沟通技术、取得较好沟通效果的前提。成功沟通的心理品质包括真诚、热情、自信、谦虚、谨慎、宽容、助人、理解。真诚能使沟通的双方心心相印、肝胆相照，能驱散误会；热情给人以温暖，促进人与人的相知，增加人际吸引力；自信能使人主动积极沟通，表现得从容不迫，落落大方；谦虚使人常常看到自己的不足与他人的长处，从而取长补短，不断完善；谨慎不是拘谨，而是有选择地沟通；宽容是指承认人与人之间的差异，尊重他人的存在方式；助人就是给对方提供帮助、支持；理解是人际沟通的基础，沟通的双方能把自己置于对方的位置去认识、体验和思考，能设身处地为别人着想，将心比心时就会理解别人的感情和行为，从而改善待人的态度。以上良好的心理品质能增加人与人之间的吸引力。

### （二）提高沟通技巧

想做一个沟通高手，必须掌握沟通的技巧。常用的沟通技巧包括听、说、读、写。在这些技巧中，听是基础，但也是训练最少的。

#### 1. 学会倾听

许多人错误地认为沟通就是要不断地表达、不停地说话，事实上也是多数人都喜欢说，不喜欢听，关注的是说，忽略的是听。现代生活节奏的加快，使人们越来越缺乏倾听的耐心。倾听是一种艺术，巧妙地聆听他人的态度能够使对方觉得受到重视及肯定。懂得并善用倾听艺术的人，会处处受人欢迎。

影响倾听效果的原因有很多，比如是不是集中注意力、心情好不好、倾听时的位置、倾听的目的等。要做到有效的倾听应注意以下几点。

（1）切勿多话。同时进行说和听并不容易，经常插话会使人们漏掉对方话语中许多重要的东西，也会让对方觉得没有人真正地关注他的讲话。而且，要通过听来了解对方真正需要的是什么，说得太多会使交谈难以继续。每个人都有自己的特长，每个人至少有一个喜欢谈论的话题，用耳朵比用嘴巴更能赢得友谊和尊重。给朋友最好的礼物，有时是把耳朵“借”给他们，切勿多言，懂得倾听。

（2）真诚关注。倾听并不是只听不说，必须满怀热情地、专心地去听，不要东张西望、心不在焉或手里忙着其他事情，要注意不时地做出一些言语和表情上的反应，表示对他人的话题感兴趣。平时面对别人说话，要保持视线交流，因为眼睛可以传神，表情也可以传递信息。比如，当对方没有兴趣的时候，他眉头皱一下，你可能就不想讲了；对方要是睁大眼睛，非常想听，你就会很想继续说下去，即使对方什么也没说，对你也是很大的鼓励。如果不用眼睛，背对背交流，只听声音，他人会越讲越没有兴趣。这是为什么呢？因为他们没有得到回应。所以，要用耳、用心、用眼去真诚地关注对方，注意对方的姿态、态度，根据场合调整自己说话的声调。

（3）话要听全，切勿急于评论。应该在确定知道对方完整的意见后再做出反应，即使对方停下来，也并不表明他们已经说完了想说的话。所以要有耐心听全对方的话。

（4）对事不对人。对方也许有令人反感的态度，但是应注意的是对方说话的内容，即使是仇人说的话中也有值得听的事实。

倾听是理解的前提。人的耳朵是通往心灵的大道，认真听对方讲话就是对他的赞誉，表明你很看重他的观点，这样就迈出了增进友谊的第一步。

2. 交谈的艺术

语言交谈方式是多种多样的，任何一句话都可以有不同的说法，所谓“一句话可以让人笑起来，一句话也可以让人跳起来”，说法不同，效果便截然不同。下面主要介绍在交谈中应注意的几个问题。

（1）寻找共同点。这是交往中对对方的最初接纳，也是一种最基本的沟通技巧，特别是用在和陌生人的第一次交往中非常有效。寻找共同点就是寻找和对方共同的话题、共同的爱好、共同的看法等相同点，从而使对方认同自己，产生一种最初的共情。比如，双方都是音乐爱好者，或都喜欢足球，或都喜欢吃辣的，或都是浙江人，等等。在最初的交流中，即使是一点点的相同也会给双方带来惊喜和共鸣。

掌握这一技巧的分寸很重要。如果毫无诚心、随口胡编，甚至不分场合、不分对象，说些与自己年龄和身份不相符的话，不但起不到沟通的作用，反而会影响自己的形象。

（2）同理心。人际沟通的关键是能否用“同理心”来认识和处理问题。同理心是心理咨询的术语，也叫同感、共情，指能从对方的角度看问题，能设身处地考虑对方的感受和需要。同理心可分为初级同理心和高级同理心。初级同理心指个体从思想上理解对方的思想和行为；高级同理心指个体不仅可以从对方的立场考虑问题，而且能站在对方立场上感受这件事所带来的情绪体验，并在交往中自觉地把这种体验用语言或非语言的方式传递给对方。

同理心对于交往很重要，它会帮助我们进一步理解别人。通过同理心，人们把自己和对方融合在一起。但对别人有同理心并不是一件容易的事，它要求一个人对自己很敏感，能够清晰地从自己的经历中找到与别人相似的经历，并能将这种经历与具体的情绪反应联系起来，从而体验到别人的情绪状态，且在同对方说话和做事时，很有分寸地向对方表示自己的理解和同情。

生活中，人与人之间的误解和问题常常源于人们缺乏同理心。如果在交流中，每个人能处处体会到对方的心情，能设身处地为对方着想，又怎么会不受欢迎呢？

（3）真诚赞美。赞美对不少人来说是需要学习的。学习称赞别人，会使人们获得不少朋友。“满招损，谦受益”，称赞别人，表明你是一个谦虚的人，是一个胸怀宽广的人，是一个见多识广的人。人们都需要得到欣赏和赞美，这是人的一种心理需求。当人们得到他人的称赞，会感到愉快和自信，感到自己是个有用的人，人们会在心中想念与称赞他们的人在一起时的自信感受，并继续与之交往下去。

但是赞美别人和拍马屁、奉承是不同的。赞美别人是智者的行为，是真诚的；而奉承、拍马屁，都是小人所为，是为了获取私利，是虚伪的。

① 赞美应出于真诚。不真诚的赞扬，给人一种虚情假意的印象，或者被认为怀有某种不良目的，被赞扬者不但不感谢，反而会讨厌。言过其实的赞扬，不能实事求是，会让受赞扬者感到窘迫，也会降低赞扬者的威信。虚情假意的奉承对人对己都是有害无利的。

② 赞美要不失时机。要随时随地去发现朋友、同学身上的特点，如果真心喜欢这些特点，就要抓住时机，积极反馈。要细心留意他人的表情、动作、所说的话和所做的事，然后找准时机赞美他人。赞美的时机多种多样，如当时、事后、大庭广众之下、两人独处之时等。但一般以当时赞美为好，当众赞美为好。

③ 力争是第一发现。你所发现的对方的特色、潜能、优势最好是之前没有人发现的，甚至是连他自己也没有发现的特点。这样你的赞扬会使他恍然大悟，瞬间增强自信，从而对你产生好感。

④ 与对方的内心好恶相吻合。他自己认为的缺点且内心极为厌恶的，却被你夸奖，这会令他人无法接受。如果你赞美某个朋友像电影明星，而他恰恰讨厌这个明星的相貌或性格，那你的赞美就适得其反。

⑤ 寻找对方最希望被赞美的内容。每个人都有自己独特的优势，对于自然优越的地方，他们固然盼望得到别人公正的评价；但对于那些还没有自信的地方，尤其喜欢得到别人的恭维。例如，有些女孩子喜欢听别人称赞她的智力，如果她的智力又不是太差，那么你的称赞一定会使她雀跃无比。

⑥ 间接恭维。引用他人的评价，对某个朋友、同学过去的事迹（也就是既成的事实）加以赞美，被称为“间接恭维”。这证明你对他的成绩、声誉有所了解，对方会欣然接受你的亲切与热情。

⑦ 背后赞扬。在背后赞扬别人，是一种至高的技巧，因为人与人之间难得的就是背后能说好话，而不是坏话。如果朋友知道你在他被别人非议时挺身而出、主持公道，一定会非常的感激。

⑧ 引其向善的赞美。赞美与谄媚、奉承、拍马屁的区别就在于“引其向善”。你希望对方拥有哪些优点，巩固哪些优点，你就要发现这些优点并及时予以鼓励。对方的自尊心受到激励后，会朝你赞许的方向努力。

⑨ 含蓄性的赞美。过直、过露的赞美时常会令对方感到不适和肉麻，委婉、含蓄的赞美同样可使人迷醉。言语本身含有多方面的意思，可做多种解释。比如，你赞扬他人：“你的眼睛好漂亮!”如果事实并非如此，这便成了一种讽刺。所以，如果此时说“你很有气质”，则会产生较好的效果。

⑩ 直观性赞美。初次相识时，可较多地使用这种方法。从表面的饰物入手，对其衣着、装饰等具体事情予以适度赞美，会让对方感到轻松、自然、亲切，从而使气氛活跃起来。

（4）学会拒绝。良好人际关系的建立并不意味着要一味地迎合对方，人际沟通中适当地拒绝也很重要。因为每个人的能力都是有限的，每个人也都有各自的喜好，如果盲目地顺从对方，会使这种交往变成一种负担，给自己造成不必要的压力。有不少大学生在和朋友交往中，怕朋友说自己小气、不讲义气等，对朋友要求的事不敢拒绝，结果自己做起来又非常吃力，或者根本难以做到，反而造成心理紧张。所以，适当的拒绝是必要的。

怎样拒绝是一门艺术。人们之所以拒绝对方，总有一些不得已的原因或困难，而对方并不一定知道。因此，我们不妨直接清楚地说出自己的难处，寻求对方的理解。但有时没有时间解释或实在不便解释，面对这种情况，就可以用一些委婉的、巧妙的语言来化解。比如说，对方邀请你参加郊游而你不想去时，你可以这样说：“真想和你一起痛痛快快地玩一玩，可惜我手头有一些重要的事要做，否则我不会放弃这么好的机会的。”

为了长远、有效地发展人际关系，在我们做不到的时候，我们要学会说“不”。这时的拒绝不会使你失去朋友，反而会让朋友觉得你很诚实、可靠。但请记住，必须表达否定的时候，一定要尊重对方，说话要恰当、得体，让对方容易接受。

（5）幽默。它是一种人生态度，更是一种生存技巧。幽默的性情能使人放松心情，减轻压力，增强愉悦感，提高生活满意度。在与人交往中，如果你使用幽默的语言，往往会让别人对你产生兴趣。而且，幽默可以启发你和别人的智慧。或许你会说自己天生缺乏幽默感，但没有人注定是严肃刻板的，幽默感可以训练和培养。怎样训练、培养自己的幽默感呢？

首先，你要认识幽默的特质和它的源泉，在内心里期望它成为你人格的一部分。

其次，保持愉快的心情。如果一个人总是不开心，心情抑郁，那么他很难产生出让人快乐的幽默感。

再次，使自己的胸怀开阔，去接触不同的人和事，让心灵充满阳光。只有胸怀宽广的人才能给自己和别人带来快乐。

最后，积累幽默的素材。如果你不是那种随时随地可以展示幽默的人，你可以在平时多看些有趣的故事、笑话，从中体会幽默的感觉，时间长了，你自然会从中获得一些启示。

# 模块三　心理训练

## 训练一　人际沟通自测

### 一、训练目标

（1）引领学生探索自己的人际沟通技巧。

（2）检测个人人际关系要点，探讨总结训练方法。

### 二、适用对象

大学任一年级的学生团体。

### 三、适用人数

人数不限。

### 四、适用场所

室外、室内均可。

### 五、材料

笔。

### 六、活动时间

90 分钟。

### 七、活动程序

（一）测试：你善于沟通吗（时间：20 分钟）

1. 测试题

请认真完成下面的测试题，请你将符合自己实际情况的选项填在相应的括号内。每道题只能选择 A，B，C，D 中的一个选项。

（1）在你说明自己的重要观点时，别人却不想听，你会（　　）。

A. 马上气愤地走开

B. 不再说下去，但可能会很生气

C. 等等看还有没有说的机会

D. 仔细分析对方不听自己说的原因，找机会换一种方式去说

（2）参加同学聚会回来，你很高兴，而你的朋友也对聚会的情况很感兴趣，这时你会（　　）。

A. 详细述说从你进门到离开时的聚会情况，以及所看到和感觉到的相关细节

B. 说些自己认为重要的内容

C. 朋友问什么就答什么

D. 感觉很累了，没什么好说的

（3）你正在主持一个重要的会议，而你的一个下属却在玩弄他的手机并弄出声音干扰会议现场，这时，你会（　　）。

A. 幽默地劝告下属不要玩手机

B. 严厉地叫下属不要玩手机

C. 装作没看见，任其发展

D. 给那位下属难看，让其下不了台

（4）你正在跟老板汇报工作时，你的助理急匆匆地跑过来说你有一个重要客户的长途电话，这时你会（　　）。

A. 说自己正在开会，稍后再回电话过去

B. 向老板请示后，去接电话

C. 说自己不在，叫助理问对方有什么事

D. 不向老板请示，直接跑去接电话

（5）去与一个重要的客人见面，你会（　　）。

A. 像平时一样随便穿着

B. 认为只要自己穿得不要太糟就可以了

C. 换一件自己认为很合适的衣服

D. 精心打扮一下

（6）你的一位下属已经连续两天下午请了事假，第三天上午快下班的时候，他又拿着请假条过来说下午要请事假，这时你会（　　）。

A. 详细询问对方因何事要请假，视原因而定

B. 告诉他今天下午有一个重要会议，不能请假

C. 很生气，什么都没说就批准了他的请假申请

D. 很生气，不理会他，不批假

（7）你刚应聘到一家公司就任部门经理，上班不久，你了解到本来公司中就有几

个同事想就任你的职位，老板不同意，才招了你。对这几位同事你会（　）。

A. 主动认识他们，了解他们的长处，争取成为朋友

B. 不理会这个问题，努力做好自己的工作

C. 暗中打听他们，了解他们是否具有与自己竞争的实力

D. 暗中打听他们，并找机会为难他们

（8）与不同身份的人讲话，你会（　）。

A. 对身份低的人，总是漫不经心地说

B. 对身份高的人，总是有点紧张

C. 在不同的场合下，用不同的态度与之讲话

D. 不管是什么场合，都用一样的态度与之讲话

（9）听别人讲话时，你总是会（　）。

A. 对别人的讲话表示感兴趣，记住所讲的要点

B. 请对方说出问题的重点

C. 在对方老是讲些没必要的话时，立即打断他

D. 在对方不知所云时，感到很烦躁，就去想或做别的事

（10）在与人沟通之前，你认为比较重要的是应该了解对方的（　）。

A. 经济状况、社会地位

B. 个人修养、能力水平

C. 个人习惯、家庭背景

D. 价值观念、心理特征

2. 评分方法

题号为 1，5，8，10 的测试题，选 A 得 1 分、B 得 2 分、C 得 3 分、D 得 4 分；其余题号的测试题，选 A 得 4 分、B 得 3 分、C 得 2 分、D 得 1 分。将 10 道测试题的得分加起来，就是你的总分。

3. 结果分析

（1）总分为 11~20 分。因为你经常不能很好地表达自己的思想和情感，所以你也经常不被别人所了解；许多事情本来是可以很好解决的，正是你采取了不适合的方式，所以有时把事情弄得越来越糟；你需要严格地训练自己以提升沟通技能。但是，只要你学会控制好自己的情绪、改掉一些不良的习惯，随时可能获得他人理解和支持。

（2）总分为 21~30 分。你懂得一定的社交礼仪、尊重他人；你能通过控制自己的情绪来表达自己，并能实现一定的沟通效果；但是，你仍有较多地方需要提高，缺乏高超的沟通技巧和积极的主动性，许多事情只要你继续努力一点，就可以获得成功。

（3）总分为 31~40 分。你很稳重，是控制自己情绪的高手，所以他人一般不会轻易知道你的底细；你能不动声色，有很高的沟通技巧和人际交往，你能明确意识到自己性格方面的不足，如果能努力优化不足之处，定能取得更好的成绩。但要记住：沟通艺术无止境。

4. 讨论与分享

请你看一看人际沟通自测结果是否符合你的人际沟通现状。你的人际沟通技巧是属于哪个段位的？有哪些方面想要提高的？想怎样提高自己的人际沟通技巧？

（二）改善人际关系检查表（时间：60 分钟）

1. 活动实施

借助卡耐基的“改善人际关系检查表”（见表 5-1），尝试自我训练和检查。

**表 5-1　改善人际关系检查表**

| 检查要点 | 训练方法 |
| --- | --- |
| （1）你是否具有只要自己在场，就带给周围人喜悦心情的愿望 | |
| （2）你是否了解朋友的喜好与需求，并乐于满足他们 | |
| （3）你是否无微不至地关心与照顾别人 | |
| （4）你是否经常用积极的行动来帮助别人 | |
| （5）你是否在交往时既真诚又谨慎 | |
| （6）你平时是否主动留意交往对象的个性、经历、兴趣、家庭等情况 | |
| （7）你是否注意他人的交往技巧 | |
| （8）你受托于人时能否尽心竭力，不辜负他人信赖 | |
| （9）你能否做到不轻率地应诺他人，但一旦应诺则鼎力相助 | |

2. 讨论与分享

将自己有针对性的训练方法在小组内进行讨论，并在全班分享。

（三）活动结束（时间：10 分钟）

小组成员交流第一次团体心理训练的感受和体会，然后汇总团体的反馈，并约定第二次团体心理训练的时间、地点等。

## 训练二　倾听有礼

### 一、训练目标

（1）让学生在游戏中体验竞争和被淘汰的残酷，感受合作的力量。

（2）让学生学会有效的倾听技巧。

### 二、适用对象

大学任一年级的学生团体。

### 三、适用人数

人数不限。

### 四、适用场所

室外、室内均可。

## 五、材料

“听我说”活动材料：笔、若干套卡片（每套三张，如图 5-1 所示）。

| |
|---|
| 卡片一<br>选择一个你感到很幸福的话题（可以是你的生日，也可以是你生活中得到他人帮助的一段经历），并向你的伙伴讲述两分钟。 |

| |
|---|
| 卡片二<br>当你的伙伴在讲话时，用身体语言或打岔等行为表示你没有认真倾听对方讲话。 |

| |
|---|
| 卡片三<br>通过你的手势、身体语言、应答或赞同等表现出你对对方的讲话非常有兴趣，是一位积极的倾听者。 |

**图 5-1　卡片**

## 六、活动时间

90 分钟。

## 七、活动程序

（一）大树与松鼠（时间：40 分钟）

1. 活动导入

愉快、广泛和深刻的心理交往有助于个人的个性发展与健康。心理学家研究发现，如果一个人长期缺乏与别人的积极交往，缺乏稳定而良好的人际关系，这个人往往就有明显的性格缺陷。例如，在青少年心理咨询中发现，绝大多数青少年的心理危机都与缺乏正常的人际交往和良好的人际关系相联系。接下来，让我们一起体验一下令人愉快的人际交往吧。

2. 活动实施

（1）三人一组。两人扮大树，面对面而立，伸出双手围成一个圈；一人扮松鼠，并站在两人中间。心理行为训练员或其他没成对的学生担任临时人员。

（2）心理行为训练员喊“松鼠”，大树不动，扮演松鼠的人就必须离开原来的大树，重新选择其他的大树；心理行为训练员或其他临时人员扮演松鼠并插到大树当中。最终落单的人要表演节目。

（3）心理行为训练员喊“大树”，松鼠不动，扮演大树的人就必须离开原先的同伴重新找人组成一对扮演大树，并圈住松鼠；心理行为训练员或其他临时人员此时扮演大树圈住松鼠。最终落单的人要表演节目。

（4）心理行为训练员喊“地震”，扮演大树和松鼠的人全部打散并重新组合，扮演大树的人也可以扮演松鼠，扮演松鼠的人也可以扮演大树；心理行为训练员或其他临时人员亦插入队伍当中。最终落单的人要表演节目。

3. 注意事项

（1）要有足够大的活动空间，便于“松鼠”“大树”跑动变化。

（2）本活动人数越多效果越好，出现无家可归的“松鼠”和没有“松鼠”的“大树”均被认为是淘汰。

4. 讨论与分享

心理行为训练员要关注多次被淘汰的“松鼠”和“大树”，可以请他们交流被淘汰的原因及心理感受，再请所有同学轮流分享活动感受。

（二）听我说（时间：40 分钟）

1. 活动导入

怎样才能建立良好的人际关系？沟通是第一步。按照通俗的说法，好的沟通能力代表着良好的人缘。只有与其他人进行有效的沟通，你才能了解周围人的性格品德，才能了解对方的内心世界，使自己在日常生活中不至于经常碰壁，并善于与其他人相处。

2. 活动实施

（1）首先将成员分成两人一组，并请他们面对面落座。分别发给他们卡片一和卡片二，请他们按卡片上的要求去做，并嘱咐他们不要让对方知道自己卡片上的内容。

（2）游戏进行两分钟后，持卡片一的成员将卡片交给自己的伙伴。

（3）将卡片三发给手中已经没有卡片的成员，请他们按新卡片上的要求去做。游戏进行两分钟后，组织成员进行讨论。

3. 讨论与分享

如何知道你的伙伴是否在认真倾听？你的伙伴是好的或不好的倾听者时，你有什么感觉？对方的表现对你的讲话有什么影响？你认为积极的倾听行为是什么？

训练三

沟通合作

（三）活动结束（时间：10 分钟）

小组成员交流第二次团体心理训练的感受和体会，然后汇总团体的反馈，并约定第三次团体心理训练的时间、地点等。

# 模块四　资源共享

推荐阅读

孔子和弟子颜回

影片赏析

《美丽心灵》赏析

# 第六单元　谈情说爱：探索两性亲密关系

【心寄语】

爱情不会因为理智而变得淡漠，也不会因为雄心壮志而丧失殆尽。它是第二生命；它渗入灵魂，温暖着每一条血管，跳动在每一次脉搏之中。

——艾迪生

什么是爱情？爱情是大自然的珍宝，是欢乐的宝库，是最大的愉快，是从不使人生厌的祝福。

——查特顿

【心探索】

爱情的产生大多建立在恋爱之上，那么什么是恋爱呢？恋爱是异性之间在生理、心理与环境因素交互作用下互相倾慕和培养爱情过程的思想观念。在现今高校生活中，大学生谈恋爱已是很普遍的现象。目前，在校大学生的年龄在 20 岁左右，是法律上的合法的公民、生理上的成年人。他们不仅受到法律的保护和约束，而且在性心理和性生理上都处于成熟时期。随着社会的不断发展，大学生的恋爱行为由秘密转为公开，他们平时会谈论自己的伴侣，讲述自己的恋爱故事。在学校的各个地方，诸如教室、食堂、操场等公共场所都能看到热恋的情侣，但仍有许多人对爱情充满疑惑或因此受到伤害，所以本单元将主要探索“爱情”之谜。

## 模块一　心理故事

### 故事一

#### 爱情去哪儿了

佳虽然没有惊为天人的外表，却是一个蕙质兰心、长相十分甜美的女孩。步入大学生活的这段时间里，她虽没有谈过恋爱，但也过着陶情适性的日子。升入大三后，辉的出现打乱了佳平淡的生活。

辉第一次的真情告白并未能赢得佳的芳心。遭到佳拒绝之后的辉不仅没有选择放弃，从那天之后，便每天送佳一支玫瑰花。刚开始时，佳很不适应并且很反感，但辉仍每天默默坚持着，时间久了，佳便也习以为常了。同宿舍的姐妹开玩笑地说："佳被这么痴情的男生追，真让人羡慕死了。"即使是假期的到来也没能阻止辉的行动。寒假过后返校的佳，刚到宿舍楼下就被宿管阿姨叫住，宿管阿姨拿出一大堆枯萎的玫瑰，说是一个叫辉的男孩送的。这时佳的心里产生了一种莫名的感觉。

转眼就到了暑假，佳在学校附近找了一份工作，每天形单影只时总会想起辉，后来慢慢地她发现自己越来越期盼玫瑰花的到来，但是辉不曾主动找过她，只是将花送到宿舍楼下就离开了。就这样辉坚持送了一年的玫瑰花，从未间断过。直到有一天，在佳上完晚自习回宿舍的路上，辉忽然出现，送上一捧玫瑰对佳说："这一年的时间我相信你能看到我对你的真心，和我在一起吧！"这一次，佳同意了。这段浪漫的爱情故事成为学校风靡一时的童话。

可好景不长，没过半年，两人的感情就难以维系下去了。辉变了，他开始追求别的女孩。尽管佳对辉很好，可是仍旧未能挽回辉对她的爱。失恋后的佳整日以泪洗面，心里总是存着一丝不甘心：全校都知道我们的爱情，他为什么突然不爱我了？难道是我做错什么了吗？

## 智慧点睛

这样的结果到底是谁的错？其实，这两个人都有错。黑格尔曾说：爱情确实有一种高尚的品质，因为它不只停留在性欲上，而且显出一种本身丰富的高尚优秀的心灵，要求以生动活泼、勇敢和牺牲的精神和另一个人达到统一。从心理学的角度讲，爱情包含三方面的成分：性欲成分、情感成分和认知成分。以性欲成分为主的爱情是热烈的，虽轰轰烈烈却也如白驹过隙般转瞬即逝。以情感成分为主的爱情是浪漫的，但浪漫如薪火，总有烧尽的那一天。而以认知成分为主的爱情，是建立在相互了解、理解并认同的基础上，这样的爱情才是醇厚且细水长流的。理论上说，不管是由哪种因素引起的，也不管是以哪种成分为主的，只要是爱情，并已被男女主体强烈地体验到的，就都是宝贵的，也是值得被珍惜的。但是，事实上，由于各种诱发因素性质的不同，结果也不尽相同。令辉爱上佳的，也许是佳的容貌、气质，又或者是辉在雄性激素的刺激下产生的征服欲、占有欲。令佳爱上辉的，也许是佳对浪漫的憧憬、对被爱的渴望，又或者是在被追求下而产生的虚荣及长时间没经历过恋爱的寂寞。在辉对佳长达一年的爱情追逐中，只有鲜花，却没有相互的了解和沟通。那鲜花和沉默，对于激发浪漫的情调、渲染虚荣的快意和征服刺激的欲望是有利的，但对于爱情来说，却没有建立一个稳固的基础。当浪漫的戏份结束、虚荣的快乐消散、征服的欲望被满足，当激发这种爱情的因素一个个消失之后，爱情之火也会逐渐熄灭。爱情是令人向往的，但同时爱情也常披着利令智昏的糖衣。很多人，当他们以为自己拥有了爱情时，往往只是尝到了表面的甜头，从而不能理智地审视这份爱情的根源与基础，悲剧的种子也因此而埋下。当糖衣褪去，失恋的痛苦也就随之而来。

其实年轻人想要找到自己的真爱、留住真爱并不是一件难事。首先一定要了解自己、认识自己，发现自身的闪光点，并坚持提高自身能力，让身边的异性不断发掘你身上的优点。其次，年轻人的新鲜感不应该建立在物质基础上，而应该建立在两个人共同进步的基础之上。这样不仅收获了爱情，也拥有了一个更优秀的自己。人们大多数时候义无反顾地走向一段感情，其实并不知道自己真正想要的是什么，只是在荷尔蒙的刺激下确立了所谓“男女朋友”关系，而在这种感情中更容易受伤。

## 思考

（1）你认为佳与辉的爱情到底“失败”在哪里?

（2）你认为当爱情来临的时候，我们该保持怎样的态度与心态?

### 故事二

#### 周幽王“烽火戏诸侯”

据《史记》中记载，褒姒不爱笑，周幽王想出各种办法让她笑，但她还是不笑。周幽王设置烽火台和大鼓，有敌人来到就点燃烽火召集援兵。有一次，周幽王点燃烽火，诸侯都率兵赶来。诸侯到后却发现没有敌人，褒姒看到诸侯惊慌失措的样子哈哈大笑。

周幽王非常高兴，因此多次点燃烽火。后来诸侯们不再相信周幽王，渐渐不肯应召而来。后来申国联合缯国、西夷犬戎攻打周幽王，周幽王点燃烽火召集诸侯援救，却没有一个诸侯前来。犬戎最终杀死周幽王，俘虏褒姒。西周灭亡。

## 智慧点睛

爱情不是一个人的独角戏，而需要双方共同努力、彼此吸引、彼此爱护。当我们愿意确定一段恋爱关系之前，我们认识了自己，知道了自己想要和对方拥有怎样的一段感情，但对方是不是能与我们的内心产生共鸣、愿不愿意用心维护两个人之间的感情，这就取决于对方了。

周幽王烽火戏诸侯只为博褒姒一笑，而“一骑红尘妃子笑，无人知是荔枝来”是唐玄宗对杨贵妃的宠爱。这些也证明了，有些人会为了爱情而毫不犹豫地满足爱人的需求。但是有很多人误以为这是爱情，以为能足够地吸引他人，而且他人愿意与你建立一段感情，那么他就能够满足你所有的无理要求。

周幽王虽博得了褒姒的笑容，却也因多次失信于自己的大臣而国破人亡；唐玄宗虽对杨玉环万般宠爱，她却也逃不掉最后被赐死在马嵬坡下的命运。

爱是两个人的，而不是单方面的付出与投入能够换来的。车尔尼雪夫斯基曾说："爱一个人意味着什么呢？这意味着为他的幸福而高兴，为使他能够更幸福而去做需要做的一切，并从这当中得到快乐。"重要的不是为了他的幸福付出一切，而是能从中得到快乐。当你的付出从两个人的感动变成一个人的狂欢时，你就需要停下来重新审视这段感情。无论男生也好，女生也罢，要坚信自己是闪光的、优秀的，不要仰视对方。当你选择了抬头仰望，那就注定了你是这段感情的输家。

站在男生的角度上来说，第一眼的心动可能不是心动，真正的心动需要男生找到女生身上真正吸引自己的地方。不要轻易地开始一段感情，也不要潦草地结束它。任何一段感情都是值得被珍惜的，对对方的感情负责，也是对自己的人生负责。对于女生，一定要有属于自己的爱情观，不轻易地答应别人的追求，也不为了享受被追求的感觉而浪费对方的时间。现今社会，虽提倡男女平等，但更多时候容易受伤的还是女性。所以，女生自身更要自尊、自爱、自立、自强，如果连自己都不对自己负责，那么又想让谁来为你的感情与人生负责？

爱不是偶尔的心动，也不是在花言巧语的哄骗下的将就，这样的感情在开始之前就没有打好基础，在之后的时间里更是摇摇欲坠的空中楼阁。当我们准备好去开始一段感情后，在确立了关系之后，一定要全情地投入，才能相扶走过人生的四季，最后相伴终老。

选择了自己的伴侣，即选择了有对方陪伴的生活，生活总不会是一帆风顺的，感情也一样。人生的悲剧不在于跌倒，而在于我们虽活着，却无法感悟活着的真正含义。本着为自己负责也为伴侣负责的态度，当我们发现两个人的状态不对或产生了不可避免的矛盾与冲突时，要和对方在合适的时间与场合，表达出自己的真实意愿，或者调整方向，或者两个人友好分开。

爱情是一种冲动，而亲密关系渗透着我们的整个人生。我们要想学会如何爱人，需要在把握大方向的前提下，时时微调，以使它更精准、更牢固。

## 思考

（1）你认为两个人在相处过程中的"关键"在哪里？

（2）你认为怎样才能将一份爱情时刻保鲜？

# 模块二　心理导航

对于爱情，年是什么？

既是分钟，又是世纪。

说它是分钟，是因为在爱情的甜蜜之中，它像闪电一般瞬息即逝；

说它是世纪，是因为它在我们身上建筑生命之后的幸福的永生。

——雨果

恋爱心理，是人们生理逐渐成熟的同时，在一定社会环境的影响下，结合自身心理发展的基础上，表现出被异性吸引、对异性好奇，并且愿意接近对方的一种行为及产生的各种心理现象的总和。大学生对恋爱充满渴望与期待，但恋爱问题又是他们困惑的问题之一，它不仅影响学习、生活，也可能影响大学生人格的健康发展。因此，关注大学生的恋爱心理，引导大学生正确的恋爱行为，成为高校大学生心理健康教育工作的一项重要内容。

## 一、大学生恋爱心理概述

大学生年龄多在18—23岁，生理发育已基本成熟，这时期他们内心渴望爱情，想要接近异性，所以恋爱成为一种普遍现象。但这并不说明每个大学生都在谈恋爱，而是有的大学生有过恋爱经历或有谈恋爱的想法。

### （一）爱情和恋爱概述

诗人赋予爱情最美好的语言，音乐家赋予爱情最动听的音符……青年学生则以激动的心情来等待爱情的降临。爱情究竟是什么？

历史上很多大师都对爱情有独到见解。莎士比亚说，爱情是感情的最高位阶。罗素说，爱情就是生活。柏拉图说，恋爱是严重的精神病。弗洛伊德说，再没有比爱情更容易让人受伤的了。卡尔·罗杰斯说，爱是深深地理解和接受。海德说，爱是深度的喜爱。古德说，爱情是两个成年异性之间强烈的感情专注，其中至少包括性的欲望和温柔体贴的成分。别林斯基说，爱情是生活中的诗歌和太阳。泰戈尔说，爱情是理解和体贴的别名。

#### 1. 爱情的概念

所谓爱情，就是一对男女之间，基于一定的社会关系和共同的生活理想，在各自内心中形成的对对方最真挚的倾慕，并渴望对方成为自己终身伴侣的最强烈的感情。它是两颗心灵相互向往、吸引，达到精神升华的产物，是一种高尚的精神生活。

2. 恋爱的内涵

对于恋爱的内涵，中西方学者都有各自的解释。恩格斯认为，恋爱是人们彼此间以相互倾慕为基础的关系。英国心理学家蔼理士认为，恋爱是一种吸引的情绪与自我屈服的感觉之和，其动机出于一种需要，而其目的在于获得满足这需要的一个对象。我国心理学家黄希庭认为，男女双方培养爱情的过程称为恋爱，处于恋爱状态的男女会产生特别强烈地互相倾慕。

因此，恋爱的含义可以概括为：恋爱是男女双方以相互倾慕为基础，彼此为满足爱与被爱的心理需要建立起亲密关系的感情培养过程。

可见，爱情和恋爱是有区别的，爱情是一种感情，恋爱是培养这种感情的过程。

3. 爱情的心理实质

爱情的心理实质有以下三点：一是对异性的欲望与需求，这是爱情产生的前提和基础；二是相互炽烈的情感，这是爱情产生和发展的内在动因；三是深刻的社会性，这是爱情心理的本质属性。

4. 爱情的心理结构

爱情的心理结构：性爱与情感是爱情产生、发展的源泉和动力；互爱是爱情产生和发展的必要前提；心理相容是爱情存在的基础；忠贞专一是爱情的标志；高尚情操是爱情的生命和灵魂。

（二）爱的本质

美国心理学家斯滕伯格提出了爱情三角理论，阐释了爱情的本质。他提出爱情的三种成分分别是：亲密（familiarity），激情（enthusiasm），承诺（promise）。亲密可以看作大部分而非全部的来自关系中的情感性投入，指的是两个人心理上互相喜欢的感觉，包括对爱人的赞赏、照顾爱人的愿望、自我的展露和内心的沟通；激情可以看作大部分而非全部的来自关系中的动机性卷入，指一种情绪上的着迷，个人外表的和内在的魅力是影响激情的重要因素；承诺可以看作大部分而非全部的来自关系中的认识性（认知性）的决定与忠守，主要指个人内心或口头对爱的预期，是爱情中最理性的成分。

1. 情绪成分——亲密

亲密，是两人之间感觉亲近、温馨的一种体验。简单说来，就是能够给人带来一种温暖的感觉体验。亲密包含以下十个基本要素。

（1）渴望促进被爱方的幸福。爱方主动照顾被爱方，并尽力促进他（她）的幸福，爱方可能以自己的幸福为代价去促进被爱方的幸福，但是也期望对方在必要时做出同样的回应。

（2）跟被爱方在一起时感到幸福。爱方喜欢跟自己的情侣在一起。

（3）当情侣一起做事情时，彼此都感到十分愉快，并留下美好记忆，对这些美好时光的记忆能成为艰难时刻的慰藉和力量。而且，共同分享的美好时光会涌流到互爱关系中，并使之更加美好。

（4）尊重对方。情侣必须非常看重和尊重对方。尽管他们可能意识到对方的弱点，却不能因此而减少对彼此的尊重。情侣之间相互尊重，在艰难时刻才能够依靠对方，在患难时刻才能感到对方跟自己站在一起，在危急时刻才能够呼唤对方并可以和对方同舟共济。

（5）跟被爱方互相理解。情侣应互相理解，知道各自的优缺点并对对方的感情和情绪心领神会，懂得以合适的方式互相做出反应。

（6）与被爱方分享自我和自己的占有物。爱方应乐意奉献自己、自己的时间及自己的东西给被爱方。虽然不必所有的东西都成为共有财产，但双方应做到在需要时可以彼此分享，最重要的是分享他们的自我。

（7）从被爱方得到感情上的支持。爱方能从被爱方得到鼓舞和支持，感到精神焕发，特别是在身处逆境时尤其应该这样做。当爱方感到似乎一切都在跟他作对，但只有一件事不会出问题——他的情侣始终跟他站在一起，这时他就能从情侣那得到感情上的支持。

（8）给被爱方以感情上的支持。在逆境下，爱方应与被爱方在精神上息息相通，并给予感情上的支持。

（9）跟被爱方亲切沟通。爱方能够跟被爱方进行深层次和坦诚的沟通，分享内心深处的感情。当爱方为自己所做的某件事感到困窘为难时，仍能推心置腹地跟被爱方交谈，这时你所经历的就是亲切沟通。

（10）珍重被爱方。爱方要充分认识到对方在共同生活中的重要性。当爱方认识到自己的配偶比所有的物质财富都更为重要时，就知道自己对被爱方同样具有这种珍重和珍爱的情感。

2. 动机成分——激情

激情是一种“强烈地渴望跟对方结合的状态”。通俗地说，就是见了对方会有一种怦然心动的感觉，和对方相处有一种兴奋的体验。性的需要，是引起激情的主导形式，其他如自尊、照顾、归属、支配、服从等也是唤醒激情体验的源泉。

激情的发展大致经历以下三个阶段。

（1）由于意识控制减弱，身体的变化和表情动作越来越失去控制，细微的动作由于高度紧张而发生紊乱。人的行为服从所体验的情感。

（2）人失去意志的监督，发生不可控制的动作和失去理智的行为，这些行为在事后回想起来可能会感到羞耻和后悔。

（3）在激情爆发之后，会出现平静和某种疲劳的现象，严重时会出现精力衰竭，对一切事物都抱着不关心的态度，有时还会精神萎靡即激情休克。

激情可以是积极的，也可以是消极的。积极的激情能激励人们克服艰险，攻克难关；消极的激情常常对正常活动有抑制的作用或引起冲动行为。具有正确的思想认识、高尚的道德品质和坚强意志的人能更好地控制住自己消极的激情。

*3. 认知成分——承诺*

承诺由两方面组成，即短期方面和长期方面。

（1）短期方面就是要做出爱不爱一个人的决定。

（2）长期方面则是做出维护这一爱情关系的承诺，包括对爱情的忠诚、责任心，也就是结婚誓词里说到的“我愿意”，是一种患难与共、至死不渝的承诺。

组成承诺的两方面不一定同时具备。比如，决定爱一个人，但是不一定愿意承担责任，或者给出承诺；又或者决定一辈子只爱他（她），但不一定会说出口。

按照斯滕伯格的观点，虽然两性间的爱情形式因人而异，其实都是由这三种成分以某种方式的组合所演绎的。具体表现形式如图 6-1 所示。

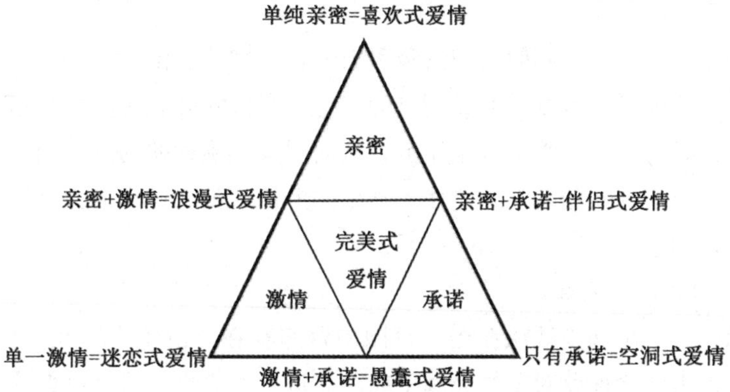


**图 6-1　斯滕伯格的爱情三角理论**

以上这三种成分的不同组合，构成了下面七种类型的爱情。

（1）喜欢式爱情。彼此只有亲密，在一起感觉很舒服，但是觉得缺少激情，也不一定愿意厮守终生，没有激情和承诺，如友谊。显然，友谊并不是爱情，喜欢并不等于爱情。不过友谊还是有可能发展成爱情的，尽管有人因为恋爱不成连友谊都丢了。

（2）迷恋式爱情。彼此只有激情体验，认为对方有强烈吸引力，除此之外对对方了解不多，也没有想过将来。他们之间只有激情，没有亲密和承诺，如初恋。第一次的恋爱总是充满了激情，却少了成熟与稳重，是一种受到本能牵引和导向的青涩爱情。

（3）空洞式爱情。彼此只有承诺，缺乏亲密和激情，如纯粹为了结婚的爱情。此类“爱情”看上去丰满，却缺少必要的内容，金玉其外，败絮其中。

（4）浪漫式爱情。彼此有亲密关系和激情体验，但没有承诺。这种“爱情”崇尚过程，不在乎结果。

（5）伴侣式爱情。彼此有亲密关系和承诺，但缺乏激情。这跟空洞式爱情差不多，指的是四平八稳的婚姻，只有权利、义务，却没有爱情的感觉。

（6）愚蠢式爱情。彼此只有激情和承诺，没有亲密关系。没有亲密的激情顶多是生理上的冲动，而没有亲密的承诺不过是空头支票。

（7）完美式爱情。同时具备三要素，包含激情、承诺和亲密。只有在这一类型中才能看到爱情的庐山真面目。

斯滕伯格很聪明，在这些爱情前面都加了一个“式”字，因为在他看来，前面列举的六种都只是类爱情或非爱情，在本质上并不是爱情，只有第七种才是爱情。而人们在现实生活中碰到的类爱情和非爱情的情形实在太多，以致把具备三要素的爱情基本当作是一种超现实的理想状态。

另外一种类型叫作无爱（nonlove），即三个成分都不具备。这两个人也许仅仅是熟人而不是朋友，彼此不存在什么关系，也没有什么承诺。

## 二、大学生恋爱的特点

爱情是神圣和庄严的，同时又充满吸引力，让人神魂颠倒、无法自拔。爱情在大学生心目中是神秘、浪漫、美丽、充满期待的。他们渴望幸福和完美的爱情。然而，对爱情的无知很容易导致他们对爱情产生误解，从而引发一系列的问题。因此，只有选择科学合理的途径来解决这些问题，才能使大学生的爱情观朝着健康的方向发展。

### （一）大学生的恋爱现状

#### 1. 恋爱比例大，自主性强

调查显示，大学生恋爱现象在当今校园中普遍存在。由于生理和心理的逐渐成熟，一些学生在进入大学之前就对爱情充满了向往。进入大学后，爱情已然成为大学生的必修课。大学生似乎有一个共同的想法：如果在大学的生活中无法坠入爱河，大学生活就不会完整。在这种想法的影响下，大多数大学生充满激情地投入爱的洪流中。大学生又有很强的自主意识，在选择恋爱对象和处理恋爱关系的过程中，他们多数会以自己的意志和情感为基本出发点，很少向父母反映或征求意见，表现出较强的自主性。

#### 2. 注重过程，轻视结果

大学生的社会阅历不深，生活经验不够丰富，没有成熟的人生观和价值观，没有明确的人生目标和需求的观念与定位，其恋爱心理还处于不成熟和不稳定的阶段。并且大学生经济上不独立，没有意识到现实生活的压力，没有真正理解爱情的真谛，他们的爱情大多处于单纯的精神层面，感情和思想不够稳定，缺乏妥善处理恋爱中的感情纠纷的能力。他们缺乏宽容和理解，容易造成重复的爱情选择，使得爱情周期短、频率快、成功率低。

大学生虽然有强烈的恋爱动机，但现实中缺乏责任感和理性思考。他们更注重爱的过程而不是爱的结果。如今，大多数大学生将爱情视为一种情感体验、一种生活体验和一个必要的阶段。他们想要的不是幸福的结果，而是把握现实的过程。这种思想对大学生的成长有着积极的一面，可以使他们充分释放自己的情感，学会投入和付出，摒弃功利思想，果断地把握身边的幸福。同时，这种思想也有一定的负面影响，会使大学生在恋爱过程中自律和控制能力下降，使他们无法保持对爱情的坚定信念。

3. 爱情观念开放，爱的动机多种多样

随着社会的发展和西方文化的涌入，大学生的恋爱观念更加开放，传统道德观念的影响相对弱化，其恋爱呈现出开放化、大众化的趋势。大学生不再把传统道德作为衡量爱情道德的唯一标准。他们的恋爱动机具有许多特点，要么寻求精神寄托以满足心理需求，要么缓解孤独、填补空虚，要么追求志同道合、互相帮助，要么追求虚荣的物质满足。大多数大学生只注重情感投入和爱情体验，享受片刻的幸福，却忽视了爱情的责任，以致对爱情缺乏信心。他们会因为彼此性格不合而放弃爱情，或者不愿意承受爱情的压力，对彼此造成极大的伤害。

4. 爱情至上，处事极端

有些大学生把爱情放在人生的第一位，把爱和被爱视为人生的极点，认为“没有爱情，活着就没有意思”，整天沉溺于卿卿我我之中，对周围的一切事物都漠然处之。有些大学生在不知不觉中变得“儿女情长，英雄气短”，成就事业的热情一天天冷却，爱情逐渐成为生活的唯一追求。他们中，有的分散精力、浪费时间、成绩下降；有的只有“两人”世界，脱离集体；有的影响了正常的同学交往；甚至还有的影响就业，直接影响自己的大好前途。

还有部分大学生一旦失恋后就悲观厌世、精神萎靡，摆脱不了“感情危机”，认为从此生活没有了意义，失去信心，放弃对爱情的追求，没有了学习的动力。有的大学生因失恋而失志、失德，这种情况虽属少数，但影响很大。

5. 相互攀比，赶潮流而行

有些大学生谈恋爱不是为了寻觅知音，而是纯粹从众的结果。他们看到别人成双成对，自己心里难以平衡，于是也追求异性，从而极大地满足自己的虚荣心。此类大学生在调查结果中占4.8%，他们对待爱情缺乏严肃认真的态度。在虚荣心作祟下的大学生在择偶的时候非常注重对方的外表。

（二）大学生的恋爱心理特点

虽然恋爱是一件让人觉得身心愉悦的事情，但仍存在着许多“副作用”。大学生面临自身发展的压力，如考研、就业、经济、学业、人际关系等，而恋爱是需要大量心理能量的，学业压力、成长压力等对恋爱的双方都是巨大的心理与意志的考验。而且大学生谈恋爱时，往往考虑的问题都比较片面，只考虑两个人在一起时的事情，考虑如何让彼此的感情得到升华，而没有考虑到家庭、社会、周围事物对爱情的影响。他们往往在乎爱情的过程而不考虑结果，把爱情与婚姻相脱离，容易在一时的冲动下，不顾及后果和影响。

1. 打破传统的桎梏，创造“新型恋爱”

在现在的大学校园里，传统的爱情理念正受到一定的冲击。与二十年前的大学生相比，现在的大学生更重视爱情的即刻性，将恋爱作为一项独立的人生任务，而非与婚姻等长久的人生目标相连。随着网络的发展，爱情也逐渐朝多元化方向转变，这使大学生的恋爱不再那样严肃。并且随着现代科技的发展、网络的普及，网恋越来越多，恋爱也摆脱了传统的模式，出现虚拟形式的恋爱。无形的网络取代了红娘，许多人在网络上结识、相恋。网恋成为了年轻人恋爱的新方式，也成为了信息时代男女的一种新时尚。大学生作为对新事物有着强烈好奇心理的一代，加上高校网络的普及，所以在网上聊天、谈恋爱在他们的学习生活中十分流行。

2. 开始于颜值、结束于内在，追求刺激、放弃过程

有些大学生在择偶的时候非常注重对方的外表。认为外表美是天生的，不可改变的，内在美是看不到摸不着的，是没有用处的。相貌好，有一副美丽的外表，才能在朋友中炫耀，和对方在一起的时候才会觉得自己脸上有光彩。这种虚荣心的诱使导致对恋爱观理解的扭曲，互相炫耀、盲目追求外表。由于恋爱能否成功的因素是多方面的，如年龄、外貌、品行、性格、文化、职业、兴趣、爱好、经济状况、民族、宗教信仰、政治态度等，或许只有某方面的相互欣赏和认可就走到了一起，或许也仅仅因为某一点小小的不同就选择了分手。殊不知，要达成多方面的默契是需要时间的，要建立一份永久的爱情、组建一个幸福的家庭是需要相互理解、共同努力的。

3. 恋爱困扰造成的负面影响

**案例分享**

某日晚，犀浦某高校一名计算机系大二男生从女生寝室6楼跳下身亡。

据悉，跳楼男子武卫（化名）来自德阳，在校期间，学习成绩很好，一直是班级前几名，但平时不爱说话。前日，武卫与外校的女朋友分手，情绪反常，喝了不少酒。当时就被同学发现，并有一名同学寸步不离地守护他。事发当天11时许，武卫冲上女生寝室，去6楼找“红颜知己”许开惠（音）聊天。之后，他趁守护的同学不备，关上门从6楼纵身跳下……据赶到现场的医生透露，当时武卫呼吸微弱，瞳孔已经放大，经抢救无效死亡。

**案例解析**

武卫因为失恋而做出偏激行为，是因为他心理承受能力差，且没有理解爱情的真谛。因为他缺少实践经验，心智尚未成熟，遇到挫折容易起轻生念头。此外，武卫这类大学生因涉世未深，面对人、事都抱有梦幻般的美好憧憬，一旦不尽如人意，就难以接受和面对，表现出意志的薄弱，对自我的肯定不强。

大学生恋爱的心理特征的引发与形成是恋爱低龄化、公开化、高速度进展和恋爱的多元化所致。具体地说，因为他们涉世太浅，缺乏深入了解和正确判断与评价一个人的经验；因为他们过于情感外露、行为外向，有时盲目地舍弃传统的以含蓄、深沉为美的恋爱方式；因为他们年轻、冲动，爱情的发展极易受性生理与性心理发育的控制；因为他们本身面临的就是一个多元化人生价值观念的现实社会，所以恋爱心理困扰的产生便

是顺理成章的了。

大学是每名学生进入社会的过渡时期，此阶段的学生都已处于成熟时期，无论是在心理还是身体机能上都发生了重大变化。对于大学生谈恋爱的话题，人们应该坚持一分为二的方式进行考虑和看待。大学生恋爱有其固定的优势，如具有能放松心情、缓解压力、赢得自信等诸多优点。但是从另一角度（如学业方面）考虑，恋爱也有可能造成学业上的阻碍，尤其是当恋爱失败时可能引起许多心灵上的创伤，对他们日后学习生活造成诸多阴影。不过只要大学生掌握了正确的恋爱观，把握好恋爱距离，做到情为我用的境地，就能避免恋爱造成的伤害。

由于一次感情的失败，或者由于外界对于学生本人的爱情观没有一个正确的引导，导致大学生把感情当成儿戏，玩弄于股掌之中。这一类大学生会表现为恋爱周期缩短、频率增快。有许多大学生因为一时冲动，在没有考虑清楚未来的情况下谈恋爱，往往与对方交往一段时间以后发现彼此不适合，于是马上分手，再找下一个交往对象，就像现在常被人提及的“闪婚闪离”。

4.“动机”不纯，随意对待感情

根据相关调查结果显示，以“建立家庭”为恋爱目的的大学生只占 30%，更多的大学生是以“丰富生活”“摆脱孤独寂寞”为目的，也有以“追求金钱、名誉和地位”为目的的大学生。许多大学生只注重体验投入感情的恋爱过程，不再走“交往—恋爱—结婚”的传统爱情三部曲，也认为恋爱不一定要托付终身。正因如此，才造成恋爱随意性变大，成功率降低。

当前，恋爱逐渐普遍化、公开化。在大学里，恋爱已成为一种“热”，更有人形容为一股“恋爱风”。在校园里很多地方，你都能看到一对又一对的情侣。有调查结果表明，大学生中有 1/3 左右的人属于已经谈过恋爱的，而赞成谈恋爱的大学生人数约占大学生总人数的 95%。在学校里总有这样一句话，“没有谈过恋爱的大学生就不算是大学生”，虽然这句话说得过于绝对，但这也反映了一个现象，那就是大学生的恋爱很普遍。

（三）大学生恋爱的阶段

大学生恋爱心理阶段大体可分为三个，即浪漫爱情阶段、理想爱情阶段、现实爱情阶段。

1. 浪漫爱情阶段

大学生从初恋到热恋，往往凭直觉且偏重对异性气质、形象的迷恋，很少有理性的介入。这一恋爱心理阶段下的大学生常常表现出幻想性、隐蔽性、羞怯性、兴奋性、冲动性等心理特征，恋人之间常有眉目传情和语言沟通，并且常有美化对方的倾向，力图完善自己而表现得更好。他们渴望与恋人形影不离，期望身心与对方融为一体，希望能为恋人多做奉献；有时会忌妒恋人与其他异性交往，生怕别人抢走自己的恋人，只想两人在一起，不愿参加集体活动；等等。初恋中的大学生往往含蓄、羞涩，他们的爱情单纯、稚气，充满着憧憬和幻想、兴奋与忧虑。他们很可能为了得到对方的了一个笑容、一个眼神或某方面的特殊表现，而兴奋不已、彻夜难眠。热恋中的大学生在心理上具有排他性、波动性和冲动性，自控力和理智往往处于最低水平。热恋中的大学生往往日思夜想、形影不离，会产生一些亲昵的举止，甚至会冲动失控。但即使拥有了这一切，并不一定拥有一份真实的爱情。由于在这个阶段表现为直觉排斥理性的介入，所以浪漫的爱情很可能会随着热恋期的消失而消失。一个人一生也许有几次恋爱，但初恋只有一次，所以初恋的成败，将影响他之后的爱情观。

2. 理想爱情阶段

经历过浪漫爱情阶段的大学生，接下来会进入理想爱情阶段。他们冷静地从感性的爱情经验中得出理性的结论，开始审视爱情观，确立起具有理想色彩的爱情条件和模式。比如，男性心目中的女性可能是传统与现代结合、才貌双全、温柔有加；女性心目中的男性可能是学业有专攻、事业有前途、体贴入微。这一阶段的恋爱增加了一些理性，减少了一些盲目性。他们身体发育已到了青春期晚期，压抑和潜藏了许久的对异性的渴望就自然地浮现出来，逐步形成了较为明确的择偶标准，并能自觉地认识到个人恋爱与社会责任之间的道德问题，逐步意识到自己的价值。当大学生对恋爱的认识由感性过渡到理性，形成较为完整和稳固的恋爱观时，就进入了恋爱观的理想发展阶段。

3. 现实爱情阶段

经历了较为浪漫的理想爱情后，恋爱中的大学生变得成熟起来，能够现实地对待感情，从而获得一份真切的爱情。现实爱情阶段的大学生面临种种处境，不得不考虑如何处理爱情与学业或事业的关系，如何预测由爱情所涉及的前途和未来。比如，毕业后两个人是否能在同一个地方就业，是否能志同道合，今后有什么样的发展，经济收入如何，两人建立家庭后是否能幸福长久，等等。这时所考虑的问题都很现实、具体，不再热烈浪漫，有了对爱情的责任感和义务感，因此爱情变得崇高，人格变得完善。

## 三、大学生恋爱困惑及应对

凡·高有句格言：“会爱的人才会生活，会生活的人才会工作。”爱本身就是一种能力，一个人如果没有爱或者不愿意恋爱，那么他本身就是不完整的，就缺乏爱的能力。爱是一种奉献的能力、一种包容的能力、一种理解的能力、一种信任的能力，当一个人做到这些的时候，他也许会感到几分的辛苦，但得到的将是更多幸福和快乐。

大学生活相对轻松、自由一些，也促使大学生更加向往爱情。尤其是大学生正处于青年，由于生理、心理的逐步成熟，都会萌动春心，涉入爱河。浪漫热情之恋是大学生内心的美好憧憬，它似一杯甘醇芳馨的美酒，令人如痴如醉。

案例分享

某女，19岁，某大学一年级学生，因失恋而非常痛苦，难以自拔。她自诉男朋友和她中断了恋爱关系，这对她是一个沉重的打击，使她对新生活的所有期待与憧憬顷刻间化为乌有。多日来，她情绪抑郁、心烦意乱，努力要忘掉这件事。可是，她却无论如何也忘不了。失恋的痛苦像恶魔一样，无情地折磨着她的心。

这是她第一次恋爱，而且是自己主动追求对方。他们相恋的时间不到一学期，曾因个性不合、观点分歧、精神相容度差发生过三次争吵，使对方对她越来越不耐烦，结果移情别恋。

案例解析

真正的爱情是有独立性的，大学生恋爱时把自己放在一个正确的位置，适当控制自己的情绪。即使恋爱失败了，也只能说明彼此可能不是最适合的，而且可以通过失败的恋爱吸取经验，从中学会怎样和异性交往。

（一）大学生恋爱的误区和克服方法

1. 光晕心理

（1）什么是光晕心理？

光晕是指自然界中，日光或月光通过云层中的冰晶时经折射而形成的光圈。“光晕”是摄影中的用语，指摄影曝光中，胶片在强光作用下发生二次感光，使成像周围形成晕一样的影像。

光晕心理又称晕轮效应，指人际交往中形成的一种夸大社会印象。光晕现象会影响人们的解像力，使人们对影像的本来面目发生模糊感。心理研究结果表明，人的心理活动中有时也会出现类似的现象。人们常说的“见其一点，不及其余”，从心理上说，可谓光晕作用的极端。

恋爱中的光晕心理，按照其反映对象可以分为对自己和对别人两类情况。

对自己而言，它常表现在当自己某些方面的条件（如长相、职业、家庭、经济收入、社会关系、住房情况等）比较好的时候，会因感到自我条件优越，而对未来的配偶进行过分地挑剔。

对别人来说，光晕心理也可能表现在对恋人的评价上，它的表现同自我评价大致相仿。例如，看到恋人某一方面条件较优越的时候，便会联想到对方可能各方面条件都很优越，会担心自己配不上恋人，从而产生自卑心理和情绪。

（2）怎样克服恋爱中的光晕心理？

克服恋爱中的光晕心理可以借助于下面的三个“见”。

① 要有主见。要有正确的主见。有了正确的恋爱态度和恰当的择偶标准，理智水平就会大大提高，就不易在择偶过程中因感情波动而产生光晕心理。这好比摄影时如果

光线过强，可以通过加滤色镜的方式来调节。恋爱中感情的光线，同样可以通过理智的滤色镜来加以调节。

② 要戒偏见。对己对人都要做全面的分析。苏东坡诗云：“横看成岭侧成峰，远近高低各不同。”只有横向视野而没有纵向视野，或者只有近距离视野而没有远距离视野，都会产生感觉和认识上的偏差，造成择偶和恋爱中的导向失误。

③ 要听意见。俗话说：“当事者迷，旁观者清。”认真听取和分析家长、亲属、朋友等人的意见，集思广益，也会帮助自己获得正确的主见。只是对别人的意见不应盲从，而应“择其善者而从之”。

2. 逆反心理

（1）什么是逆反心理？

逆反心理指因客观与个人主观需要不相符，而产生强烈的抵触情绪，并引发一种负向要求和行为的心理活动倾向。

（2）怎样面对恋爱中的逆反心理？

面对恋爱中的逆反心理（即“罗密欧与朱丽叶效应”），恋爱男女和他们的家人都应该从中得到启示。对于青年男女来说，自由恋爱固然是值得鼓励的，但父母的反对肯定也有一定的道理，不妨理性地与父母交流一下看法，而不是把恋爱建立在“逆反”“抗拒”“维护自尊”“满足好奇”上，恋爱更重要的是建立在共同的基础之上。要理性对待“罗密欧与朱丽叶效应”，或许在旁观者的眼中两人的爱是“轰轰烈烈”的，但出人意料的是，这样的婚姻很多并不幸福。受外界阻力而激发升温的爱情，往往经受不住悲伤和考验。两个人一旦遇到悲伤的挫折，爱情就容易产生裂痕。

知识窗

罗密欧与朱丽叶效应

3. 自卑与羞怯心理

（1）什么是自卑与羞怯心理？

自卑，是由于自我评价偏低而引起的害羞、不安、内疚、胆怯、忧伤、失望等消极的情绪体验。羞怯，是指在与他人接触和交往过程中，出现的羞涩、胆怯，过于拘束、尴尬，态度不自然的心理和表情。常有一些人为自己还没有恋人而自卑，认为自己对异性没有吸引力，认为别人瞧不起自己，不敢坦然与异性交往，更怕在异性面前失误，所以他们只好用回避与异性接触的办法保护自尊心，并极力掩盖内心深处的痛苦与失落。

（2）如何克服自卑与羞怯心理？

要想克服自卑与羞怯心理，就要正确地认识自我，增强自信心，磨炼自己的意志，树立积极的人生态度。

4. 嫉妒心理

（1）什么是嫉妒心理？

恋爱中的嫉妒心理是恋爱中的人独占爱情的一种心理反应，即当恋爱中的人感到自己的爱情受到第三者的威胁时所产生的一种痛苦情感。当与自己同性别的人出现，而自己的恋爱对象有被占有或被夺取的危险时，人便会产生各种复杂的情感体验和行为，先是注视、疑虑、担心或跟踪，继而转为憎恨、敌视，甚至采取不正常的行为。这些情感反应和行为是嫉妒的外在表现或延伸。

（2）如何克服和避免恋爱中的嫉妒心理？

① 要认识自我。分析自己是否过于敏感、缺乏自信。自卑的人容易产生嫉妒心理。

② 分析嫉妒根源。嫉妒心的产生往往是由于误解，所以要先弄清楚是不是误解了自己的恋人。

③ 积极消灭嫉妒心。要主动进取、充实生活、转移注意力，如将更多的精力放在工作和学习上。就像培根说的："一个埋头沉入自己事业的人，是没有工夫去忌妒别人的。"

④ 要学会控制情绪，尊重对方的感情。尤其是恋爱时，要允许对方有自己的人际交往空间。

5. 猜疑心理

（1）什么是猜疑心理？

猜疑是恋爱中一种常见的心理，且大多数猜疑会造成不良后果。从心理上分析，猜疑心理的产生主要有以下三个原因。

一是相互之间缺乏了解和信任。其表现在心理上是对对方总有一种不放心感。试想如果两个人完全信任对方，彼此有充分的了解，怎么可能疑窦丛生呢？

二是作茧自缚的封闭性思路，这会在心理上对猜疑产生一种自圆其说。产生猜疑的一方一般总是以某一假想目标为出发点进行封闭性思考的。这种思考从假想目标开始，最后又回到假想目标，就像一个圆圈，越画越粗，越画越圆。

三是对爱情的片面理解，造成了异性交往中的偏态理解。恩格斯说过，爱情就其本性来说是排他的。也就是说，一个人不可能把爱同时奉献给若干个异性。但是，爱情并不排斥友情，友情也不具有排他性。一个人有了恋人以后，同异性可以继续保持不具有爱情性质的关系，如保持朋友关系。如果排斥恋人同一切异性的往来，自然会萌生猜疑心理。

（2）如何防止和克服猜疑心理？

要防止和克服恋爱中的猜疑心理要从以下三个方面进行努力。

第一，努力把爱情关系建立在互相信任和尊重的基础上。我国著名电影演员达式常仪态潇洒、风度翩翩。他在塑造了许多栩栩如生的艺术形象后，收到了不少影迷写给他的求爱信，其中还有影迷自己的照片。但是这些信，达式常都是交给妻子处理，因为他信任自己的妻子。妻子也从来不干涉达式常的拍摄活动，尽管丈夫因为工作性质同女性打交道的机会很多，但他的妻子从来没有怀疑过。妻子常对达式常说："片子该怎么演就怎么演，我相信你！"有了达式常夫妇的互相了解和信任，猜疑的蛀虫就难以在人们的爱情生活中生存，不仅夫妻关系如此，恋爱关系也是如此。

第二，对别人的闲话不要盲目相信。不少猜疑心理，都是由别人的闲话引起的。莎士比亚的名剧《奥赛罗》中的主人公之所以最终会扼杀自己曾经深爱的妻子，就是因为他的部下活灵活现地向他描绘了他妻子偷情的经过。其实，这完全是一种陷害。所以，对于别人的闲话要冷静分析。生活中难免会听到闲言碎语，即使有些亲朋好友出于好心，向你诉说关于你的恋人的一些事情，也不能一听就信，因为很难保证这些情况中没有失真的成分。

第三，一旦有了猜疑，不要意气用事，而要冷静分析。人在猜疑的时候，容易为封闭性思路所支配。这时，绝对需要冷静克制，要多设想几个对立面，只要有一个对立面突破了封闭性思路的循环圈，理智就可能及时得到召唤。

### （二）大学生恋爱中的心理挫折及应对方法

#### 1. 单相思

（1）什么是单相思？

单相思是对爱情产生渴望的表现和心理反应，但是其感情基础并不是双方相恋，而是当事人自己幻想出来的自作多情。它的形成主要有以下两个原因。

原因一，爱情错觉。将同学、朋友间的友谊等男女之间正常的感情误以为爱情，陶醉在自己的幻想中。

原因二，理想模式。每个人都有自己心目中的理想爱人，如果有一个在容貌、才华、气质、风度上都和自己理想恋爱对象一致的人，难免会产生爱慕和冲动，而对方甚至与自己还未有接触，这时就已经形成单相思。单相思的人常常百般殷勤，而对方却冷漠待之。这种失衡的感情，往往使单相思者感到十分的痛苦。

（2）如何应对单相思？

单相思的人该如何结束和逃脱这种焦虑不安的苦闷呢？

第一，要转移注意力。用学习或者工作来充实自己，转移自己的感情，当你很忙的时候，胡思乱想的时间自然也没有了。这样虽然不能彻底解决单相思的问题，但是随着时间的推移，你会发现你的单相思慢慢地模糊了或者直接消失了。

第二，向他人倾诉。这样做一方面可以把自己内心的苦闷说给密友听，另一方面可以间接地将自己的感情告诉意中人。如果对方接受了你的感情，那么你们可以开始一段恋情。如果他以各种理由拒绝你的感情，那么你就可以不再对他单相思。你可以选择放肆地大哭一场，然后把它当作是一次情感的体验和磨炼。相信以后会有吸引你的，而且和你产生共鸣的另一半出现。

第三，看到对方的缺点。其实很多时候好与坏就在于你对他的态度。你可以试着多想想他的缺点，以减少对他的依恋。多想想他的坏处，那么你会发现你单相思的人也是一个平凡的人，或许他并不适合与你恋爱，从而摆脱对他的单相思。

第四，少点感性，多点理性。大学生往往都比较感性，他们也因为感性使自己掉入不能自拔的泥潭当中。所以我们要理性一点，了解到单相思不是一种正常的恋爱，它只是一种“心理病”，我们需要理性地把它“治愈”。

第五，学会爱自己。一个人只有意识到自爱的重要性，才会爱自己，才能爱别人，并受到他人的尊重。在自己的心中树立一个坚定的信念，不管自己处于何种境遇，自己都有爱人和被爱的权利。要学会表露最真实的自己，去经历并学会勇敢地面对人生的一切。要在自己的人生中扮演主角，重视自己的内心世界，尽量满足自己的合理需求。

2. 失恋

（1）什么是失恋？

失恋，是一种对曾经投入情感的丧失过程，不仅是对当前状态的丧失，也丧失了对未来生活的共同畅想，是一种谁也不想面对的痛苦、忧伤的经历。这种丧失，一方面在告诉自己不再完整，深感挫败；另一方面在昭示自己，失去对生活的掌控力，深感无力。有人能够果断地抽身而出，也有人长时间久久深陷其中。

当你经历了失恋，你会有怎样的感受？你怎样对待自己的感受？你会采取怎样的行动？你会以怎样的态度对待前任？这些问题的答案直接关乎你是否能够从失恋的旋涡里爬出来，也关乎到你下一段感情的情感质量。

（2）如何应对失恋？

当失恋的痛苦完全吞没人的理智时，人们可能会出现以下两种应对方式。

第一种，急于摆脱痛苦，慌乱中重新开启感情。他们不愿意独自面对痛苦，而马上选择新的伴侣，将上一段感情未完成的期望放到下一段感情里，增加了下一段感情的压力值，这是对彼此都不公平和不负责任的做法。

第二种，躲避创伤，拒绝他人，畏惧亲密关系。人受伤后，自然的反应是退缩，不敢向前，深深体会过伤痛的滋味，不想再次受伤。一段失败的感情确实会在某种程度上阻碍下一段感情的开始，除非自己愿意在这段感情里学会自我成长。

而上述两种应对方式都不是正确处理失恋问题的方式，应采用第三种方法，即给失恋举行一个告别仪式，这才是应对失恋最恰当的方式。

家庭治疗师康斯坦丝·阿荣斯说，仪式标志着重要的转变和事件，它使我们的价值观得到巩固，并使之变得严肃和公开。这个社会没有人告诉我们分手后该举行一个怎样的告别仪式，甚至没有人想要举行这样一个仪式，但这却是很有必要的。告别仪式，是尊重你过去所投入、付出的情感，是给你们共同经历的记忆重新赋予意义。在心里默默地告别，回想到自己在这段感情里做得好和不好的地方，承担起相应的责任。无论结果好坏，当你开始反观这段关系时，你会发现，关系是两个人的，不能在一起的因素有太多了。例如，父母反对、性格不合、价值观不同、异地阻力、他人诱惑、感情基础不牢固等。你需要学会接受关系的变化，也学会接受失恋带来的痛苦和哀伤。告别，不是因为不再有痛苦和失落，而是告诉自己，我的心仍然会疼，但也正是因为有了这段疼痛的经历，使自己在未来处理亲密关系中多了经验和保护自己的力量。这就是它的意义所在。

告别仪式，是你以独特的方式承认这段感情曾经存在过，而你不逼迫自己忘记那个陪自己走过青春岁月的人，也是给逝去的感情画上一个完整的句号。

3. 感情纠葛

(1) 什么是感情纠葛?

这里讲的感情纠葛，指恋爱过程中因某些主、客观原因而引发的，欲爱不能、欲罢不忍的强烈内心矛盾与感情冲突。例如，三角恋爱、父母的反对，或周围人的非议、恋人之间的矛盾、误解和猜疑等。

(2) 如何理清感情纠葛?

① 迎接爱的能力。这包括施爱的能力和接受爱的能力。一个人心中有了爱，在理智分析之后，敢于表达、善于表达，这是一种爱的能力。一个没有爱心的人是个自私自利的人。一个人面对别人的施爱，能及时准确地对爱做出判断，并做出接受、谢绝或再观察的选择，这也是一种爱的能力。缺乏这种能力的人，或是匆忙行事，或是无从把握。要具有迎接爱的能力，就应懂得爱是什么，要有健康的恋爱价值观，知道自己喜欢什么，需要什么，适合什么；就应对自己、对他人、对万事保持敏感和热情；就应主动关心他人，热爱他人。当别人向你表达爱时，能及时准确地对爱的信息做出判断，坦然地做出选择。要能承受求爱被他人拒绝或拒绝他人求爱所引起的心理情绪。

② 拒绝爱的能力。对于自己不愿意或不值得接受的爱应有勇气加以拒绝。拒绝爱要注意两个方面：一是在并不希望得到的爱情到来时，要果断、勇敢地说“不”，因为爱情来不得半点勉强和将就。如果优柔寡断或屈服于对方的穷追不舍，发展下去对双方都是不利的。二是要掌握恰当的拒绝方式，虽然每个人都有拒绝爱的权利，但是珍重每一份真挚的感情是对他人的尊重，也是一种自重，同时是对一个人道德情操的检验。若不顾情面，处理方法简单轻率，甚至恶语相加，结果使得对方的感情和自尊心受到伤害，这些做法是很不妥当的。

③ 发展爱的能力，培养爱的责任。苏联著名教育家马卡连柯说：“爱的力量只能在人类非性欲的爱情素养中存在。”发展爱的能力，并不是非要具体到对某个异性的爱，可以是更广泛意义上的爱。我们的亲人、同学、朋友、祖国和人民，都值得我们去热爱。发展爱的能力，就是要培养无私的品格和奉献精神，要培养善于处理矛盾的能力，有效地化解消除恋爱和家庭生活中的矛盾纠纷，为恋人负责，为社会负责，才能创造出幸福美满的婚恋。

综上所述，有的人为了爱情放弃一切，他们觉得爱情很珍贵并想要用力抓住它，但是用力过度，爱情反而容易漏走。抓住爱情，需要像抓住沙子一样，要用适当的力度。恋爱在很大程度上影响着一个人的思想、心理和行为。大学生谈恋爱的现象越来越普遍，随之产生的恋爱心理也在逐渐增加，对于这种现状，教育机构或者大学生的父母都应该做出正确的引导，促使大学生拥有正确的恋爱观和健康的恋爱心理。

## 课后思考

（1）恋爱失败后应如何积极面对？

（2）大学生应树立怎样的爱情观？

# 模块三　心理训练

## 训练一　缘分天空

### 一、训练目标

（1）增加成员之间的熟悉感、认同感、亲密感。

（2）加强对异性差异的认识。

（3）打破男生和女生的交往思维障碍。

### 二、适用对象

大学任一年级的学生团体。

### 三、适用人数

人数不限。

### 四、适用场所

室内。

### 五、材料

（1）“抓住爱情”活动材料：提前准备一段与“爱情”相关的美文。

（2）“男女大不同”活动材料：男女生差异调查表（如表 6-1 所列，问题不固定，可以灵活设定）。

表 6-1　男女生差异调查表

| 内容 | 男生 | 女生 |
| --- | --- | --- |
| （1）身体有哪些不同的部分 | | |
| （2）身体有哪些相同的部分 | | |
| （3）在外表上（如穿着或发型）有哪些不同 | | |
| （4）玩的玩具或游戏有什么不同 | | |
| （5）语言表达方式有何不同 | | |

表6-1(续)

| 内容 | 男生 | 女生 |
|---|---|---|
| (6) 父母对他们的期望有何不同 | | |
| (7) 男生一定留短发，女生一定留长发吗 | | |
| (8) 对环境的干净程度的要求有何不同 | | |

(3)“知男知女”活动材料：A4纸、笔。

## 六、活动时间

90分钟。

## 七、活动程序

### (一) 抓住爱情 (时间：20分钟)

1. 活动导入

爱情像沙子，想要握住它就必须用适当的力度。

2. 活动实施

(1) 男女生穿插围坐成一圈。

(2) 心理行为训练员宣读下面的内容。

我们总说爱一个人不一定要和他在一起，只要看到他幸福那么自己也会感到开心。可是说起来容易，又有几个人真的能做到这份超然和洒脱呢？又有几个人能够经受住爱情的残酷考验而始终如一呢？

爱情让人的情绪变得捉摸不定，甚至是不可理喻。爱到痴迷爱到疯狂真的就会失去理智吗？

人就这么一辈子，怎能不经历点什么呢？确实每个人有每个人认为幸福的方式，轰轰烈烈也是活一次，平淡也是一辈子，我们又何必刻意地去强求什么呢？关于爱情懂得珍惜就好！”

(3) 学生当听到“爱情”这个词时，做出“左手逃、右手抓”的动作。该活动可以通过成员间肢体接触，拉近彼此心灵的距离。

3. 讨论与分享

请大家讨论跟异性同学玩游戏时有什么样的感受，男生和女生一起玩游戏的时候有哪些不同的特点。

### (二) 男女大不同 (时间：30分钟)

1. 活动导入

从以前到现在，男人和女人由于身体结构和心理上的不同，使得他们的行为习惯也不相同，这也导致了他们很难了解异性的一些心理和生活上的差异。今天我们就一起总结一下男女之间的差别。

2. 活动实施

请小组成员填写“男女生差异调查表”(见表6-1)。

3. 讨论与分享

完成后，各小组分别进行组内讨论，最后形成对男女差异的清晰认识。

（三）知男知女（时间：30 分钟）

1. 活动导入

通过前面的活动我们已经对男生和女生的区别有了初步的了解，接下来让我们按性别分组，进一步深入探讨不同性别的人分别怎样看待男女生。

2. 活动实施

将男生和女生各分成几组，然后请同学们在组内回答下列问题，并记录答案。

（1）我眼中的男生是……

（2）我眼中的女生是……

（3）我觉得男女生最大的差别是……

（4）我觉得男女交往会失败是因为……

（5）我觉得男女交往会成功是因为……

（6）男生和女生在恋爱交往过程中的交往禁忌有……（如不能当众羞辱对方。）

同学在回答问题时要尽量从自己的感受出发，这样得到的信息才更加真实也更加有参考价值。最后各组总结出答案，并与其他小组分享、讨论。

3. 讨论与分享

请各个小组代表把答案写到黑板上。第一个小组先写出答案，之后的小组把与其内容不一样的答案陆续补充上即可。

（四）活动结束（时间：10 分钟）

小组成员交流第一次团体心理训练的感受和体会，然后汇总团体的反馈，并约定第二次团体心理训练的时间、地点等。

## 训练二　郎才女貌

### 一、训练目标

（1）提升自己表达爱的能力。

（2）探索自己理想恋人的条件。

（3）了解自己的恋爱价值观。

### 二、适用对象

大学任一年级的学生团体。

### 三、适用人数

人数不限。

## 四、适用场所

室内。

## 五、材料

（1）“爱的招募令”活动材料：每人一张 A4 纸、一支笔。

（2）“爱情大拍卖”活动材料：男女生差异调查表（如表 6-2 所列，问题不固定，可以灵活设定）。

**表 6-2　男女生差异调查表**

| 项目 | 顺序 |
|---|---|
| （1）可以因他（她）而扩展生活领域 | |
| （2）可以和他（她）共同建立一个家庭 | |
| （3）可以因他（她）提携、激励而成长、进步 | |
| （4）可以多一个工作伙伴 | |
| （5）可以获得爱和支持的感觉 | |
| （6）可以有他（她）随时随地陪在你身边 | |
| （7）可以和他（她）一起赚很多钱 | |
| （8）可以去照顾和爱他（她） | |
| （9）可以有他（她）照顾生活起居 | |
| （10）可以和他（她）一起生儿育女 | |
| （11）可以因他（她）而增加生活乐趣 | |
| （12）可以因他（她）而获得安定感 | |

## 六、活动时间

90 分钟。

## 七、活动程序

### （一）爱的表达（时间：10 分钟）

每个成员做一个代表“爱情”的动作，其他成员学习这个动作。

### （二）爱的招募令（时间：30 分钟）

在 A4 纸上写下两部分内容：一部分写自己已具备的条件，另一部分写下希望理想恋人具备的条件。各成员将写好的内容在组内分享。

### （三）爱情大拍卖（时间：40 分钟）

*1. 活动实施*

拍卖活动规则：

（1）“男女生差异调查表”上列出的 12 个项目是产生爱情的原因，活动开始之前可以对这些项目进行修改和补充。

（2）请每人就这些项目进行拍卖。每人有 100 万元，由心理行为训练员主持本次拍卖，每个项目叫价以 1 万元为单位，至所有项目卖完为止。

2. 讨论与分享

拍卖完，请成员们讨论下列问题。

（1）各成员都买到了什么？

（2）你经过哪些考虑而买到自己所得的项目？该项目是自己所需或喜欢的吗？

（3）依我们对每一个伙伴的认识，认为他会买该项目吗？为什么？

（4）若重选一次，结果是否相同？若不同，你会如何选择？

（5）当你买的项目与你的男（女）朋友相冲突或不同时，该怎么办？

（四）活动结束（时间：10 分钟）

小组成员交流第二次团体心理训练的感受和体会，然后汇总团体的反馈，并约定第三次团体心理训练的时间、地点等。

训练三

放飞爱情

## 模块四　资源共享

推荐阅读

革命伴侣周恩来和邓颖超

影片赏析

《毕业生》赏析

# 第七单元　认识自我：探索真实的自己

【心寄语】

知人者智，自知者明。

——老子

对自己有一个公正、客观的态度……是一种首要的品质，它是其他方面得以发展的基础。

——奥尔波特

【心探索】

人们常说："人贵有自知之明。"人生在世，真正认识自己是一件很难的事情。对处于成人初期的大学生来说，"我是谁"这个熟悉而又陌生的话题在进入大学以后会引发他们越来越多的困惑。例如，我究竟是一个怎样的人？我为何和别人不同？我是否接受自己？我如何改变自己？我的将来会怎样？他们经常会被无形却又真实的自我所困扰，本单元将和大家一起探索"自我"之谜。

## 模块一　心理故事

故事一

### 懊恼的山羊

一天清晨，一只山羊来到一个菜园旁边，它想吃里面的白菜，可是一道栅栏把它挡在了外面，它进不去。

这时，太阳慢慢从地平线上升起来了，不经意中，山羊看见了自己的影子，它的影子被拖得很长很长。它以为自己很高大，于是自言自语地说："我如此高大，定能吃到树上的果子，吃不吃这白菜又有什么关系呢?"

在距离菜园不远的地方，还有一大片果园。园子里的树上结满了五颜六色的果子，于是山羊便朝着果园的方向奔去。到达果园时，已是正午，太阳当头。这时，山羊的影子变成了很小的一团。“唉，原来我是这么矮小，看来是吃不到树上的果子了，还是回去吃白菜的好!”于是，它又匆匆忙忙转身往回跑。等跑到菜园的栅栏外时，太阳已经偏西，它的影子又变得很长很长。

“我为什么非要回来呢?”山羊很懊恼，“凭我这么大的个子，吃到树上的果子是一点儿问题也没有的。”

山羊懊恼的主要原因是它对自己没有一个正确的认识：当它看到自己被阳光拉长的身影时，就认为自己十分高大，无所不能；然而，当正午的阳光照在它身上时，它又忍不住因为自己缩小了的身影而妄自菲薄。

## 智慧点睛

认识自我是每个人一生都在不断进行着的一个神秘的任务。只有充分地认识自我，才能全面了解自己的长处和短处。只有准确地评价自我，我们才不会在面对人生中不同的任务时因为外界条件的影响而踌躇不前。如果故事中的山羊能够正确地认识自己，就不会因为影子的长短而不断改变对自己能力的判断了。

## 思考

（1）故事中的山羊具有一种什么心理呢?

（2）应该如何克服这种心理呢?

## 故事二

### 神奇的发卡

有一个女孩子，由于自己的相貌很一般，总觉得自己不会讨男孩子喜欢，因此有一点自卑。

一天早上，在上学的路上，她偶然在路边的商店里看到一支漂亮的发卡，当她戴上发卡的时候，店里的顾客都说她长得漂亮。于是，她高兴地买下发卡，戴着它去了学校。

接着奇妙的事发生了：许多平日不太跟她打招呼的同学，纷纷来跟她接近；男孩子也约她出去玩儿，更有不少人向她表示好感；而原本死板的她，似乎一下子变得开朗、活泼起来。这个女孩子心想，都是因为我戴了奇妙的发卡。随即，她想到那个商店里似乎还有很多其他样式的发卡，应当也都买来试试。于是，放学后，她立刻跑去那家商店。

岂知她才进店门，老板就笑嘻嘻地对她说："我就知道你会回来拿你的发卡。早上我看你戴上发卡的时候掉到了地上，但你已经一溜烟地跑去上学了，所以我就暂且替你保管着。"

这时她才发现自己的头上根本就没有戴什么神奇的发卡。

### 智慧点睛

每个人都应该喜欢自己，愉快地接纳自己，培养自信心。每个人都是一个独特的个体，一个人只有全面地接受自己，才能走出自卑、自责的心灵沼泽，才能活出精彩的自己。

### 思考

（1）你认为文中的女孩子将提升自己相貌的自信寄托在发卡上是否正确？

（2）你认同"相貌一般就不讨异性喜欢"这个观点吗？为什么？

## 模块二　心理导航

时光从我身边飞逝，它对每个人都是公平的，
我比过去的我更老，比将来的我更年轻，那并不稀奇。
不，这不奇怪，经过不断变化的我们或多或少还是原来那个人。
经过变化，我们或多或少还是原来那个人。

——保罗·西蒙

人类的自我意识是从无到有，最后达到成熟的，这期间经历了漫长的发展历程。"认识你自己。"这是刻在希腊戴尔菲神殿上的一句格言。苏格拉底也常告诉人们要"认识自己"，因为认识自己是人生的起点。人生最大的挑战就是战胜自己，从而形成健康的自我意识。正确地认识和把握自我，是战胜自己的前提。自我意识不仅直接影响着大学生的社会适应能力和身心健康，而且也影响和制约着他们的人生选择和价值取向，决定着他们的未来。

### 一、自我意识的发展

自我意识是人意识活动的一种形式，也是人的心理区别于动物心理的一个重要特征。虽然动物也能反映它周围的客观环境，可是动物没有意识，更没有自我意识。当动

物心理演化到人类意识的阶段后，就产生了一个全新的功能，即意识不仅能反映现实世界，而且要认识自己。

青年期是个体自我意识迅速发展并趋向成熟的关键时期。高职院校大学生正处于青年中期，他们的自我意识已发展到了新阶段，正经历着一个特别明显且典型的分化、矛盾、统一和转化的发展过程。他们已经由青少年时期注重外部认识世界转向内部认识自己，独立感、自尊心、自信心、好胜心等逐步趋于成熟；自我认识、自我体验、自我控制三方面趋于协调发展；世界观和人生观等自我意识的核心已基本确立。同时，由于他们还未完全走向社会，人际交往技巧与涉世经验并不丰富，致使他们在自我意识上也会出现许多矛盾。总的来说，大学生自我意识的发展是随着年级的上升而发展的，并呈现出不同的发展特点。

知识窗

自我意识

（一）自我认识不断深化

大部分高职院校注重实践教学和军事化生活管理，以培养高素质、高技能型人才为主要办学目标。这种特殊的学习和生活环境为大学生提供了一个专攻技能、定向培养、自由发展、自我实现的新天地。在这里他们自我认识的广度和深度都得到了有利发展。这个阶段的学生不会像中学阶段那样更多地关心自己的外貌、身高、体重、行为举止等外在生理特征，而是更加关注自己的性格、学习能力、人际沟通能力、组织管理能力等内在因素，而且会思考更多价值观或思想意识方面的问题。例如，很多大学生对入学时的心理测试结果非常关心，特别想通过测评报告了解更加真实的自己；还有些大学生会思考“我要怎样做才能被大家喜欢”“我未来应该找什么样的工作”“我将来想成为什么样的人”等问题。

（二）自我认识自控性提高

与中学阶段相比，大学生到了大学更希望自己的命运被自己掌握，他们的自我控制能力有很大提高，自觉性、坚持性、独立性和稳定性显著发展，在生涯规划方面表现出强烈的主动性和计划性。绝大部分学生方向明确、干劲十足，通过自我设计的目标，自觉调节行为，实现对自己人生独立和自由的追求。大多数学生对流行文化持更加客观的评价态度，有自己独特的见解，不会盲目跟从。与中学阶段相比，他们在自我控制能力上已有质的变化。

但是，大学生毕竟没有真正步入社会，他们人生阅历浅、社会经验少、对外界的各种诱惑抵制力不足。他们中有些同学把功成名就当成自己的最高追求，把富有、光鲜的生活当成自己学习的动力，把票子、房子、车子当成未来生活水准的基本尺度。一般来说，大学生的内心都强烈要求独立，渴望摆脱对家庭的依赖，自由支配自己的生活。我们能够理解他们这些想法，尤其是那些靠知识改变自己和家庭命运的学子们。他们希望通过自己的奋斗获得他人和家人的认可，使自己和家人过上幸福生活，从而提升自我形象。但来自社会的语言和与他人攀比的压力使他们一心以这种单一的标准来衡量自己的成就，一心想成为自己向往的那种人，结果却不能如愿以偿，只会徒增烦恼，失去自我控制力，越陷越深，无法自拔，最终做出不理智甚至危险的行为。

### （三）自我评价能力提高

大学阶段正是逐步建立与完善自我评价的关键时期。自我评价在心理学中是指人对自身条件、素质、才能等各方面的一种判断。随着大学生的逐渐成熟，自我评价会在他们的学习生活中占据越来越重要的地位。此时的大学生不会特别在意家长、老师或周围同学的评价，而是对自己的认识逐渐加深，对于自己各方面的水平都有一个基本的了解；而且此时他们各方面的能力也相对稳定，因此能够对一件事、一个人（包括自己）建立自己的判断，对于他人的意见仅仅作为参考。大部分大学生能够做到不卑不亢，不因为他人的赞扬而过于洋洋得意，不因为他人的否认而垂头丧气，能够做到不过分依赖他人的评价。但是，也有不少大学生对自己很不自信，特别在意他人的评价。例如，本来某件事情自我感觉良好，一听到来自他人的不同声音，马上就开始自我怀疑，人云亦云；久而久之，就会演变成过分关注他人评价，做事畏首畏尾，丧失自我评价能力。

## 二、自我意识的偏差

### （一）大学生自我意识的发展存在矛盾性

由于研究角度和理论基础的差异，心理学界提出了形式各异的自我。在大学生自我意识的发展过程中，主体自我与客体自我、理想自我与现实自我、生理自我与社会自我等概念涉及多层次、多维度的心理现象，而大学生正处于自我概念形成的关键时期，这个时期大学生心理发展的重要内容便是自我统合。然而，在自我统合的过程中难免会出现同一性混乱的现象，这会引发大学生自我意识矛盾的产生。因此，大学阶段一个显著的特征是自我意识的矛盾性，其一般具有以下特点。

#### 1. 主我与宾我的矛盾

例如“我看到我”，这里的自我是以两种方式出现的：第一个我是观察者，是主我；第二个我是被观察者，是宾我。因此，我们可以把自己当作观察的客体。我们看到自己，非常像看到镜子中自己的影像。心理学家威廉·詹姆斯建议，我们用主我来指代自我中积极地感知、思考的部分，用宾我来指代自我中注意、思考或感知的客体部分。主我指我们对于自己正在思考或感知的意识，而不是生理或心理过程本身；而宾我也是非常主观的心理现象，指代“他们是谁”“是什么样的人”等看法。例如，一名大学生说“我认为我是一个聪明的人”，但周围的同学并不觉得他有多聪明，认为他在很多时候都是耍小聪明，或者是不懂装懂。在这种情况下，他可能会坚持最初的自我评价，还按照以往的方式学习和表现以印证自己的聪明；也可能会按照他人能接受和认可的标准改变自己的观点，即换一种方式去发展自我。大学生在学习生活中，很多时候正是这种“主我”和“宾我”的矛盾而形成进退两难的心理困惑。

2. 理想自我与现实自我的矛盾

相关心理调查结果表明，大部分新生入校后心理上都会存在一定的落差感。他们在与周围同学的比较之后觉得自己资质平平，感觉周围的人都比自己强，体会不到曾经的优越感。大部分学生能够承受住这份落差感，经过痛苦的思考后重新找到自己的定位。而仍有部分学生在这种落差感中越陷越深，越发退缩，越发没有自信；其中一个很重要的原因是他们总是通过与“理想自我”的比较来证明“现实自我”的价值，简言之这矛盾主要源于理想与现实之间的差距。理想自我是指个人想要达到的完美形象，是个人追求的目标，它引导个体达到理想中的个人自我。现实自我是个人从自己的立场出发，对自己目前的实际情况的看法，它是个体对自己现实的观感。大学生富于理想、抱负，成就动机强，对未来充满信心，他们通常在脑海中构想了一个完美的“理想自我”，并将这个“理想自我”和“现实自我”加以对照比较，当两个形象差距很大时，便容易产生心理落差，某些心理问题也会因此而产生。

3. 独立意向和依赖心理的冲突

独立意向是大学生在成长和发展过程中摆脱他人监督、支配和管教的一种自我意识倾向。大学生的生理发育已基本成熟，社会化程度也有了一定提高；因而他们在心理上产生强烈的成人感和独立感，希望摆脱对家长和老师的依赖，并向周围人显示自己的主张和能力，不喜欢旁人过多的干涉。然而，大学生经济尚未独立，心理上没有完全成熟，社会地位还未确立，这种独立性还表现得不够理智，表现出一定独立意向的盲目性。有的大学生某些方面表现得很有见解，而遇到大事却摇摆不定、没有主意，不管遇到什么事还是会依赖父母。还有些大学生从众心理严重，容易随大溜儿，什么事都依赖他人的意见，或受各种诱惑影响，成为他人和环境的附属品。这样的人往往会越来越不自信、越来越依赖外界，表现出“人云亦云，人行亦行”的盲从行为。这些都是独立意向与依赖心理之间的冲突所导致的行为结果。

4. 渴望交往和自我闭锁的冲突

大学阶段的学生比较渴望友情和爱情的滋养，比较渴望得到同辈群体的认同，比较渴望产生归属感。一方面，新环境的变化和学习生活方式的改变，使得大学生远离了曾经熟悉的舒适区，内心的孤独感、空虚感油然而生，他们希望通过结交新的朋友、加入学生社团、谈场恋爱来弥补这一阶段的情感缺失。另一方面，一部分学生没有过集体生活的经验，他们在面对寝室集体生活时感到既陌生又期待。来自五湖四海的室友在生活习惯、处事方式、学习方式等方面都有所不同，使得他们有时会感到无所适从，内心会不自觉地产生各种压力和矛盾；因此，他们更希望尽快得到他人的接纳和认可，建立内心的同辈归属感，摆脱空虚感和孤独感。同时，对陌生的环境存在恐惧、担心遭到他人的拒绝，这些心理常使许多大学生在人际交往中变得被动。他们选择用自我封闭的方式应对这些问题，难以主动建立起积极的人际关系，从而无法摆脱内心强烈的寂寞感和孤独感。

自我意识的矛盾使大学生在心理和行为上出现某些不适应。他们有时感到苦恼焦虑、痛苦不安，有时甚至影响到心理发展或心理健康。但这却是个体自我成长成熟和完成自我同一性的必经之路。

**案例分享**

某专科男同学，高中时就读于一所普通农村中学。他上高中时成绩优秀，深得老师信任和同学羡慕，与同班一名女同学有一段心照不宣的初恋感情。但是他因高考时发挥失常，考进一所不理想的学校，而平时比他成绩差的同学都考进了本科院校。进入大学后，他发现自己失去了在高中时的优越地位，学习成绩平平，尤其是计算机、英语等学科学起来非常吃力，尽管自己已经努力追赶，但是也没有效果。渐渐地，他认为自己一无是处，什么都不如别人，长相不够帅、穿衣不时髦、说话方言重，还经常被同学调侃嘲笑，因此产生了严重的自卑心理。他入学两年的时间里没有交到一个知心朋友，与高中同学的联系也因为高考失利、自尊心受挫而逐渐减少，高中时期的那个女孩也和他失去了往来。渐渐地，他变得越来越郁闷，做什么事都打不起精神，拒绝参加班里的任何集体活动，上课也听不进去，只有通过沉迷手机游戏来打发时间。

**案例解析**

进入高职院校的大学生，一小部分是因为高考时失利，还有一大部分是高中时没有认真学习或当地的高中教育落后导致的。这些综合因素使高职院校大学生在主我与宾我、现实自我和理想自我之间迷失了方向，无法处理好独立意向和依赖心理的冲突、渴望交往和自我闭锁的冲突。其实，应该首先明确一个观念：只要能够考进大学，证明学生的智力是没有问题的；而是因为大学生对自我的认识不够客观、积极，不够了解自己，不知道自己的长处是什么，也不知道自己真正想要的是什么，仅看到自己失意的一面，而没有关注积极的一面。要相信，高职院校大学生在学会坦诚对待自己的经历，接受自己的不完美，学会相信自己的感受之后，就能够接受完整的自己，将逐渐走向自我和谐。

### （二）大学生自我意识发展中存在的误区

1. 自卑

个体心理学家阿德勒认为，每个人都有不同程度的自卑感，自卑感的存在并不是一件坏事，因为他激励了人不断追求卓越，克服自身的障碍，在有限的生命空间内发挥出最大的价值。可以说，正是由于人类会有自卑感，才会有不断取得进步的动力。形成自卑感的原因有很多，如童年经历、身体缺陷、能力不足等。自卑是因怀疑自我价值、低估自己的能力而产生的消极心理。其实没有什么人是完全自卑或完全自信的，大部分人是处于时而自卑、时而自信之间。有的同学或者高大帅气、或者高挑清秀、或者风度翩翩、或者亭亭玉立，但他们往往也会对心理教师说："老师，我很自卑。"有的同学对自己的外貌不满意，有的同学因为自己的语言表达、人际关系、性格能力、成绩、特长等客观因素而自卑，甚至有的同学对自己的所有方面都不满意。这些都是因为过度自卑而造成的自尊心严重受挫的结果。大学生的心理还没有完全成熟，没有能够完全直面自己不足的勇气，有时仅仅因某一方面的缺陷而产生自卑感，然后逐渐演变成全面的自我否定。大部分大学生没有丰富的生活经验，总是幻想着不通过自己的努力和改变就能超越自卑感，具体表现为抱怨、夸口、矢口否认等行为。这些行为不但没有触动自卑，而且没有解决任何问题，所以非常容易导致意志消沉、自暴自弃，甚至形成根深蒂固的"自卑情结"。

2. 自负

自负是指对自己的评价过高，情绪上盲目乐观的一种自我意识误区。大部分人都有对自我感觉良好的人类基本需求。人们都想以自己为荣，而不想以自己为耻。人们都想努力扩大并保护自己的自尊，都希望自己能够被他人喜欢或者尊重。而很多大学生是通过自以为是、自命不凡、认为自己什么都好、过分夸大自己的优点等行为来维护自尊的，这些行为最终会导致他们产生盲目乐观、夜郎自大等心理。更有甚者会利用双重标准来评价自我和他人，认为自己的缺点也是优点，是独特性，对他人的缺点就完全无法容忍，甚至会因为他人的一个小小的缺点，而全盘否认他人，认为他人一无是处，什么都不如自己。自负的大学生往往人际关系不良，却将责任归结到他人身上，完全看不到自己的问题。他们还会因为自视甚高，承担了无法完成的任务，继而遭受失败的挫折，最终一蹶不振。

3. 完美主义

完美主义使人类追求自我完善，这极大地推动了个人和社会的进步，是人类发展最重要的动力之一。很多有完美主义者情结的大学生过分追求完美，这是大学生自我意识发展中的常见问题之一。所谓过犹不及说的就是完美主义者，他们将精力投注到那些与他们生活息息相关的细枝末节的事情上面，如对完整、纯洁、善良等过于偏执，会努力去改善不完美的事，尽量使其完美。开始工作时，他们总有一股永不罢休的劲头儿，但后来这种劲头儿就会衰减，因为在工作过程中，不完美的事情此起彼伏地出现，他们根本顾及不过来，最后只有认输。过分追求完美的大学生在很多事情上不给自己和他人留余地，因而给自己带来极大的精神压力，破坏了正常的人际关系，影响了学习和工作的效率。

4. 自我中心

大部分大学生都是独生子女，他们中有很多人上大学之前都没有集体生活经历，基本上都是家里、学校两点一线的生活；在中学期间，他们关注学习多一点，学习以外的生活都发生在家里，自己就是家里的中心；到了大学以后，他们的学习、生活都要跟他人在一起，在这种过程中非常容易出现自我中心的倾向。自我中心就是从自我的角度、标准去认识、评价和行动。大学阶段是自我意识发展最强烈的阶段，大学生特别容易从自己最熟悉的角度和自己原生家庭教给自己的标准去认识、评价自己周围的人、事、物。当他人的行事准则与自己的标准相冲突时，就会产生个人主义、自私自利等不良思想意识，或过分的、扭曲的自我中心。自我中心的人凡事首先考虑的是个人的利益，不会顾及他人的需要和感受。例如，现在大学生中常见的“公主病”“王子病”就是自我中心的典型代表，他们有显著的自恋倾向，心理年龄小，对自我评价失衡，超过现实的放大自己的优势，以自我为中心；他们意志力和耐受力弱，遇到问题经常归于外因，遇到困难往往选择逃避、抱怨，做错了事希望别人为自己买单；他们动手能力差，眼高手低，缺乏责任感，感受他人情绪及控制自己情绪的能力弱，导致人际关系紧张，从而在适应学习生活环境时遇到较多问题。

**案例分享**

令无数球迷倾倒的球王贝利，曾经是一个自卑的胆小鬼。当他得知自己入选巴西最有名气的桑托斯足球队时，竟然紧张得一夜未眠，因为他对自己缺乏自信。一种前所未有的怀疑和恐惧使贝利寝食不安。身不由己的贝利来到了桑托斯足球队，他说：“正式练球开始了，我已吓得几乎快要瘫痪。”他就是这样走进一支著名球队的。

第一次比赛时，教练就让他上场，并让他踢主力中锋。紧张的贝利双腿好像是长在别人身上似的，半天没回过神来。每次球滚到他身边，他都像看见别人的拳头向他击来。他几乎是被逼上场后，才不顾一切地在场上疯狂地奔跑起来。那时的他眼中只有足球，并恢复了自己的正常水平。从那以后，他找回了自信，并将自己的潜能发挥到极致。

那些使贝利深深恐惧的足球明星们，其实并没有一个人轻视过贝利，而且对他还相当友善，如果贝利稍微增强一点儿自信心，也不至于受那么多的煎熬。

**案例解析**

贝利的紧张和自卑，是因为把自己看得太重了。他从小自尊心强、自视甚高，以致做任何事情都难以达到理想的要求。他一心只顾想着别人将如何看待自己，这又怎能不产生怯懦和自卑呢？

## 三、自我的完善

美国心理学家埃里克森用“同一性危机”来描绘能影响青少年看法和情感的变化。他指出，伴随青春期而来的许多变化都是突然性和暂时性的，并不会一直存在。这会造成自我同一性的混乱和不稳定，青少年必须在青春期前的自我和现在的自我之间寻找连接点。自我同一性是指人的需要、情感、能力、目标、价值观等特质整合为统一的人格框架，即具有自我一致的情感与态度、自我贯通的需要和能力、自我恒定的目标和信仰。埃里克森相信，如果青少年在以下三个主要的领域做出承诺，那么这些问题就得到了解决：① 职业（即选择一个职业）；② 意识形态（即建立一种宗教信仰、政治倾向和一般性的世界观）；③ 性取向（即确定他们的性取向和产生与年龄相一致的性角色行为）。自我同一性的确立是青年期的重要发展课题，当代大学生普遍存在着“同一性混乱”的现象，如果在大学期间能够完成“你知道自己喜欢什么吗?”“你知道自己需要什么吗?”“你知道自己能做什么吗?”“你知道自己擅长做什么吗?”“你知道自己的人生目标吗?”“你知道自己最看重什么吗?”这六个方面的问题，就能够适应与化解危机，实现自我同一性。

（一）确立稳定的自我

大学生要确立稳定的自我应做到如下方面：学会正确认识自我，增强对自身能力、特性的认识，逐渐建立与完善自我评价体系，逐步对自己有较全面的认识；能够发现自身优缺点，从各个方面对自己的能力和特性进行客观评价，增加对自身能力特性的认识；学会识别自我发展中的盲点，有意识地觉察自我妨碍；多重视自己的感受与看法，多尝试多思考，多与人交往，形成关于自我的完整拼图，充分了解自己各方面的能力及自己做某个决定的理由。

知识窗

健康自我意识的标准(樊富珉教授提出)

（二）接纳完整的自我

“金无足赤，人无完人”，每个人都不是完美的，每个人身上都会存在一些与他人不同且程度不一的缺陷。如果人们不接纳这些缺陷，对它们无法释怀，就会使自己筋疲力尽、痛苦不堪；如果把它们当成自己的一部分，当成自己的特点，然后积极面对，反而可以从容不迫地享受生命的阳光和雨露，正所谓“不为形役，自然天成”。同时，人们可以发现，当自己在某一个方面存在不足时，一定在另一个方面更有天赋。人有所长、必有所短，取长补短、方能平衡，或许这些缺陷可以激发出你的潜能，让你成为某一方面的天才。这个优势与缺陷和谐共生的自我才是一个完整的自我。

（三）合理地调节自我

生活中能很好地进行自我调节的人，往往会通过合理的方式来找到信心的支点。他们会更加关注内在的感受，哪怕有时是自我感觉良好或自以为是，或者是超越自身利益采取利他的行为，使自己看到自己的价值，从而感到由衷的喜悦。比如，一个不会唱歌的大学生，可以通过发挥自己绘画的长处而得到心理的平衡；一个不善于演讲的大学生，可以通过自己优秀的文笔来克服不善演讲带来的自卑。所以，人们要对自我有一个清晰的认知，能够合理地调节自我，寻找自己闪光的部分。

（四）超越真实的自我

自卑的人说“我不行”，自信的人说“我可以”；结果就是自卑的人真的不行，而自信的人却真的成就了自己。任何时候我们不要对自己说“我不行”，我们的失败不是因为我们不行，而是因为我们没有面对真实的自己。历史上伟人也并不是完美的，拿破仑的矮小、罗斯福的小儿麻痹、丘吉尔的臃肿，他们都有自己无法避免的缺陷。现实生活中的许多事也是我们无法选择的，我们唯一能做的就是积极对待生活的酸甜苦辣，面对最真实的自己。每个人都有超过其他人的天赋和才能，要学会扬长避短，这既是建立自信的有效途径，也是超越自我的制胜之道。

应该说人的自信是建立在成功的基础上的，没有成功就没有自信。一个大学生说自己从来就没有成功过，那他一定不会相信自己是可以成功的。他的世界会流落在生活的灰色地带，没有阳光，没有喜悦。如果他想要离开那个地方，他唯一的选择就是去忘记自己的自卑，就像球王贝利一样勇敢地去拼，说不定就会将自己的优势激发出来，从而找到成功的方向。

### 课后思考

（1）怎样理解自我和自我意识？

（2）简述自我意识的偏差表现在哪些方面。

（3）简述大学生应如何完善自我意识。

# 模块三　心理训练

本单元团体心理训练的主题紧紧围绕“自我”，自我的成长和发展是团体心理训练的永恒主题。专门针对“自我”开展的团体心理训练，有助于个体在短时间内了解自我，探索自我。对于刚走过青春期正处于自我探索时期的大学生来说，以“自我探索”为主题的团体心理训练，为他们提供了认识自我的合适机会。大学生面临着学习、生活、人际关系、情感等多方面的挑战，他们需要尽快适应大学生活。自我探索团体不仅有助于成员了解自我和探索自我，对于提高他们对大学生活及对社会生活的适应性也具有良好的促进作用。在“自我探索团体”中，会运用一些艺术表达的元素，以帮助成员更好地贴近自我、体验自我、认知自我，并协调自我。

## 训练一　认识独一无二的“我”

### 一、训练目标

（1）介绍团体成员彼此认识，初步建立团体成员之间的关系。

（2）由心理行为训练员介绍团体的基本背景信息，以及团体的尊重和保密原则等。

（3）让成员认识到自己是独一无二的个体，帮助成员学会欣赏、珍惜自己独一无二的身体。

（4）引导成员去尝试了解他人。

## 二、适用对象

大学任一年级的学生团体。

## 三、适用人数

人数不限。

## 四、适用场所

室内。

## 五、材料

心理行为训练员事先准备好与人数相符的水果或干果（也可以是蔬菜或叶子等）。人数多的团体可以买枣、瓜子之类的水果或干果，人数少的团体可以买苹果、橘子之类的水果。每人两张成员单（即“我的身份证”和“独一无二的我”成员单，如图 7–1 所示）。准备多于成员人数的白纸，若干胶水、剪刀，红色印泥，与人数相符的水彩笔。

我的身份证

请您填写下面的内容：

（1）我的姓名：________

（2）我姓名的故事：________________________________________

________________________________________________________

（3）我的标志：____________________________________________

独一无二的我

★我的指纹：　　　　★我的掌纹（此项可根据活动需要设置）

★我的头发：

★我的签名：

**图 7–1　成员单**

## 六、活动时间

90 分钟。

## 七、活动程序

### （一）喜相逢（时间：10 分钟）

“喜相逢”活动步骤如下。

第一步，心理行为训练员自我介绍，并欢迎大家参与团体训练活动，然后为成员介绍团体活动的背景和目的。

第二步，心理行为训练员利用经常使用的教学管理 APP 提前对成员进行随机分组（根据训练团体实际人数进行分组，6~8 人/组为宜），每组随机产生组长，并签订团体心理训练契约书。

第三步，让小组每名成员从团体中选择一名最想认识的同学，与他打招呼并握手问好。在 2 分钟的时间内，每名成员要尽可能与更多的同学握手问好。在训练员示意暂停时，请成员与正在打招呼的那个同学组成一个小组，并用 3 分钟的时间相互进行自我介绍。之后，训练员示意每两组合成一组，即变成 4 人一组，原来两人组的同学互相给另一组的同学介绍新认识的朋友（注意：要尽可能全面地介绍在前面活动中获取的信息）。最后所有的小组组合成一个大组，围成一个大圆圈，每个人用一句话介绍自己，包括姓名、个性与期待，并采用接龙的方式，即请下一个自我介绍的同学重复前一个同学的话之后再介绍自己。

（二）独一无二（时间：40 分钟）

1. *活动导入*

第一步，心理行为训练员引导成员按照分组迅速围成一圈坐下，保证每个小组中间有一张桌子，同时把提前准备好的白纸粘贴在墙壁或黑板上。

第二步，心理行为训练员宣读引导语："我们每个人都是独一无二的。我们可能会拥有相似的面容、身体和声音，但是，如果你仔细观察的话，就会发现每个人都是不同的。我们有独特的指纹、声音，甚至我们的头发都是不一样的。我们每个人就如同只此一件的艺术珍品一样，是永远不会再重复的奇迹。在接下来的活动中，让我们一起仔细观察发现自我的独特之处吧。"

2. *活动实施*

（1）第一阶段。

每组组长领取心理行为训练员之前准备好的水果，并发放给本组组员。然后，让组员仔细观察自己手里的水果，尽量记下水果的样子和特征。

心理行为训练员计时 2 分钟，时间一到，就指挥各组组长将本组的水果收到一起，打乱顺序，摆放在圆圈中央的桌子上。

接下来，组员要从所有的水果当中找到自己刚刚拿到过的水果。心理行为训练员将这个过程的时间控制在半分钟内。当所有的组员都拿到水果之后，让组员坐下。

最后心理行为训练员可以对这个活动进行总结：当我们仔细观察时就能够发现，两个看起来一样的事物之间其实存在不同之处。

（2）第二阶段。

在活动第一阶段结束之后，心理行为训练员可以引导组员进行自我观察。将"我的身份证"这张成员单发给组员，给组员 3 分钟时间填写自己的"身份证"。

然后，心理行为训练员收回组员填好的"我的身份证"成员单，再将第二张成员单“独一无二的我”发给组员，同时发给每组组长印泥（印泥用来在成员单上印下指纹，如印泥数量少，各组组员之间可以传递使用）、水彩笔（用来写自己的签名）、剪刀（用来剪头发）和胶水（用来将头发粘在成员单上）。给组员 3 分钟时间完成这张成员单。

心理行为训练员将第二张成员单收回，贴到事先准备好的白纸上。

接下来，组员可以去找自己的那张“独一无二的我”成员单，并观察自己的成员单与别人的成员单有什么不同。

最后，心理行为训练员可以让组员自发讲自己名字的故事、还有自己标志的来历。心理行为训练员还可以提问组员：“你的成员单和谁的是一样的？”

3. 讨论与分享

心理行为训练员可以引导组员进行下面的讨论。

（1）为什么我们能够找到我们观察过的水果，有什么窍门？

（2）为什么有的组员找不到自己观察过的水果？

4. 活动建议

（1）心理行为训练员可以让组员把他们的手掌画到一张大白纸上，或让组员用印泥印出自己的掌印。然后让每个组员去观察自己的手掌和别人的手掌有什么不同。在整理和分享的环节中，心理行为训练员可以引导组员讨论：“我的手掌是什么样的？”

（2）在这个活动中，每一个小活动都可以单独拿出来使用，心理行为训练员可以根据时间来灵活选用自己需要的活动。

活动百宝箱

“你的手、我的手”

**（三）镜中的我（时间：30 分钟）**

在日常生活中，我们是如何观察到自己的？一个很直接的途径就是照镜子。通过照镜子，我们可以看到自己的长相，看到自己的行为动作。从某种意义上说，我们可以通过照镜子看到别人眼中的自己。我们会发现，镜中的自己和自己所认为的是不一样的，而且我们每一个人也是独特的。本活动的设计就是通过一个有意思的活动来帮助成员认识自身，并了解他人。

1. 活动导入

（1）心理行为训练员带领全体成员起立，并将椅子移开，以便在教室中空出足够的空间。

（2）组织参训成员左右或前后每两人分成一组，也可以让成员自由组合成两人一组。

（3）心理行为训练员进行活动引导语：“我们每天都会照镜子，当你点点头时，镜子里的你也会点点头；当你微笑时，镜子里的你也会对你微笑。现在让我们来照一个特殊的镜子。”

2. 活动实施

心理行为训练员宣布活动规则：

“大家两两相对站立，首先由其中一个人扮演照镜子的人，另外一个人则扮演那个人在镜子中的影像。照镜子的人可以做出任何他想要做的动作和表情，镜中人则需要快速模仿出照镜子的人的动作和表情，最好能做到像真正照镜子一样同步。2 分钟后，将两个角色互相交换，即照镜子的人成为镜中人，而镜中人则扮演照镜子的人。在这个过程中所有的人都不能说话，大家需要用心参与并体验。”

心理行为训练员控制活动时间，保证每个人都分别扮演过两个角色。在成员扮演的过程中，心理行为训练员可以在各个小组的成员中间走动，观察成员的参与情况。

3. 讨论与分享

本活动的讨论与分享过程很重要，活动结束后所有成员围坐成一圈，为了帮助成员更加明确自己在活动过程中的体验，并让成员能够将这些体验与现实相结合，心理行为训练员可以引导成员讨论以下问题。

（1）你在扮演照镜子的人的时候有什么感受？

（2）你在扮演镜中人的时候有什么样的感受？你能否跟得上照镜子的人的速度？

（3）这样照镜子的过程和真实生活中的一样吗？

（4）看到你的动作和表情被人模仿时，你又有什么样的感受？

（5）怎么样才能够模仿得最好？

4. 活动建议

（1）本活动的形式可以有很多种变化。可以是请其中一组成员分别扮演照镜子的人和镜中人，其他成员围在一旁观察他们扮演的情况；还可以是一个照镜子的人对多个镜中人，看谁模仿得最像；也可以是照镜子的人照的是哈哈镜，要求镜中人将照镜子的人的动作放大；等等。心理行为训练员可以有所创新。

（2）本活动可以用作热身活动。活动最后的讨论话题经过调整，也可以用到人际沟通当中。

（四）活动结束（时间：10 分钟）

小组成员交流第一次团体心理训练的感受和体会，然后汇总团体的反馈，并约定第二次团体心理训练的时间、地点等。

## 训练二　探索真实的“我”

### 一、训练目标

（1）让成员发掘自身的优点，并将自身的优点表达出来。

（2）寻找自己和他人之间的共同之处，进而尝试去发现自己的独特之处。

（3）促进成员之间的鼓励、支持。

（4）增强成员的自信心和团队归属感。

## 二、适用对象

大学任一年级的学生团体。

## 三、适用人数

人数不限。

## 四、适用场所

室内。

## 五、材料

每人一张“魅力无限卡”（如图 7-2 所示）、小纸条（每张纸条上分别写上可乐、汉堡、薯条、大饼、油条、豆浆，将纸条折好，随即打乱顺序）、与成员人数相符的水彩笔、与小组数相符的白纸、几首舒缓轻柔的背景音乐。

| 魅力无限卡 | |
|---|---|
| （1）我＿＿＿＿＿＿＿＿＿＿ | 见证人签名：＿＿＿＿＿＿ |
| （2）我＿＿＿＿＿＿＿＿＿＿ | 见证人签名：＿＿＿＿＿＿ |
| （3）我＿＿＿＿＿＿＿＿＿＿ | 见证人签名：＿＿＿＿＿＿ |
| （4）我＿＿＿＿＿＿＿＿＿＿ | 见证人签名：＿＿＿＿＿＿ |
| （5）我＿＿＿＿＿＿＿＿＿＿ | 见证人签名：＿＿＿＿＿＿ |
| ………… | |
| （此处行数根据分组人数情况进行设计） | |

**图 7-2　魅力无限卡**

## 六、活动时间

90 分钟。

## 七、活动程序

### （一）幸福互动 SPA（时间：10 分钟）

“幸福互动 SPA”活动的步骤如下。

（1）心理行为训练员向全体同学介绍本次活动的目的、时间和内容，重申团体活动契约中的重要内容。

（2）场地允许的情况下，让所有成员围成一个闭合的圆圈；如果是在阶梯教室，中间没有空场，就以每一横排为一个单位，让全体成员起立，将每一横排连接起来。全体成员向左或向右转，后一名成员的手臂搭在前一名成员的肩膀上；待音乐响起，心理行为训练员让站在后面的成员用自己认为最舒服的方式给前面的成员按摩整个后背；一段时间后，所有成员向后转反方向进行。互相按摩放松的两名成员都要给彼此一个微笑和一个拥抱，并用语言向对方表达感谢。

（二）魅力四射（时间：40 分钟）

1. 活动导入

心理行为训练员进行活动引导："我们也许能够很好地发现周围同学身上的优点，比如张小花跳舞很好，李小草跑步很快。可是当我们再来看自己的时候，就会觉得自己好像什么都不好。我们很少能发现自己的优点，今天就让我们通过完成一个任务来发现自己的优点吧。"

2. 活动实施

（1）心理行为训练员将"魅力无限卡"和水彩笔发给每名成员。

（2）按奇偶数进行分组。每个小组的成员坐在一起围成两个圈，一个内圈，一个外圈。内外圈成员人数相同且一一对应，确保每个内圈成员都要与一个外圈的成员面对面而坐。

（3）心理行为训练员宣布活动规则：① 当音乐声响起时，所有内圈的人都需要把自己的"魅力无限卡"交给对面外圈的人，然后告诉他自己的一个优点、兴趣或擅长做的事，外圈的人则记录下来，并签上名字后还给内圈的人；② 当音乐声停止时，所有人都要停下来，然后内圈的人不动，外圈的人按顺时针的方向转动一个位置；③ 音乐声再次响起的时候，内圈的人把自己的"魅力无限卡"交给对面的人，再告诉他另外一个自己的优点、兴趣或擅长做的事情，外圈的人记录、签名并归还"魅力无限卡"；④ 依次轮流，直到所有成员都轮过一圈；⑤ 接下来，内外圈队员交换位置，按照上述规则重复进行。

由于活动规则过长，心理行为训练员需要确保每名成员都明白活动的规则，必要时可以重复活动规则，或找其中一个小组进行示范。活动进行时，心理行为训练员应把每次播放音乐的时间控制在 30 秒内。

3. 讨论与分享

活动结束后，所有成员围成一个圆圈或回到教室的座位上，心理行为训练员可以邀请一些成员，将他们的"魅力无限卡"的内容分享给大家听。

为了帮助成员发现自己缺少自信的原因，同时强化和增强成员自信心，心理行为训练员可以引导成员讨论以下问题。

（1）说优点时，你会觉得困难吗？

（2）当你说出几个优点之后，觉得很难再想出其他优点吗？

（3）是什么原因让你没有集齐应有的 10 个签名？

（4）集齐 10 个签名的感受是怎么样的？

注意事项：对于一些优点很少的成员，心理行为训练员应注意安抚他们的情绪，也可以采取组内"优点轰炸"的方式，即组内每个成员都来找他的优点，帮助他建立信心。

4. 活动建议

（1）如果团体人数在 20~30 人，可以采用所有成员一起进行回旋的方式，即所有的成员围成一个内圈一个外圈进行活动。

（2）如果是高年级的班级团体，成员之间比较熟悉，心理行为训练员还可以要求成员在回旋时，第一次说一个优点，第二次说两个优点，依次递增，增加活动的难度和挑战性。

活动百宝箱

“优点轰炸”

（3）活动还可以采用外圈成员说内圈成员优点并签名，内圈成员记录的方式进行，心理行为训练员要对活动规则灵活掌握。

（三）可乐、汉堡、薯条（时间：30 分钟）

1. 活动导入

心理行为训练员进行活动引导：“我们每一个人都是社会中的一员，这个社会可以是像国家一样的大环境，又可以是像班级一样的小环境。当我们大家都坐在这里时，我们又形成了一个小社会，在这个社会中我们有着共同的目的、共同的期待，除此之外我们还有许多的共同点。”

2. 活动实施

（1）心理行为训练员让每个成员随机抽取一张纸条，并提醒成员纸条的内容只能自己看，不能让其他人看到。当心理行为训练员宣布开始时，成员可以离开座位寻找自己的同类，活动时间为 5 分钟。

（2）心理行为训练员宣布活动的规则：可乐、汉堡和薯条配对，大饼、油条和豆浆配对。配对的方式：不能直接说自己的纸条上写的是什么，只能用食物的特征来描述纸条的内容，如抽到大饼的人可以说：“我的纸条上写的是一种吃的东西，圆圆的薄薄的食物。”

（3）当所有成员都找到自己的同伴后，各小组分开，每个小组围坐成一个圆圈，每个小组派一名代表从心理行为训练员处领取一张白纸和一盒水彩笔。以小组为单位，大家一起找出五处共同点。这个共同点可以是外表，如都是女生；也可以是兴趣爱好，如都喜欢听音乐；等等。当成员填写完以后，每个成员还需要找到不同小组中其他成员的三个特点。将所有的内容都写在白纸上之后，由小组代表将白纸交给心理行为训练员。

3. 讨论与分享

所有的成员围坐成马蹄形，为了帮助成员彼此交流、分享，同时让成员更加明确讨论的结果，心理行为训练员可以引导成员先以小组为单位与所有成员分享小组成员之间的共同点之后，再由小组成员分别介绍自己的独特之处。

心理行为训练员应注意提醒大家，每名成员在分享的时候需要面朝所有的成员进行介绍。

4. 活动建议

配对的方式可以有所不同，如可乐和豆浆、大饼和汉堡、薯条和油条的配对方式，可以由心理行为训练员灵活掌握。值得注意的是，配成一对的食物之间应保证有足够的共同之处，在这个基础上，心理行为训练员还可以创新出许多其他的物品用来配对。

训练三

做最好的“我”

（四）活动结束（时间：10 分钟）

小组成员交流第二次团体心理训练的感受和体会，然后汇总团体的反馈，并约定第三次团体心理训练的时间、地点等。

# 模块四　资源共享

推荐阅读

黄文秀：谱写新时代的青春之歌

影片赏析

《律政俏佳人》赏析

# 第八单元　健全人格：探索积极心理品质

【心寄语】

人的鲜明特征是他独有的。过去不曾有、将来也不会有一个人和他一模一样。

——戈登·奥尔波特

在哲学或艺术上具有创造思维的人会如虎添翼，但是在科学上……必须做全面、艰苦的实验。

——雷蒙德·卡特尔

【心探索】

“为什么同样的环境和社会条件下，一些人成功，另一些人却一事无成?”“为什么有的人到哪儿都特别受人欢迎，有人到哪儿都形单影只?”“为什么有些人总犯同样的错误?”“为什么有些人容易陷入焦虑之中?”究竟是什么决定了我们的命运？是运气还是努力？是别人还是自己的性格？常言道：“一样米养百种人。”人与人之间虽差别不多，但有差别的地方通常都很显著。因此对于人格的探索是大学生走向成功的必经之路。

人格是个体身上最具色彩的闪光点，人与人的不同正因为人格的不同。当我们与其他人比较时，你会发现人与人之间是如此的不同。正如哲学家总结的那样：世界上没有两片相同的叶子。本单元将与大家一起走入人格迷宫，领略不同的人格魅力在促进健康人格的形成中所发挥的重要作用。

## 模块一　心理故事

故事一

### 他到底是谁

据英国《泰晤士报》报道，帕梅拉·爱德华兹是英国人，他患有一种罕见的多重人格分裂症，除了“真我”帕梅拉外，他的身上还有着4个虚构的角色，分别是“安德鲁”、“桑德拉”、“苏珊”和“玛格丽特”，4个角色会轮流控制帕梅拉的行为，让他做出一些无法理解的古怪举动。

有时候，他是“安德鲁”，这是一个淘气的小男孩角色。当“安德鲁”的人格出现时，帕梅拉总是神经质地梳理头发，或者顽皮地恶作剧，弄坏家里的东西。有时候他忽然温柔而克己，这是“桑德拉”的角色——一位母亲——正在控制他。当“苏珊”——一位成功的白领女性——的人格出现时，帕梅拉的表情会显得更加直率和自信。据悉，帕梅拉的多重人格之间还会发生冲突，甚至互相争吵。

帕梅拉童年时曾是家庭暴力的受害者，直到5岁才被社会工作人员送进福利院抚养。

## 智慧点睛

人格是稳定的，但是也是多面的。拥有多重人格的人会通过解离分裂状态来做象征性的逃跑，借着创造坚强的内在角色，协助应付遭受创伤的情境，来保护脆弱的自我。他们会创造另外一个世界来取代真实的世界，做原始自我渴望想做却不敢做的事。心理专家们认为，童年的虐待可能是帕梅拉发展出罕见的多重人格的主要原因。这正如魔方，有不同的面，且每一面都有自己独特的颜色，这些不同的面和不同的颜色组合起来，才是一个完整的魔方。人也是如此，每个人都有自己不同的一面，在适合的场合展示自己不同的一面，这其实也是一种“适者生存”。

## 思考

（1）帕梅拉为什么会产生多重人格？

（2）如果遇到具有这类人格特点的人，我们应该怎样陪伴？

## 故事二

### 苏章判案

苏章是出了名的清官。他为官清正、公私分明，从来不因自己的个人利益而冤枉好人、放过坏人，深受百姓的爱戴。

有一年，苏章被委任为冀州刺史。上任伊始，苏章便认真地处理政事，办了几件颇为棘手的案子。可是有一天，却发生了一件令苏章头疼不已的事情。

苏章发现有几个账本记得含混不清，不由得起了疑心，就派人去调查。调查的人很快呈上了报告，说是清河太守贪污受贿，数额巨大。苏章大怒，决心马上将这个胆大妄为的清河太守逮捕法办。可是，当他的目光停留在报告上清河太守的名字上时，不由得呆住了。原来这个清河太守就是他以前的同窗，也是他那时最要好的朋友。那时两人总是一桌吃、一床睡，形影不离，无话不谈，简直情同手足。真是没有想到这个朋友竟会堕落到这种地步，苏章感到非常痛心。同时，想到自己正在处理这件案子，怎么能对老朋友下得了手呢？苏章又感到十分为难。

而那位清河太守知道自己东窗事发，惊恐万分。但是当他听说冀州刺史是自己的老朋友苏章时，又心存几分侥幸，希望苏章能念及旧情，网开一面；同时他对于苏章清廉的名声也有所耳闻，所以拿不准苏章究竟会怎样对待自己，因而感到惴惴不安，惶惶不可终日。这时，苏章派来了手下人请他去赴宴。

苏章一见老友，忙迎上去拉着他的手，领他到酒席桌旁坐下。两个人相对饮酒说话，痛痛快快地叙着旧情。饮酒过程中，苏章绝口不提案子的事，还不停地给老友夹菜，气氛很是融洽。这时候，清河太守心里的一块石头终于落了地。他不禁得意地说道："苏兄呀，我这个人真是命好，别人顶多有一个老天爷的照应，而我却得到了两个老天爷的庇护，实在是幸运啊！"

听了这话，苏章推开碗筷，站直身子整了整衣冠，一脸正气地说："今晚我请你喝酒，是尽私人的情谊；明天升堂审案，我仍然会公事公办。公是公，私是私，绝对不能混淆！"他的朋友一听，不禁傻了眼。

第二天，苏章开堂审案，果然不徇私情，按照国法将罪大恶极的清河太守正法了。

## 智慧点睛

人生的较量有三个层次，最低层次是技巧的较量，其次是智慧的较量，而最高层次是人格的较量。故事中的苏章以其高尚的道德感体现了他典型的人格。而一个人想要达到如此高的道德境界，也非一日之功。作为大学生，会有很多时候遇到类似的情形，如果是关系要好的熟人或家人就很难做到公私分明。因此，大学生要学会通过长期的磨炼来锤炼自己的心性、修正自己的言行，从而形成具有个人特色的健康人格。

## 思考

（1）你在生活中遇到过苏章所面临的难题吗？

（2）请你举出一个跟苏章类似的情景，并说明是如何处理的。

# 模块二　心理导航

优秀的人格与钢铁般的意志比智慧和博学更重要。

——爱因斯坦

俗话说，人上一百，形形色色。人格是一个含义丰富，又极为抽象的概念。曾经震惊全国的马加爵事件，就是一个关于大学生人格发展扭曲的典型案例。经记者调查，在父母的眼中，马加爵小时候乖顺、听话、孝敬、聪明、好学，是一个好儿子；在老师们的心目中，马加爵学习优异、腼腆内向，是一个好学生。那又是什么促使这样的马加爵，最终走向了残忍、冷血的杀人犯的道路呢？从马加爵的事件当中可以发现，一个人的人格特点是复杂多样的。因此，具有良好的健康人格是大学生成才的基础。大学阶段是人格完善与定型的关键阶段，所以大学生要学会了解自己的人格，塑造健康的人格，才能尽显人格的魅力，实现自己的价值。

## 一、人格概述

### （一）人格的定义

人格（personality）一词源自拉丁语“persona”，指的是演员在戏剧表演中所戴的面具，就像中国京剧中的脸谱，不同颜色的脸谱的角色特征不同。例如，红色脸，象征忠义、耿直、有血性；黑色脸，代表性格严肃、不苟言笑，为中性，代表猛智等。基于此，我们认为人格具有外在的、可见的特征，是他人能够直接观察到的那些方面。根据面具的特点，从另一个角度去分析也暗示人格具有另一面，即面具后真实的不为人知的那一方面。

人格是各派心理学家纷纷关注的重要课题之一，不同的心理学家对它的理解颇为不同，对于它的定义也是五花八门。美国心理学教授杰瑞·伯格将人格定义为源于个体自身的稳定行为方式和内部过程。杜安·舒尔茨和西德尼·艾伦·舒尔茨认为人格是个体稳定的特征集合，能够改变个体在不同情境中的反应。兰迪·拉森和戴维·巴斯认为人格是个体内部的心理特质和机制的结合，具有组织性和相对持久性，它们影响到个体对心灵内部的物理的和社会环境的适应及与它们的相互作用。《心理学与我们》一书中将人格定义为：是个体才智、情绪、愿望、价值观和习惯性行为方式的有机整合，它赋予个体适应环境的独特模式；这种认知、情绪、动机（愿望、价值观）和行为的复杂组织是遗传与环境交互作用的结果，包含着个体受过去的影响，以及对现在和未来的建构。这里提到的认知、情绪和动机都属于内在的心理活动，行为是属于外在的、可见的，从这一点上看，又与前面提到的人格具有两面性的特点相一致。

### （二）人格的特点

1. 人格的统合性

人是极其复杂的，人的行为表现出多元性、多层次的特点。人格是由多种成分构成的一个有机整体，而各种成分的组合形式千变万化，又具有内在统一的一致性，受自我意识的调控。人格统合性是心理健康的重要指标之一。当一个人的人格结构在各方面彼此和谐统一时，他的人格就是健康的；否则，像本单元开始的案例中的帕梅拉，会出现严重的适应困难，出现多重人格。

一个现实的人具有多种心理成分和特质，如才能、智商、情绪、愿望、价值观和习惯等，但它们并不是孤立存在的，而是密切联系并整合成为一个有机组织。一个现实的人的行为不仅是某个特定部分运作的结果，而且是与其他部分紧密联系、协调一致进行活动的结果。

2. 人格的稳定性

人格具有稳定性。个体在行为中偶然表现出来的心理倾向和心理特征并不能表征他的人格。俗话说，“江山易改，秉性难移”，这里的“秉性”就是指人格。人格的稳定性表现为两个方面：一是人格的跨时间的持续性，在人生的不同时期，人格持续性首先表现为自我的持久性；二是人格的跨情境一致性。所谓人格特征是指一个人经常表现出来的稳定的心理与行为特征，那些暂时的、偶尔表现出来的行为则不属于人格特征。例如，一个外向的学生不管是在校内还是校外、家里还是家外，都善于交往，喜欢结识朋友，喜欢聚会，喜欢人多热闹的环境；当然他偶尔也会表现出安静，与他人保持一定距离。然而，强调人格的稳定性并不意味着要求它在人的一生中是一成不变的，随着生理的成熟和环境的变化，人格也有可能产生或多或少的变化，这是人格可塑性的一面。正因为人格具有可塑性，才能培养和发展人格。人格是稳定性与可塑性的统一。

人格的稳定性并不排除其发展和变化，因为它并不是一成不变的，而是指较为持久的、一再出现的定型的东西。人格变化有以下两种情况。第一，人格特征随着年龄增长，其表现方式也有所不同。以焦虑特质为例，在青少年时期，表现为临近考试或到新学校入学前心神不定、忧心忡忡；在成年时期，表现为对新工作的焦虑烦恼、信心不足；在老年时期，则表现为对死亡的极度恐惧。也就是说，人格特征以不同行为方式表现出来的内在秉性的持续性是有其年龄特点的。第二，对个人有重大影响的环境因素和机体因素（如出国、重大疾病等），都有可能造成人格的某些特征（如人生观、价值观、信仰等）的改变。不过要注意，人格改变与行为改变是有区别的。行为改变往往是表面的变化，是由不同情境引起的，不一定都是人格改变的表现。人格的改变则是比行为更深层的内在特质的改变。

3. 人格的独特性

一个人的人格是在遗传、环境、教育等因素的交互作用下形成的。不同的遗传、生存及教育环境，形成了各自独特的心理特点。人与人没有完全一样的人格特点。所谓

“人心不同，各有其面”，这就是指人格的独特性。在日常生活中，我们随时随地都可以观察到每个人的行为都异于他人，每个人都各有其需要、爱好、认知方式、情绪、意志和价值观。但是，人格的独特性并不意味着人与人之间的个性毫无相同之处。在人格形成与发展中，既有生物因素的制约作用，也有社会因素的作用。人类文化造就了人性，同一民族、同一阶层、同一群体的人们具有相似的人格特征，每所学校培养出来的学生也受母校校园文化的影响。人格是共同性与差别性的统一，是生物性与社会性的统一。

4. 人格的社会制约性

人格的社会性是指社会化把人这样的动物变成社会的成员。构成人的本质的东西，是那种为人所特有的，失去了它，人就不能称其为人的因素，而这种因素就是人的社会性。人由一个自然人变成一个社会人，是文明进化的过程，也是人格形成的过程，同时也是获得智慧、能力、情感、意志和性格的过程。人格是在个体的遗传和生物基础上形成的，并受个体生物特性的制约。从这个意义上也可以说，人格是个体的自然性和社会性的综合。其实，即使是人的生物性需要和本能，也是受人的社会性制约的。例如，人满足食物需要的内容和方式是受具体的社会历史条件制约的。

5. 人格的功能性

人格决定一个人的生活方式，甚至决定一个人的命运，因而是人生成败的根源之一。当面对挫折与失败时，强者能奋发拼搏，弱者会一蹶不振，这就是人格功能的表现。根据其特征，可以在心理学上将人格定义为：是个人在适应环境的过程中所表现出来的系统的独特的反应方式，它由个人在其遗传、环境、成熟、学习等因素交互作用下形成，并具有很大的稳定性。

（三）人格的形成

人格的形成与发展离不开先天遗传与后天环境的关系与作用。心理学家们认为，人格是在遗传与环境的交互作用下逐渐形成并发展的。

1. 生物遗传因素

人格的形成离不开个体的遗传基础、个体的遗传基因、神经系统，特别是脑的特性、体内的生化物质是人格形成的基础，个体体貌特征也对人格的形成有一定影响。个体是由父方的精子与母方的卵子成功结合，形成受精卵之后产生的，受精卵承载着来自父母的遗传信息，它们不仅决定了个体的生理特点，也影响着个体人格的形成。大量研究发现，同卵双生子比异卵双生子在人格特征上有更大的遗传力。有报道称，一对同卵双生子出生后被分开抚养从未见面，但 40 多岁重逢时两人的着装、发型和嗜好都极其相似。个体生来具有某种特质，但不等于这种特质不会改变人的生物与进化研究取向，所以应致力于探讨遗传对人格发展的影响。

2. 胎内环境因素

从受孕开始，环境因素就开始对人格的形成产生作用。最早的环境就是子宫，母体的子宫环境各不相同，对新生儿的发育也产生着不同的影响。例如，母亲血清中铅的含量严重偏低，会导致婴儿各种先天性畸形；有毒瘾的孕妇会使婴儿天生染上毒瘾。这些特征虽然出生时便已存在，但却不是由遗传决定的。

3. 社会文化因素

每个人都处在特定的社会文化环境中，文化对人格的影响极为重要。社会文化塑造了社会成员的人格特征，使其成员的人格结构朝着相似性的方向发展，这种相似性具有维系社会稳定的功能，又使得每个人能稳固地“嵌入”在整个文化形态里。民族文化能陶冶一个人的民族性，如中国传统文化对大学生的积极影响，仁爱、孝悌、和为贵等儒家思想内涵在中国大学生的身上都有所体现。

4. 家庭环境因素

研究人格的家庭成因，重点在于探讨家庭的差异（包括家庭结构、经济条件、居住环境、家庭氛围等）和不同的教养方式对人格发展与人格差异具有的不同影响。例如，残缺家庭寄养、家庭教养方式、家庭气氛等，都会对儿童人格的形成产生重要的作用，生活在残缺或寄养家庭的孩子往往得不到父母的爱，很可能对其人格的早期发展产生许多负面影响。相关研究也发现，弃儿有更多的心理障碍，更易变得富有攻击性、反叛和难以处理；而体贴温暖的家庭环境能促进儿童成熟、独立、友好、自控和自主等特征的发展。

5. 学校环境因素

学校环境对人格发展有着深刻的影响。已有研究发现，不同校风、校训、校规管理下的学生，在时间管理倾向、自我价值感、应对方式及心理健康等方面有着显著的差异。优良校风对大学生健全人格特征的养成有显著的促进作用，而优良班风对大学生的自我价值感、自我监控、自信心、时间管理倾向及创造性等人格特点的发展也有着显著的促进作用；此外教师的言行对大学生人格的形成也会产生潜移默化的影响。

### （四）人格的六个理论流派

人格理论纷繁多样，是心理学家用来解释人格的一套假设系统或参考框架。它肩负着两项任务：一是寻找造成个体差异的特殊变量（如情绪稳定性，内、外向性），探讨构成人与人之间种种不同的个性差异；二是把个体活动的一般过程（如生物学的、认知的、情感的、学习的、发展的和社会的过程等）整合起来，形成对一个完整的人的描述和解释。

为什么人格理论如此之多？可以打个比方来回答这个问题。盲人摸象的故事大家小时候几乎都听过。五个盲人分别摸到了大象的不同部分，然后争着向别人说大象是什么样子。摸到象腿的说大象像个圆柱子；摸到象耳朵的说大象是个又薄又平的扁片；摸到象鼻子的说大象是个长长的东西；摸到象尾巴和身子的人，心目中也有关于大象的不同形象。这个故事说明，每个盲人所了解到的，只是大象的一部分。由于真正的大象的特征比他们摸到的更多，所以每个盲人说得都对，但是都不完整。

从某种意义上说，人格的不同流派和这几个盲人差不多。也就是说，每个流派都查明并验证了人格的一个重要方面，但是有些时候并不是每种理论都是正确的。有人建议，把这些流派综合起来，就能获得关于人们所作所为之原因的更全面、更详细的图景。虽然对于人格的某一问题，不同流派之间往往只是在强调重点上存在不同，每个流派都做出了一种合理的、彼此相容的解释，但是在很多时候，两个或多个流派做出的解释却是完全不相容的。还有种可能的情况，即这种理论在解释人格的某一部分时是恰当的，而另一种理论在解释人格的另一部分时更恰当。

1. 人格的心理动力理论

人格的心理动力理论是奥地利精神病学家弗洛伊德根据其多年对精神病人的诊断、治疗和病理研究，在20世纪初提出的用于心理治疗和解释人格的系统理论，称为弗洛伊德的精神分析理论。人格结构、人格动力和人格发展是其理论的核心观念。

（1）人格结构。

早期的弗洛伊德用意识、前意识和潜意识来描述人的精神生活。意识居于人格结构的顶端，由人们当前觉知到的内容组成。如果把人格看作是海上漂浮的冰山，那么意识就是露在水面上的那一小部分。前意识是人们加以注意便能觉察到的心理内容，其内容不具威胁性。潜意识是人类生命历程中已经发生但目前未被觉察的心理活动。弗洛伊德认为意识只是心理结构和内容中的一部分，而大多数人的行为实际上是受潜意识驱使的，即人格中不为人所觉知的部分，如同冰山的水下部分一样。它所包含的记忆、知识、信念和情感远远超过了人们所觉知到的信息量。

1923年，弗洛伊德正式提出了一套完整的人格理论。他认为人格由三个独立且相互作用的部分组成：本我、自我和超我。

本我（id）是人格中原始、无序、天生的部分。人一出生，本我就试图消除饥饿、性、攻击和非理性冲突等原始驱力所产生的紧张。这些驱力由“心理能量”提供动力。弗洛伊德认为“心理能量”是取之不尽的，并且不断对人格的不同组成部分施加压力。本我被快乐原则所支配，表现为即刻减轻紧张，使满足感最大化。然而，在绝大多数情况下，现实无法满足快乐原则的需求。比如，人们饥饿时，并非总能获得食物；只有时间、地点和对象恰当时，人们才可释放性驱力。

自我（ego）是人格中平衡本我欲望与外在现实之间冲突的部分。自我遵循现实原则，先天的本能被限制以维护个体的安全，使其融入社会。在某种意义上，自我是人格的“执行官”，做出决策，控制行为，进行思考，并解决问题。

超我（superego）是人格结构的最后一个部分，它代表着社会的是非标准、价值观和社会理想，也是父母、老师及重要的人所教导和示范的内容。超我包括两个部分：良心和自我理想。良心防止人们进行不道德的行为，在犯错时产生愧疚感；自我理想代表的是人们所期望成为的“完美者”。

超我和本我拥有一个共同的特征：二者都不切实际，没有考虑社会的既定现实。若是对超我不加控制，它会使自我担负起不可能达到的完美标准，所塑造的完美者也不可能与现实相和谐。而一个不受限制的本我可能会造就一个原始的、一味追求快乐的个体。因此，自我不得不对超我与本我加以调和。在一个心理健康的人身上，三者应该是协调统一的。

（2）人格动力。

人格动力是指在个体的人格结构中，由于本我、自我和超我的功能不同、目的不一、彼此独立又相互影响，会产生一些内在的动力，而这些内在动力又会形成特征性的外显行为。在弗洛伊德的人格理论中，本能和焦虑是人格动力的核心、概念。本能总是寻求立即解除紧张，以求得满足和快乐。

（3）人格发展。

弗洛伊德认为人格是童年经历的一系列阶段而形成的，如表 8-1 所列。其中，前三个阶段是以身体的部位命名。这是由于 6 岁之前的个体，本我的基本需要是靠身体的这些部位获得满足的，这些部位被称为快感区。

**表 8-1　心理动力理论的人格发展阶段**

| 阶段 | 年龄 | 特征描述 |
| --- | --- | --- |
| 口唇期 | 出生至 12—18 个月 | 儿童通过吮吸、吞咽和咀嚼活动取悦其口腔，而断奶成为口腔期的主要冲突。如果婴儿沉湎于口腔快感或在寻求满足时遇到挫折，他们很可能在这一阶段发生固着。也可能会导致个体成年后沉湎于一些口腔活动，如进食、吸烟和交谈；或者一些口头嗜好，如尖酸的讽刺。因此，父母应培养婴儿形成有规律的进食，避免过度的放纵或限制 |
| 肛门期 | 12—18 个月到 3 岁 | 通过滞留和排泄代谢产物而获得快感。如果便溺训练过于苛刻，儿童的人格也可能发生固着。其表现为，成年后显得异常的古板、教条、固执，或者极端的性障碍或邋遢，即所谓肛门性格 |
| 性器期 | 3 岁到 5—6 岁 | 开始注意自身的性器官，以触摸生殖器获得快感；儿童能辨别男女之间的生理差异，经过恋母（父）情结冲突后，实现对同性父母的认同 |
| 潜伏期 | 5—6 岁至青春期 | 伴随着各项身体机能的逐步成熟，儿童的兴趣不断扩大，从自己的身体和父母转移到周围的事物，原始的性驱力呈现潜伏状态 |
| 生殖期 | 青春期直至衰老 | 在接踵而至的青春期中，性渴求再次涌现，这也标志着最后一个发展阶段的到来。生殖期关注的是成熟及成人的性渴求。至衰老时，人又开始向前生殖期退化 |

2. 人本主义人格理论

人本主义人格理论主张每个人都具有将自己的能力引向更高层次的倾向和潜力，强调“人性本善，以人为本”。人本理论认为，主动的自我变革和自我促进能力，以及人所独有的创造力冲动才是人格的核心部分。

卡尔·罗杰斯提出了人格自我论。他认为，人的本性是努力满足自己的生活需要和保持乐观态度。人们都有寻求积极关注的需要，这是一种被他人所爱和尊重的需要。通过他人，人们借以了解和评价自己；由于他人的积极关注，自我得以成长。

无条件积极关注是指一个人被他人所接受和尊重，而无论他说了什么或做了什么。这种积极关注使人们有机会改善和促进自己的认知与情感，也使人们有机会形成更切实际的自我概念。例如，当你向一个人敞开心扉、畅所欲言的时候，因为你知道这是一个爱你、尊重你的人，纵然你展示的是自己最糟糕的一面，也会被接纳，这便是无条件积极关注的力量。

相比而言，当人们受到的是条件性积极关注时，即别人的积极关注取决于人们的行为表现。在这种情况下，一旦一个人所做的任何事都没有得到他人的认同，他们就会收回对这个人的积极关注。其结果可能导致这个人的真实自我与他人期望之间出现不一致，而这种不一致会引发焦虑和挫折感。

3. 人格特质理论

人格特质理论主张人格是由多种人格特质构成的系统，且这些特质不因情境而改变，即俗语所说的“江山易改，秉性难移”。当有人问你“你是一个怎样的人”时，通常人们会列举系列的形容词来描述自己，比如内向腼腆或开朗大方、勤奋严谨或马马虎虎、乐观自信或消极自卑。以这种方式描述一个人所遵循的前提就是：人们的人格特征具有跨时间与跨情境的稳定性，这也正是人格特质理论的基本假设。

知识窗

奥尔波特的特质理论

在人格特质理论中，特质是指区别于他人的、持久稳定的行为模式，是一个连续的维度。特质理论学者认为，任何人都拥有基本的人格特质，但每个人在人格特质具体维度上的位置或程度却不尽一致。例如，你非常友好，相比而言我可能就显得没那么友好，但我们都拥有友好的特质，只是程度不同。那么构成人格特质的维度又有哪些呢？表 8-2 列举出了大五人格因素或维度的表现与人格特质。

**表 8-2　大五人格因素或维度的表现与人格特质**

| 人格因素 | 两级表现 | 有代表性的人格特质 |
|---|---|---|
| 开放性 | 独立—顺从；富于想象—务实；喜好变化—喜欢程序化 | 想象、思考、审美、情感丰富、求异、智能、创造、兴趣等 |
| 责任心 | 仔细—粗心；纪律性—冲动性；组织性—随意性 | 胜任、调理、尽职、自律、谨慎、可靠、能力、责任感、效率等 |
| 外倾性 | 健谈—恬静；风趣—谨慎；乐群—孤僻 | 热情、社交、健谈、果断、活跃、冒险、乐观、激动、好动、表现等 |
| 宜人性 | 同情心—吹毛求疵；善良—冷漠；体谅—敌意 | 信任、直率、利他、依从、谦虚、同情、体贴、友好等 |

表8-2(续)

| 人格因素 | 两级表现 | 有代表性的人格特质 |
| --- | --- | --- |
| 神经质 | 稳重—紧张；平静—焦虑；安全—危险 | 焦虑、敌对、压抑、自我意识、冲动、脆弱、自我防卫等 |

4. 人格学习理论

人格学习理论则强调环境因素对人格的决定作用。正所谓“近朱者赤，近墨者黑”，对于激进的学习理论者而言，人格就是个体在外部环境中所习得的一系列反应，所以对个体环境的考察才是认识人格的最佳方式。

知识窗

大七因素人格模型

（1）斯金纳的学习理论。

斯金纳提出了操作性条件作用，认为人格是习得行为模式的集合。跨情境反应的一致性，源于人们在之前的相似情境中习得的强化模式。人们喜欢聚会等社交活动，是由于他们受到了良好社交行为带来的好处的强化，而不是为了实现始于童年时期自己没意识到的社交愿望，或因为拥有喜好社交的特质。

作为学习理论的坚定维护者，斯金纳关注如何改变个体的行为。他认为，如果一个人能够控制或改变在某种情境中的强化模式，那么某些学者所认定的稳定不变的行为模式就是可以改变的。在斯金纳看来，不适宜行为和适宜行为都是个体通过强化习得的，只要改变这些反应，或改变反应与刺激的联系，这些行为就会发生变化。

（2）班杜拉的社会认知论。

班杜拉的社会认知论侧重于个体的认知思维、情感、期望和价值观等，认为人格正是在反复观察他人行为的过程中得以发展的。

通过观察他人而进行学习的行为及其产生的结果，在不实际操作的情况下，个体也能够预知一定情境下的行为结果。例如，一个儿童观察榜样的行为，若榜样的攻击行为获得了积极的结果，该行为就会被儿童模仿；若榜样的攻击行为导致了消极的结果或没有结果，儿童就不会再采取这样的行为模式。

班杜拉尤其强调自我效能，这是一种对自我能力的信念，表现为人们对完成某项任务的信念或对某个结果的预期。高自我效能者在达到特定目标或获得成功方面，要显著优于低自我效能者。自我效能又是如何发展的呢？首先，个体关注已有的成败经验，如果人们没有任何的成功经验，那么人们也不大可能去再次尝试；其次，来自他人的直接强化或鼓励，这对于自我效能的发展也是十分有益的。

与其他的人格学习理论相比，社会认知理论的明显区别在于它强调个体与所处环境的互惠作用。环境作用于人格的同时，人的行为和人格也反过来给环境以反馈，并修正环境。行为不仅反映着人们对外界的认识，也反映了人们对自己人格的评价方式。自尊是人格的一个组成成分，包括正面和负面的自我评价。虽然大多数人对自尊的总体评价趋于平均水平，但每个人对于自己在不同领域的评价并非千篇一律的。例如，一个成绩优异的大学生可能对学习的自我评价较高，但在社交娱乐方面可能更多的是负面评价。此外，自尊也拥有很强烈的文化色彩。例如，人际关系和谐，与他人形成紧密关系的成就感，在亚洲文化的自尊中就比在西方文化中显得更为重要。

5. 人格的生物与进化理论

人格的生物与进化理论则认为人格特征与生理特征一样来自遗传，是人类适应环境的产物。根据进化论的观点，物种在适应环境和繁衍后代的过程中，生理特点会不断进化。在自然选择的长期作用下，那些能确保个体成功适应环境和繁衍后代的特征，经过世代的选择，最终成为稳定的特点遗传给后代。父母不仅把肤色、身高、体重等生理特征遗传给了孩子，孩子的人格特征也受到遗传因素的影响。那么遗传对人格的影响究竟有多大呢？

（1）人格特征与遗传。

生物与进化论学者在行为遗传学的基础上发现，人格在一定程度上是由某些特定的基因决定的，这就跟肤色主要是受遗传决定的一样。人格的生物与进化理论认为，那些确保人类的祖先成功生存和繁衍的人格特征很可能被保留下来，并遗传给了后代。

研究通常采用双生子来解释和论证遗传因素对人格的影响程度。美国明尼苏达大学的专家和学者仔细调查了那些拥有共同遗传基因但被分开抚养的双胞胎所具有的人格特征。其中，每一对双胞胎都完成了同样的人格测验，该测验包括 11 个核心人格特征。测验结果显示：就算被分开抚养，双胞胎的人格在绝大多数方面都极其相似。还有研究发现，某些特征受遗传的影响尤为突出。比如，社交潜力（一个人主观上认为自已在社交情境中处于支配和领导地位）和保守（倾向于服从权威），二者都拥有很高的遗传成分，而成就感和社交亲近受遗传的影响相对较小。

（2）人格特征与基因。

那些在自然选择中“胜出”的特征是如何遗传给下一代的呢？基因作为生物体遗传信息的载体，是人格特征从父辈传递给下一代所必需的。如果花几分钟观察托儿所的婴儿，你会看到，即使在一岁以前，孩子们也是不一样的：有的爱哭，易受惊吓；有的好动，东张西望，喜欢游戏。实际上，婴儿刚一出生就拥有了特定的气质，即个体与生俱来的心理活动的动力特征。气质作为一种基本的先天倾向，具有很高的稳定性，从婴儿期到青春期都表现得较为一致。

当然，基因和环境并非相互独立、互不关联的。把遗传因素从环境因素中完全分离开来是十分困难的。首先，如果遗传因素没有具体环境经验的“激活”，那么遗传的影响也就无从谈起。其次，遗传所决定的行为表现也会以一定的方式营造出某种特定的环境氛围。可见，遗传因素不仅直接影响着一个人的行为，而且与环境发生着交互作用，进而影响人格。

## 二、大学生常见的人格偏差及改变

### (一) 人格偏差与人格障碍

所谓人格偏差是相对的，它是介于正常人格与人格障碍之间的一种人格状态，是一种人格发展的不良倾向，或者说是某种轻度的人格障碍。人格障碍是指明显偏离了个体文化背景预期的内心体验和行为的持久模式，是泛化的和缺乏弹性的，起病于青少年或成年早期，随着时间的推移逐渐变得稳定，并导致个体的痛苦或损害。

人格偏差只要不影响当事人正常的学习、工作和生活，就不宜归为人格障碍，而是追求人格进一步完善的问题。大学生的人格偏差是其发展过程中产生的问题，绝大部分都属于人格偏差较轻微者，通过努力是可以得到矫治的。

### (二) 大学生常见的人格偏差及矫正

#### 1. 拖延及其矫正

据《中国青年报》报道，中国高校传媒联盟面向全国 199 所高校的大学生展开调查。调查结果显示，97.12%的学生认为自己有或偶尔有“拖延症”。“拖延症”从字面意思来讲，就是明知事情的重要性、危害性，但仍把计划或要做的事情往后推迟的行为。大学生如此招“拖延症”喜欢的原因，无非是以下几点：懒惰；内心缺乏斗志，甘当“闲鱼”；目标定位太高，具有畏难情绪；注意力易分散、不集中；过分追求完美；性格慢热，做事不分主次；与被强加在自己身上的工作和任务相抵触。

当代大学生的这种普遍性的拖延现象有几个鲜明的特点。首先，他们对于那些待完成的作业或任务有着明确的完成意愿。其次，他们在有着明确的完成意愿的同时，总是会对这些任务和作业拖着不去实施。第三，在这些拖延行为的同时，他们内心有强烈的焦虑感和负罪感。

当了解了当代大学生拖延症产生的原因和特点之后，就需要找到一些有效解决拖延症的方法。在研究解决拖延症领域方面造诣最深的，莫过于美国斯坦福大学的约翰·佩里教授。约翰·佩里教授发现脑力劳动者，尤其是那些从事创造性工作的脑力劳动者产生拖延症的比例非常高。也就是说，在拖延行为当中，人们总是倾向于拖延一些富有创造性的工作，如写作、编辑，而不是去拖延那些简单机械的劳动。而对于当代大学生来说，他们在拖延行为过程中通常会去做大量无意义的事情。大量现象表明，大学生经常上网玩手机游戏，刷朋友圈，刷抖音、快手，看电影、小说，一玩儿就是几个小时。

佩里教授想到了几个矫正拖延的方法。

(1) 可以在拖延行为过程中把几件有意义的事情摆在自己的面前，当拖延其中一件时，便去做另外几件有意义的事，让整个拖延过程变得有意义。例如，你需要策划一个团建活动方案，但是一点思路都没有，这时你可以通过打扫宿舍卫生，或者温习学习过的功课这些琐碎而有意义的事情让拖延行为本身变得有意义。

(2) 大学生在做一些创造性的工作时，想办法将创造性的工作分解成多个简单机械性的劳动。比如说，英语老师曾经教给我们一个做阅读理解题的技巧，就是做阅读理解时不要一开始就看文章，要先把文章后面的问题题干读一遍，带着问题再去阅读前面的文章，虽然这种做法不可能把几道小题的题干都记住，但是阅读时内心深处的心理机制还是在不知不觉地引导着你去从文章中找寻后面问题的线索，这样做阅读理解就会产生事半功倍的效果。

（3）团体合作。拖延症还有一个最大的共性，就是一个人单独地做一项任务时容易产生拖延现象，而他在与其他人合作做这项任务时，由于群体的压力，个人的拖延症会被削弱很大一部分。那么，大学生就可以根据这样的特点，当感觉自己在做某一件事上有拖延倾向的时候，不妨邀请自己身边的小伙伴跟自己共同来做这件事。

2. 狭隘及其矫正

受功利主义影响，大学生中的“狭隘”现象有增无减。凡事斤斤计较、耿耿于怀、好嫉妒、好挑剔、容不得人等，都是心胸狭隘的表现，即日常说的“气量小”。心胸狭隘往往影响自己的人际关系，伤害他人感情，也常给自己带来烦闷、苦恼，影响自己的情绪和自己在他人心目中的形象，因此于人于己是有百害而无一利的。

克服狭隘要做到以下三点。一要胸怀宽广坦荡，一切向前看，正如雨果所言，比海洋更广阔的是天空，比天空更广阔的是心灵。二要丰富自己，一个人的视野越开阔，就越不会陷入狭隘之中，这就是所谓“站得高，看得远”。三要学会宽容，宽以待人。

3. 虚荣及其矫正

可以说，每一位大学生都有一定的虚荣心，这是正常的；但是当虚荣心过盛的时候，便是有害无益的。虚荣心往往与自尊心、自卑感联系在一起：没有自尊心，就没有虚荣心；而没有自卑感，也就不必用虚荣心来表现自尊心。所以，虚荣心是自尊心和自卑感的混合物。虚荣心强的大学生一般情感脆弱、多愁善感，过分介意别人的评论与批评，与人交往时总有一种防御心理，不允许别人对自己有稍微的侵犯，且常会千方百计地抬高自己的形象。他们捍卫的往往是虚假的、脆弱的、不健康的自我，以致无暇来丰富、壮大真实的自我。

防止或矫正过盛的虚荣心要做到以下四点。第一，要对其危害性有清醒地认识，有勇气和决心改变自己。第二，应当努力认识自己，了解自己的长处与短处，注意扬长避短。第三，要树立自信和健康的荣誉心，正确表现自己，不卑不亢。第四，不为外界的议论所左右，正确对待个人得失。

4. 怯懦及其矫正

怯懦主要表现为缺乏勇气和信心，害怕可能面临的困难和挫折，在挫折、困难面前常常知难而退，甚至不战而败。有些大学生由于胆怯，不敢与他人讲话，不敢出头露面，也不敢表明自己的态度，甚至不敢向老师提问题。有些大学生由于软弱不敢冒风险，不敢担当重任，不敢与坏人坏事做斗争，不敢坚持自己正确的观点。有些大学生上大学之前一直一帆风顺，因为没体验过失败，所以特别害怕失败。但越是这样回避矛盾、躲避失败，越是容易体验到强烈的挫折感。“只能成功，不能失败”的非理性信念是造成一些大学生怯懦的因素。

在挑战与机遇并存的现代社会，怯懦者会失去很多成功的机会，并可能成为落伍者。积极迎接挑战，争做生活的强者才是明智的选择。改变怯懦的最好办法是要敢于抓住机遇，积极锻炼，不怕失败、不怕丢面子、不怕担子重，多给自己鼓励和加压，在生活的词典中去掉“不敢”二字。

5. 害羞及其矫正

害羞跟怯懦相似却又不同。比如，不敢在人多的场合发表意见，害怕与陌生人打交道，路上见到异性同学会手足无措，见到老师会难为情，说话感到紧张，等等。害羞是一个人自我防御心理过强的结果，他们常常过于胆小被动，过于谨小慎微，过于关注自己，且自信心不足。他们特别注意自己在别人心目中的形象，总觉得自己时时处在众目睽睽之下，于是敏感拘束，一句话要在心里反复思考多次才敢说出，一件事总要左思右想后才能行动，为此经常神经紧张、坐立不安。

害羞之心人皆有之，但过分的害羞，不该害羞时害羞，会阻碍人际交往，影响一个人才能的正常发挥。因此可通过以下方法进行有意识的调节来改变过分害羞。① 要增强自信心。许多害羞者在知识才能和仪表方面并不比别人差。因此要正确评价自己，多看到自己的长处。② 放下思想包袱，不要过于计较别人的议论。每个人都会说错话、做错事，这并没什么大不了的，没有完美的人和事。“走自己的路，让别人去说吧！”这会使自己变得更洒脱。③ 要有意识地锻炼自己。胆量和能力都是锻炼的结果，要敢于说出第一句话，敢于迈出第一步。上课、开会时尽量坐到前排；走路时抬头挺胸，把步速提高；主动大胆地和别人尤其是陌生人、异性、老师讲话；与人说话时，正视对方的眼睛；在高兴时，开怀大笑；等等。

（三）人格障碍的识别

知识窗

正常人格的特征

1. 偏执型人格障碍

偏执型人格障碍是对他人的普遍不信任和猜疑，以至于把他人的动机解释为恶意的心理行为模式。具有偏执型人格的人对批评特别敏感，对他人的侮辱和伤害耿耿于怀。他们心胸狭隘、行动固执刻板，常常毫无根据地怀疑他人；他们嫉妒心强，对别人获得的成就或荣誉感到紧张不安；他们自尊心极强，总认为自己是正确的，从而过高地估计自己的能力，无端夸大自己的重要性，而习惯将失败归咎于他人；他们常过多过高地要求别人，却从不相信别人的动机和意愿；他们不能正确、客观地分析形势，不相信与自己想法不符的客观证据；他们情感冷漠、孤僻独处，不能与家人、朋友和同学建立亲密的关系。

2. 分裂型人格障碍

分裂型人格障碍是一种脱离社交关系，以及情感表达受限的心理行为模式。分裂型人格障碍是对亲密关系感到强烈的不舒服，且认知或感知扭曲及行为古怪的心理行为模式。

3. 反社会型人格障碍

反社会型人格障碍是一种漠视或侵犯他人权利的心理行为模式。反社会型人格的人在生活中一般具有撒谎、逃学、打架、小偷小摸、过早性行为、虐待小动物、欺负弱小同伴等行为。有些人还经常破坏公共财物、旷工旷课，或因不遵守纪律被开除。他们情绪易激动，喜欢斗殴和攻击别人，心肠冷酷，忘恩负义，在侵害他人时没有一点内疚感，对自己的亲人也不例外。具有这种人格障碍的人对家庭、学校、社会都会产生十分严重的危害。

4. 边缘型人格障碍

边缘型人格障碍是一种人际关系、自我形象和情感不稳定，以及表现出显著冲动行为的心理行为模式。

5. 表演型人格障碍

表演型人格障碍是一种过分情绪化和追求他人注意的心理行为模式。具有表演型人格的人一般性格外向、活泼好动、不甘寂寞，他们经常出现在人多的场合，希望成为大家关注的焦点。他们常以奇装异服来吸引别人的注意，还通过表情丰富、内容夸张的表演获取他人的赞美。他们在与人交往时常感情用事，内心只关注自己的感受。自我感觉有很多知心朋友，事实上却并非如此，如果在情感上受挫或处于应激状态下，他们很容易做出自伤甚至是自杀行为。

6. 自恋型人格障碍

自恋型人格障碍是一种自我夸大、需要他人赞扬且缺乏共情的心理行为模式。具有自恋型人格的人一般过分关心自我，喜欢以自我为中心，常幻想自己很了不起，有过人的才学或外貌。他们非常专注于充满成功、权力和成就的幻想，注重争取权力，期待得到特殊待遇、享受特权。他们认为自己很优秀、很独特，因此非常需要他人的注意和赞美。他们对别人的评价很敏感，尤其不能接受他人的批评和建议。在与他人交往时，他们缺乏同情心，嫉妒心强，不能体谅和理解他人的感受。

7. 回避型人格障碍

回避型人格障碍是一种社交抑制、自我感觉能力不足和对负性评价极其敏感的心理行为模式。具有回避型人格的人一般具有害羞、胆小、退缩、自卑等心理特点。他们对社交感觉不适，害怕人际交往中负面的评价，容易因批评或不同意见而受到伤害，因此总是尽量回避重大的社交或职业活动。他们即使参加社交活动，也会因为害怕说错话、担心行为不当或无法回答别人的问题而经常保持沉默。他们常因担心遭到拒绝而不愿与他人交往，除非确保会被友善地接纳。所以，除了亲人，他们没有其他的知心朋友。在日常生活中，他们常表现得安分守己、按部就班，不敢应对挑战，不愿跨越常规去解决问题；遇到非常规的事情时，总爱夸大其潜在的困难和危险，因此经常错过解决问题的最佳时机。

8. 依赖型人格障碍

依赖型人格障碍是一种与过度需要他人照顾相关的顺从和依附行为的心理行为模式。具有依赖型人格的人常表现为无法独立自主地做出决定，也无法独立地工作或执行计划，而必须依靠别人的指导来完成。他们往往缺乏判断力，有时即使坚信别人是错误的，仍会同意他人的意见或建议。为获得他人的好感，他们甘愿做令自己反感或自降身份的事情，他们因恐惧自己会被他人抛弃而经常在现实中委曲求全。

9. 强迫型人格障碍

强迫型人格障碍是一种专注于有秩序、完美及控制的心理行为模式。具有强迫型人格的人主要表现为自制力和自我约束力过强，常有不安全感和不完善感。他们过分注意自己的行为是否正确、举止是否恰当，因此言行十分拘谨和小心翼翼。他们思维僵化，缺乏随机应变的能力，常常顾虑小事而忽略大事。他们做事过分追求完美，过分专注于细节、规则、秩序、组织或时间表，而且常要求他人完全遵照自己的方式行事。在现实生活中，这种人一般无明显的金钱欲望，却过度地献身于工作，并因此而放弃休闲的生活和他人的友谊。他们对伦理、道德、价值观等问题表现得过于诚实、毫无弹性，遇事优柔寡断，难以做出决定。

具有上述九种人格障碍的人在日常生活中并不占多数，但具有某些人格障碍特点的人在生活中却比比皆是。这些人格特点虽然不能视为人格障碍，但如果不及时加以克服，极有可能转变为人格障碍。

## 三、大学生健全人格的培养与塑造

大学生作为构建和谐社会的生力军和社会主义建设的接班人，其健全人格的培养更具现实意义。和谐人格能促进大学生人生观、价值观的养成。健全人格的培养，可以帮助大学生明晰人生目标、端正人生态度，并为其行动提供充足的动力，避免受到拜金主义、享乐主义等腐朽思想的侵蚀，正确看待金钱、利益与个人价值的关系。大学生只有具备了健全和谐的人格，才能不断提升自身内在修养，在日常交往中才能够尊重和理解他人，避免以自我为中心，实现人际关系的和谐。

### （一）大学生人格塑造的原则

当代青年在选择构建自己的高尚人格的过程中，应坚持以下原则。

1. 坚持历史的客观性

我国是一个有着五千年文化的文明古国，我们的精神家园里有着丰富的文化遗产，现代化的人格是历史性人格的继续和发展，因此，弘扬中华民族的传统美德是人格选择的历史环境。

2. 坚持现实性的观点

理想的人格及其人格精神，是我们追求的目标；现实的人格，是人格形成与发展的客观存在。这里所讲的现实性是指，既不要闭门造车，也不可虚无缥缈，而是活生生的现实人格的塑造。

3. 坚持科学性的观点

古今中外，人格的模式丰富多彩，选择的过程中切忌囫囵吞枣，而应采取冷静的、批判的态度，取其精华，去其糟粕，为发展健全的人格进行理性的思考。

4. 坚持人性的观点

人格的发展，重要的是体现在每一个人的身上。自我的人格塑造，要与自己的个性心理特征相适应，要反映出真实的自我形象，而不是多重人格的形象。

(二) 大学生塑造健全人格的途径和方法

当代青年追求卓越的人生，必须具备健康的人格。因此了解人格形成与发展的规律，掌握塑造健全人格的途径和方法，才能使人格素质趋于完美，创造更加辉煌的人生。

1. 设定目标做最好的自己

每个人的生活方式、努力方向不可能与别人相同，何去何从，需要从自己的实际出发。目标是一个人的心理需求的反映，也是一个人性格的流露。当一个人不知为何而活，感到空虚、无聊、寂寞时，他就失去了前进的方向和动力，也就谈不上对人格的优化。大学生要学会准确认识自我，合理整合人格，克服人格弱点。每个人只能做最好的自己，而不要东施效颦、邯郸学步。有的人对自己很不满意，也想改变自己，而且他们常常喜欢、羡慕别人。例如，内向的人羡慕外向的人能说会道，外向的人羡慕内向的人沉稳等。每个人都有自身独特的价值，改变自己并非全然抛弃自己，这样只能适得其反。因此，优化人格，也需从自身实际出发，扬长避短，因人制宜。认真思考自己的人格中需要改变什么。要依据自身目标的要求，来确立自己努力的方向。

2. 培养良好习惯

所谓习惯，就是人在一定情况下自然而然地或自动化地去进行某些动作的习得的倾向。例如，有人习惯早睡早起，习惯把物品摆放整齐；有人习惯睡懒觉，乱扔垃圾；等等。一个人之所以会表现出某种特殊的习惯，是由于一定的情境刺激和他的某些有关动作在大脑皮质形成了巩固的暂时神经联系。威廉·詹姆斯曾说："播下一个行动，收获一种习惯；播下一种习惯，收获一种性格；播下一种性格，收获一种命运。"习惯最终会成为一个人性格中的一部分。首先，我们培养习惯；后来，习惯塑造我们。习惯具有力量，习惯的力量叫作惯性。成功是一种习惯，失败也是一种习惯。所以习惯有好坏之分，好的习惯助人成功，坏的习惯使人受挫。

(1) 克服坏习惯。

首先，研究一下自己的习惯。一定要专门利用一周左右的时间去观察自己的习惯，好好思考，自己被什么习惯而影响。然后指出坏习惯，将它具体化。如果自己真想改变某个坏习惯，这样做并不难。例如晚睡，每个人的晚睡标准都不一样，那么可以将其具体化：超过 23：00 不睡觉即为晚睡。这样一来自己就知道要避免做什么事了。

其次，注意看自己什么时候会去做那个习惯性动作。注意思考以下几个问题：做那个习惯动作时，自己想到了什么？当时自己常与哪些人在一起？自己对他们的感觉如何？如果自己对一种坏习惯知道得越多，那么就越能改掉它。

最后，经过一周的观察与界定，就可以采取行动戒掉它了。刚开始时，习惯的冲力反会增加，这就是为什么有些人老是改不掉坏习惯。在改掉坏习惯的过程中，如果自己老是想做出原来的动作，可以问下面一些问题：为什么我想要恢复这个坏习惯？没有这个坏习惯，我会失去或错过什么？必须对自我进行严格的强制，必须使不好的习惯永无重复的机会。许多人之所以不能彻底破除不良习惯，往往在于例外太多，殊不知，每一次例外都是对正在减弱的不良习惯的强化。

（2）培养好习惯。

人们除了要努力克服自己身上的坏习惯，更重要的是要学会培养好习惯。如果人们只关注到坏习惯，就会不断地强化坏习惯。这时，人们就需要把焦点投注到用心培养好习惯上。好习惯才是成功的关键所在。事如其人，你习惯做什么样的事情，就决定了你会成为什么样的人。不论你变好还是变坏，还是没有任何变化，都是你日复一日的行动决定的。习惯不仅是你行为方面的惯性，还是你思维方面的惯性，即自动化思维方式等。如果你能改变自己一些负性自动化思维，那么问题就迎刃而解了。

行为习惯不是一天养成的，改变行为习惯需要更长的时间和耐心。因为，习惯一旦形成，相应的行为就自动化了，一个人按习惯行动，不需要思考，丝毫不费力，甚至自己对习惯了的行动都不能觉察了。

3. 行为举止训练

在人际交往过程中，有些人因行为举止谦和、优雅受到欢迎；有些人因素质低下处处碰壁。以文明礼貌的方式与人打交道，对自己和别人都会是愉快的体验。在日常生活、学习中，大学生应注意保持良好的个人形象，如干净、整洁、大方、得体。头发是一个人精神面貌的体现，应注意自己头发的整洁和发型的宜人；在任何场合，衣着端庄而合时宜都会给人以良好的印象；整洁更多体现在细微处，因此绝不能忽略细节。在任何场合，大学生都应有良好的仪态和礼貌，表现出自己的风度。在任何时候，举手投足都应尽量稳重大方、亲切平和，让人愿意接近；切忌动作和表情冷淡而僵硬，或者过于夸张。

4. 扬长避短，优化组合

扬长，就是要发扬自身良好品质的长处，并保持它。在人们众多性格当中，总有一个性格是个人的闪光点。要善于抓住闪光点，不断培养，使之稳定并不断扩展。避短，就是努力克服、纠正自身性格的弱点。而优化组合就是使自身的自信、乐观、热情、果断、坚强、创造性、独立性等品质良好配合，共同作用于自己的态度与行为。可以说，性格的品质与结构的全面优化组合、协调发展是性格培养的重要目标。

要使性格得到真正的优化，必须通过自我反思、自我斗争、自我转化来实现。性格的培养是在克服缺点、发扬优点的过程中实现的。因此，必须清醒地认识到自身的缺点，查找缺点的来源，分析并努力克服、纠正缺点，逐步转化缺点，形成良好的性格特征。由此看来，性格培养实质上是自我教育和转化的过程。

# 模块三　心理训练

## 训练一　了解你的气质

### 一、训练目标

（1）帮助成员探索个人气质类型。

（2）掌握个人气质的优缺点。

（3）发挥个人气质优势，补偿气质缺陷。

### 二、适用对象

大学任一年级的学生团体。

### 三、适用人数

人数不限。

### 四、适用场所

室内。

### 五、材料

与人数相符的A4纸、笔。

### 六、活动时间

90分钟。

### 七、活动程序

#### （一）旁观者清（时间：10分钟）

1. 活动导入

人生就像一个大舞台，每个人都在自己的人生舞台上扮演着不同的角色：有的时候是主角，有的时候是配角；有时是当事者，有时是旁观者。我们的连续剧是喜剧还是悲剧，是纪录片还是武打片，都是由什么决定的呢？答案是我们的人格。接下来，请大家静静地观看下面一个场景，然后以旁观者的角度来思考如果让你入戏，你会选择用哪种方式去演绎？

2. 活动实施

（1）心理行为训练员请五名同学进行角色扮演，演一段小短剧。剧情如下：

地点：某剧场门口。

时间：演出已经开始十分钟。

人物：查票员和四名迟到的观众。

情节：剧场规定演出开始十分钟后不许入场。以下是四名迟到者的不同反应：

第一名：大吵大嚷，怒发冲冠；

第二名：软硬兼施，找机会溜进去；

第三名：不吵不嚷，虽然遗憾但还是理解剧场的做法，并自我安慰“好戏都在后头”；

第四名：垂头丧气，委屈万分，认为自己总是很倒霉。

（2）心理行为训练员向同学们提出以下问题。

① 如果你是迟到的观众，最可能做出以上哪名同学的反应？

② 如果以上都没有符合你的反应形式，你还有其他的反应形式吗？

3. 讨论与分享

让同学们 4 人为一组进行小组讨论，深入剖析自己日常处理各种突发事件时的习惯性行为、自动化思维和容易产生的情绪，然后进行下一阶段的活动。

（二）“气质”类型自我剖析（时间：30 分钟）

1. 活动导入

同学们，你们听说过气质这个词语吗？我们每个人的气质都是不同的，你们想更加了解自己的气质吗？让我一起来完成下面的气质测试吧。

2. 活动实施

（1）请学生认真回答“气质类型调查表”（表 8-3）中的问题，将每道题的分值填写到“气质类型计分表”（表 8-4）中，并按照表中分类将相同类别题号的分值相加，得出总分并填入表中相应位置。

**气质类型测试**

本测验共有 60 个问题，只要你能根据自己的实际行为表现如实回答，就能帮助你确定自己的气质类型，但必须做到以下 4 点。① 回答时请不要猜测题目内容要求，也就是说不要考虑应该怎样做，而只回答你平时怎样做，因为题目答案本身没有正确与错误之分。② 回答要迅速，不要在某道题目上花费过多时间。③ 每一题都必须回答，不能有空题。④ 在回答下列问题时，你认为：很符合自己情况的，记 2 分；较符合自己情况的，记 1 分；介于符合与不符合自己情况之间的，记 0 分；较不符合自己情况的，记 -1 分；完全不符合自己情况的，记 -2 分。

**表 8-3 气质类型调查表**

| |
|---|
| 1. 做事力求稳妥，不做无把握的事 |
| 2. 遇到可气的事就怒不可遏，想把心里话全说出来才痛快 |
| 3. 宁可一个人干事，不愿很多人在一起 |
| 4. 到一个新环境下很快就能适应 |
| 5. 厌恶那些强烈的刺激，如尖叫、噪声、危险的情景等 |
| 6. 和人争吵时，总是先发制人，喜欢挑衅别人 |
| 7. 喜欢安静的环境 |
| 8. 善于和人交往 |
| 9. 羡慕那种善于克制自己感情的人 |
| 10. 生活有规律，很少违反作息制度 |
| 11. 在多数情况下情绪是乐观的 |
| 12. 碰到陌生人觉得很拘束 |
| 13. 遇到令人气愤的事，能很好地自我克制 |
| 14. 做事总是有旺盛的精力 |
| 15. 遇到问题常常举棋不定、优柔寡断 |
| 16. 在人群中不觉得过分拘束 |
| 17. 情绪高昂时，觉得干什么都有趣；情绪低落时，又觉得什么都没有意思 |
| 18. 当注意力集中于一事时，别的事很难使我分心 |
| 19. 理解问题总比别人快 |
| 20. 碰到危险情景，常有一种极度恐怖感 |
| 21. 对学习、工作、事业怀有很高的热情 |
| 22. 能够很长时间做枯燥、单调的工作 |
| 23. 符合兴趣的事情，干起来劲头十足，否则就不想干 |
| 24. 一点小事就能引起情绪波动 |
| 25. 讨厌那种需要耐心、细致的工作 |
| 26. 与人交往不卑不亢 |
| 27. 喜欢参加热烈的活动 |
| 28. 爱看描写感情细腻、描写人物内心活动的文学作品 |
| 29. 工作学习时间长了，常感到厌倦 |
| 30. 不喜欢长时间讨论一个问题，愿意实际动手干 |
| 31. 宁愿侃侃而谈，不愿窃窃私语 |
| 32. 别人说我总是闷闷不乐 |
| 33. 理解问题常比别人慢 |
| 34. 疲倦时，只要短暂的休息就能精神抖擞，重新投入工作 |

表8-3(续)

| |
|---|
| 35. 心里有话宁愿自己想，不愿说出来 |
| 36. 认准一个目标就希望尽快实现，不达目的，誓不罢休 |
| 37. 学习、工作同样长的时间后，常比别人更厌倦 |
| 38. 做事有些莽撞，常常不考虑后果 |
| 39. 老师或他人讲授新知识、新技术时，总希望他讲慢些，多重复几遍 |
| 40. 能够很快地忘记那些不愉快的事情 |
| 41. 做作业或完成一件事情，总比别人花的时间多 |
| 42. 喜欢运动量大的剧烈的体育运动，或参加各种文艺活动 |
| 43. 不能很快地把注意力从一件事转移到另一件事上去 |
| 44. 接受一个任务后，就希望把它迅速解决 |
| 45. 认为墨守成规比冒风险要强一些 |
| 46. 能够同时注意几件事物 |
| 47. 当我烦闷的时候，别人很难使我高兴 |
| 48. 爱看情节起伏跌宕、激动人心的小说 |
| 49. 对工作抱认真严谨、始终一贯的态度 |
| 50. 和周围人的关系总是相处不好 |
| 51. 喜欢学习学过的知识，重复做自己掌握的工作 |
| 52. 希望做变化大、花样多的工作 |
| 53. 小时候会背的诗歌，我似乎比别人记得清楚 |
| 54. 别人说我“出语伤人”，可我并不这样觉得 |
| 55. 在体育活动中，常因反应慢而落后 |
| 56. 反应敏捷、头脑机智 |
| 57. 喜欢有条理而不甚麻烦的工作 |
| 58. 兴奋的事常使我失眠 |
| 59. 老师讲新概念，常常听不懂，但是弄懂了以后就难忘记 |
| 60. 假如工作枯燥乏味，马上就会情绪低落 |

表 8-4 气质类型计分表

| | | | | | | | | | | | | | | | | | |
|---|---|---|---|---|---|---|---|---|---|---|---|---|---|---|---|---|---|
| 胆汁质 | 题号 | 2 | 6 | 9 | 14 | 17 | 21 | 27 | 31 | 36 | 38 | 42 | 48 | 50 | 54 | 58 | 总分 |
| | 得分 | | | | | | | | | | | | | | | | |
| 多血质 | 题号 | 4 | 8 | 11 | 16 | 19 | 23 | 25 | 29 | 34 | 40 | 44 | 46 | 52 | 56 | 60 | 总分 |
| | 得分 | | | | | | | | | | | | | | | | |
| 黏液质 | 题号 | 1 | 7 | 10 | 13 | 18 | 22 | 26 | 30 | 33 | 39 | 43 | 45 | 49 | 55 | 57 | 总分 |
| | 得分 | | | | | | | | | | | | | | | | |

表8-4(续)

| 抑郁质 | 题号 | 3 | 5 | 12 | 15 | 20 | 24 | 28 | 32 | 35 | 37 | 41 | 47 | 51 | 53 | 59 | 总分 |
|---|---|---|---|---|---|---|---|---|---|---|---|---|---|---|---|---|---|
| | 得分 | | | | | | | | | | | | | | | | |
| 你的气质是： | | | | | | | | | | | | | | | | | |

（2）学生填完上面的表格后，心理行为训练员为学生讲解怎样查看自己属于哪种类型。查看气质类型的方法如下。

如果某类气质得分明显高出其他三类，均高出4分及以上，则可定为该类气质。如果该类气质得分超过20分，则为典型；如果该类得分在10~20分，则为一般型。两种气质类型得分接近，即其差异低于3分，而且又明显高于其他两种4分及以上，则可定为这两种气质的混合型。三种气质得分均高于第四种，而且相互接近，则为三种气质的混合型，如多血-胆汁-黏液质混合型或黏液-多血-抑郁质混合型。如四类分数皆不高且相近（低于3分），则为四种气质的混合型。

多数人的气质是一般型气质或两种气质的混合型，典型气质和数种气质的混合型的人较少。

如果你是男性，总分在0~10分，则非常内向；11~25分，则比较内向；26~35分，则介于内向与外向之间；36~50分，则比较外向；51~60分，则非常外向。

如果你是女性，总分在0~10分，则非常内向；11~21分，则比较内向；22~31分，则介于内向与外向之间；32~45分，则比较外向；46~60分，则非常外向。

需要强调的是，运用短时的观察和实验法来确定气质类型时，有一定的局限性。全面而准确的测定需要通过长时间和多方面的观察，并联系对被试者整个生活历程的了解和分析，才能真正看出一个人高级神经活动类型的最稳定的特征。因此，气质的问卷调查对被试者气质类型的确定只是一种“大致的确定”。

（3）学生对照表8-5及结果分析，看看与自己平时的表现是否符合。

表8-5 气质量表常模

| 气质类型 | | 很不明显 | 比较不明显 | 中等 | 比较明显 | 很明显 |
|---|---|---|---|---|---|---|
| 胆汁质 | 男 | 15~40 | 41~47 | 48~54 | 55~61 | 62~75 |
| | 女 | 15~41 | 42~47 | 48~54 | 55~60 | 61~75 |
| 多血质 | 男 | 15~37 | 38~44 | 45~52 | 53~59 | 60~75 |
| | 女 | 15~37 | 38~44 | 45~52 | 53~59 | 60~75 |
| 黏液质 | 男 | 15~42 | 43~48 | 49~55 | 56~61 | 62~75 |
| | 女 | 15~41 | 42~47 | 48~54 | 55~60 | 61~75 |
| 抑郁质 | 男 | 15~43 | 44~49 | 50~56 | 57~62 | 63~75 |
| | 女 | 15~44 | 45~50 | 51~56 | 57~62 | 63~75 |

结果分析如下：

❖胆汁质（兴奋型）：

神经特点：感受性低，耐受性高，外倾性明显，情绪兴奋性高，控制力弱，反应快但不灵活。

心理特点：坦率热情；精力旺盛，容易冲动；脾气暴躁；思维敏捷，但准确性差；情感外露，但持续时间不长。

典型表现：胆汁质又称不可遏止型或战斗型。情绪易激动，反应迅速，行动敏捷，暴躁；在语言上、表情上、姿态上都有一种强烈而迅速的情感表现；在克服困难上有不可遏止和坚韧不拔的劲头，而不善于考虑是否能做到。这类人的工作特点带有明显的周期性，埋头于事业，也准备好去克服通向目标的重重困难和障碍；但是当精力耗尽时，易失去信心。

❖多血质（活泼型）：

神经特点：感受性低，耐受性高，具有可塑性，情绪兴奋性高，反应速度快而灵活。

心理特点：此类人富有朝气，爱交际，思想灵活；但也容易变化无常，志趣多变；轻浮，粗枝大叶，意志力薄弱，等等。

典型表现：多血质又称活泼型，敏捷好动，善于交际，在新的环境里不感到拘束。在工作、学习上富有精力而效率高，表现出机敏的工作能力，善于适应环境变化。能迅速地把握新事物，在有充分自制能力和纪律性的情况下，会表现出巨大的积极性。兴趣广泛，但情感易变，如果事业上不顺利，热情可能消失。从事多样化的工作往往成绩卓越。

❖黏液质（安静型）：

神经特点：感受性低，耐受性高，外部表现少，情绪稳定，反应速度快但不够灵活。

心理特点：稳重，考虑问题全面；安静，沉默，善于克制自己；善于忍耐，情绪不易外露；注意力稳定而不容易转移，外部动作少而缓慢。

典型表现：这类人又称为安静型，在生活中是一个坚定而稳健的辛勤工作者。由于这类人具有坚定的意志，所以行动缓慢而沉着，严格恪守既定的生活秩序和工作制度，不为无所谓的诱因而分心。黏液质的人老成持重，交际适度；情感上不易激动，不易发脾气，也不易流露情感；能自制，也不常常显露自己的才能。这类人长时间坚持不懈，有条不紊地从事自己的工作。其不足是不善于转移自己的注意力。惰性使他因循守旧，表现出固定性有余，而灵活性不足。

❖抑郁质（抑郁型）：

神经特点：感受性高，耐受性低，情绪兴奋性高，反应速度慢，刻板固执。

心理特点：沉静，对问题感受和体验深刻、持久，情绪不容易表露，反应迟缓但是深刻，准确性高。

典型表现：有较强的感受能力，易动感情，情绪体验的方式较少，但是体验得持久而有力，能观察到别人不容易察觉到的细节，对外部环境变化敏感。

3. 讨论与分享

了解自己所属气质类型的优缺点，想一想自己在哪方面还可以做些调整，以改进自己气质的缺点。同学们分别与附近同学组成 4 人小组，互相介绍一下自己的气质类型、自己气质类型的优缺点和想要通过怎样的方式进行调整做到扬长避短。然后回答以下几个问题：自己最喜欢的是哪种气质类型？最不喜欢哪种气质类型？自己会怎样与不同气质类型的人相处？

4. 活动建议

在时间允许的情况下，心理行为训练员还可以让每个组选择一个代表进行记录，将本组的核心内容向其他组进行分享。

（三）消除劣势，发挥优势，气质职业连连看（时间：40 分钟）

1. 活动导入

从上面的测试结果，我们已经了解了自己所属的不同气质类型的特点，以及该气质类型的优缺点，然后整理出如下关于气质的特点。

人的气质无好坏之分，每种气质类型都有可能形成积极的优良的心理品质，也有可能形成消极的不良的心理品质。一个人的气质，究竟朝哪个方向发展，是形成良好还是不良的心理品质，关键在于后天的环境，尤其是教育。任何一种气质类型的人都可以有显著的成就，也有不可避免的缺点。

下面我们深入剖析一下每种气质类型的优缺点，并研究一下哪种方式更适合你用来消除或弥补自己气质类型的缺点，你的气质类型的优势更适合做什么职业。

2. 活动实施

回顾上面介绍的四种气质类型的优缺点，介绍消除气质类型劣势的方法，抓住自身气质类型的优势加以利用。当气质类型与职业活动相适宜时，活动效率就会提高，反之就会降低。大学生了解了自己的气质，可以扬长避短、有的放矢地进行调整，并选择适合自己的学习活动和职业类型，充分发挥自己的潜能和气质优势。

（1）胆汁质。

① 消除劣势方法。

❖情境转移法。胆汁质的人遇到不合自己意愿的事情时，往往很难控制自己的情绪，动辄就和别人大打出手。转移注意力以抵消怒气是积极的处理方法，此时不妨离开发怒的场合，怒气就会渐渐平息。

❖暗示控制法。当你动怒时，可以自我暗示，口中默念“别生气，这不值得发火”“发火是愚蠢的，解决不了任何问题”。你也可以自己在即将发火的一刻给自己下命令：“不要发火！坚持一分钟！一分钟坚持住了，好样的，再坚持一分钟！两分钟坚持住了，我开始能控制自己了，不妨再坚持一分钟。三分钟都坚持过去了，为什么不再坚持下去呢？”用理智战胜情感，让自己冷静而不狂躁。

❖评价推迟法。怒气来自对“刺激”的评价，也许是别人的一个眼神、一句讥讽，甚至可能是对别人的一个误解。这件事在当时使你“怒不可遏”，可是如果过去一个小时、一个星期甚至一个月之后再评论，你或许认为当时对之发怒“不值得”。

❖换位思考法。找出生气的对象，站在“肇事者”的立场想，为他寻找合理的理由，告诉自己：“他或许遇上了什么烦恼，心情不好才这样。”

此外，胆汁质的人还有一个特点就是热情，精力充沛，长期处于紧张、亢奋状态，因此应该注意学习与休息时间的调剂，保证充分的休息时间，不过分疲劳。

② 发挥优势职业。

胆汁质的人适合的职业：管理人员、外交人员、驾驶员、服装纺织业人员、餐饮服务业人员、医生、律师、运动员、冒险家、新闻记者、军人、公安干警等。

（2）多血质。

① 消除劣势方法。

❖设定积极的目标。给自己设定一个要自觉提高自己注意力和专心能力的目标，专心、扎实地完成，做完一件事再做另一件事，大事化小，分段完成。不论做任何事情，一旦进入，能够迅速地不受干扰。比如，今天要背诵多少个单词，就要在注意力高度集中的情况下，将这些内容基本上一次都记忆下来。当你有了这样一个训练目标时，你的注意力本身就会高度集中，并排除干扰。

❖善于排除干扰。要在干扰中训练排除干扰的能力。不管环境多么嘈杂，当自己进入学习和工作状态时，对周围的一切因素置若罔闻，排除自身各种各样的情绪活动。你可以将自己的身体坐端正，并放松下来，将整个面部表情也放松下来，将内心各种情绪的干扰都放到一边。

❖培养韧性。多血质的人在气质的训练中，应该培养自己的韧性。培养韧性的关键是：做一件事情时，不管遇到什么困难，都要提醒自己“干下去，干下去，别气馁”。

② 发挥优势职业。

多血质的人适合的职业：导游、推销员、节目主持人、演讲者、接待人员、演员、市场调查员、监督员等。

（3）黏液质。

① 消除劣势方法。

❖多找人聊天沟通。培根说“交谈使人机敏”，在不断的聊天沟通中，可以锻炼语言的应变能力；学习在局促、尴尬的场面变得轻松，避免正面冲突也能使自己和对方的紧张情绪得到缓解，甚至可以了解很多新鲜事物，克服死板和因循守旧的倾向。扩大个人的交往范围，也是在扩大自己的变化范围。

❖多参加富有挑战性的活动。在实践活动中，我们必然会遇到各种各样的问题和实际的困难，努力去解决问题和克服困难的过程，就是增强人的应变能力的过程。

❖培养表现力和行动力。黏液质的人平时很少主动与人交往，安静稳重，刻苦认真，具有很丰富的知识，可无法用到实际中。在日常生活中，可以多参加集体生活，争取多的活动机会，结交多血质气质类型的朋友，以使气质互补。黏液质人一定要多多练习表现，多多说话，多多和人交流。

② 发挥优势职业。

黏液质的人适合的职业：外科医生、法官、管理人员、出纳员、会计、播音员、话务员、调解员、教师等。

（4）抑郁质。

① 消除劣势方法。

❖融入集体、排遣忧虑。多参加集体活动，注意让自己在集体中扮演成功的角色，千万不能游离在群体之外；要增强适应能力，克服孤僻、敏感；多做户外活动和快乐的活动（游戏）；在需要的时候寻求帮助，情绪低落时向亲朋好友倾诉，不要默默承受。

❖表达自己、消除多疑。准确表达自己，避免判断他人。首先，不要判断他人，即不能用对与错来评价别人。其次，要用“我”的感受来表达自己内心真实的感觉，而不要用“你”的句子表达对他人的异议。

❖积极暗示、强化优点。对抑郁质的人来说，增强自信心和主动性是非常重要的。先把自己的优点列出来，然后扩大、强化，要相信自己的优点，并接受和欣赏自己的优点，经常给自己积极的暗示。

❖驱除烦恼、积极乐观。当你感到压抑烦恼时，不如思考以下三个问题：你烦恼的究竟是什么问题？问题的原因是什么？我可以采取哪些建设性的行动以解决问题？

② 发挥优势职业。

抑郁质的人适合的职业：打字员、排版员、检察员、雕刻工作者、刺绣工作者、保管员、艺术工作者、哲学家、科学家等。

3. 讨论与分享

同学们按照分组对以下问题进行讨论：结合气质类型分析结果，说一说自己最大的优势是什么？想一想自己最大的劣势是什么？想通过什么方法消除自己的劣势？想利用自己的优势在学校期间做什么工作？未来自己的职业倾向是什么？

（四）活动结束（时间：10 分钟）

小组成员交流第一次团体心理训练的感受和体会，然后汇总团体的反馈，并约定第二次团体心理训练的时间、地点等。

## 训练二　我的性格我做主

### 一、训练目标

（1）帮助成员探索了解自己的性格。

（2）掌握个人性格的优缺点。

（3）发挥个人性格优势，消除性格劣势。

## 二、适用对象

大学任一年级的学生团体。

## 三、适用人数

人数不限。

## 四、适用场所

室内。

## 五、材料

与参与人数相符的纸、笔。

## 六、活动时间

90 分钟。

## 七、活动程序

### （一）A 型性格测试（时间：20 分钟）

1. 活动导入

按照人们的行为方式，即人们的言行和情感的表现方式，可将性格分为 A 型性格、B 型性格和 C 型性格（如表 8-6 所示）。20 世纪 50 年代后期，心脏病学家费里德曼和罗斯曼指出大多数冠心病人都有共同的行为模式，即 A 型行为模式或 A 型性格，与之相对的是 B 型性格和 C 型性格。

请同学们看一下 A，B，C 型分类的特征和表现，思考一下自己属于哪种性格。

**表 8-6　性格的 A，B，C 型分类**

| 类型 | 特征 | 表现 |
|---|---|---|
| A 型 | 争强好胜，雄心勃勃，勇于进取，急躁易怒，缺乏耐心 | 常有时间紧迫感，行动匆忙，总想一心二用；事无巨细，事必躬亲；说话坦率，言不择辞，往往有口无心，极易得罪人；习惯于指手画脚，给人以咄咄逼人之感 |
| B 型 | 情绪比较稳定，社会适应性强，为人处世比较温和，生活有节奏，干事讲究方式，表现为想得开、放得开 | 悠闲自得，不求名利，不在乎能否取得成就；缺乏时间观念，喜欢慢步调的生活节奏；待人随和，不爱与人竞争；工作生活从容不迫，对工作和生活比较满意 |
| C 型 | 容易焦虑，爱生闷气。<br>C 型性格指的是有患癌症倾向的性格（C 是 cancer 的头一个字母） | 对人生、事业、人际沟通过分焦虑，不善与人交往，对不幸之事内心体验深刻；过分忍耐，因而长期处于压抑状态，乃至不敢正视矛盾，郁郁寡欢，难免不使免疫功能下降，因而导致各种代谢机能发生障碍 |

大量实验及调查表明，A 型性格是诱发冠心病、高血压的重要因素。A 型性格中对外界的敌意态度和极易生气发怒的特征，成为冠心病与高血压的诱因。因为人体在激动、紧张、气愤的状态下，肾上腺素分泌增加，一方面引起呼吸加深加快、心跳加快加强、外周血管阻力增加、舒张压升高；另一方面引起血黏度和血小板聚集性增强，促发冠状动脉痉挛或血栓的形成，成为高血压与冠心病的病理基础。国内外的研究还发现，C 型性格的人易患癌症。由此可见，不良的人格因素危及人体健康。

2. *活动实施*

认真阅读并回答“A 型性格问卷”（表 8-7）中的问题，并在每道题后的“是”或“否”处画“√”。如果半数以上题目的答案为“是”，希望你改变习惯，放慢生活的节奏。

**表 8-7　A 型性格问卷**

| 问题 | 是 | 否 |
|---|---|---|
| 1. 你说话时会刻意加重关键字的语气吗 | | |
| 2. 你吃饭和走路时都很急促吗 | | |
| 3. 你认为孩子自幼就该养成与人竞争的习惯吗 | | |
| 4. 当别人慢条斯理做事时你会感到不耐烦吗 | | |
| 5. 当别人向你解说事情时你会催他赶快说完吗 | | |
| 6. 在路上挤车、餐馆排队时你会感到被激怒吗 | | |
| 7. 聆听别人谈话时你会一直想你自己的问题吗 | | |
| 8. 你会一边吃饭、一边写笔记，或一边开车、一边刮胡子吗 | | |
| 9. 你会在休假之前先赶完预定的一切工作吗 | | |
| 10. 与别人闲谈时你总是提到自己关心的事吗 | | |
| 11. 让你停下工作休息一会儿时，你会觉得浪费了时间吗 | | |
| 12. 你是否觉得全心投入工作而无暇欣赏周围的美景 | | |
| 13. 你是否觉得宁可务实而不愿从事创新或改革的事 | | |
| 14. 你是否尝试在时间限制内做出更多的事 | | |
| 15. 与别人有约时，你是否绝对遵守时间 | | |
| 16. 表达意见时，你是否握紧拳头以加强语气 | | |
| 17. 你是否有信心再提升你的工作绩效 | | |
| 18. 你是否觉得有些事等着你立刻去完成 | | |
| 19. 你是否觉得对自己的工作效率一直不满意 | | |
| 20. 你是否觉得与人竞争时非赢不可 | | |
| 21. 你是否经常打断别人的话 | | |
| 22. 看见别人迟到时，你是否会生气 | | |
| 23. 用餐时，你是否一吃完就立刻离席 | | |

表8-7(续)

| 问题 | 是 | 否 |
|---|---|---|
| 24. 你是否经常有匆匆忙忙的感觉 | | |
| 25. 你是否对自己近来的表现不满意 | | |

3. 讨论与分享

你是A型性格吗？A型性格的人可以通过哪些途径进行调节？请大家仔细思考，你列出的这些方法，哪些是有效的，哪些是无效的。今后你有什么调整计划？

4. 活动建议

以下是对A型性格的一些建议，如果你有更好的方法也请列出来，并与大家分享。

（1）制定一个符合自己实际能力的目标。

（2）在时间安排上要预留回旋的余地。

（3）严格划清工作与休息的界线。

（4）培养业余爱好，增加生活情趣。

（5）经常参加体育活动，提高机体承受能力。

（二）改变自己不良的性格（时间：20分钟）

1. 活动导入

你了解自己的性格吗？大部分人愿意提及自己好的性格，却不愿接受自己的不良性格。你了解自己有哪些不良性格吗？

2. 活动实施

（1）你曾经尝试过改变自己的不良性格吗？如果尝试过，遇到了哪些困难？列举出最难克服的三项：

① ____________________；② ____________________；③ ____________________。

（2）在你看来，性格优化应该从哪些方面着手实施：

① ______________________________；② ______________________________；

③ ______________________________；④ ______________________________。

3. 讨论与分享

小组成员轮流分享最难克服的不良性格及性格优化的方法。请将大家提到的信息中重合的方法提炼出来，然后跟其他小组进行分享。

（三）更新你的习惯（时间：40分钟）

1. 活动导入

请同学们注意一点：当新习惯逐渐形成之际，尤其是在头几周中，我们必须特别提醒自己不能破例。詹姆斯将此比喻为缠线球，一次失手会破坏多次缠绕的成果。因此要对自己严厉些，只要每天开始的前几分钟及两周内的每一天都坚持住，我们将拥有一个可贵的习惯。这些好习惯是我们优化人格的最好武器。

2. 活动实施及分享

（1）列出你的良好习惯及收获。

（2）列出你的不良习惯及损失。

（3）列出自己准备为改正不良习惯而采取的措施。

（4）与同学相互分享。

（四）活动结束（时间：10 分钟）

小组成员交流第二次团体心理训练的感受和体会，然后汇总团体的反馈，并约定第三次团体心理训练的时间、地点等。

训练三

优化我的人格

# 模块四　资源共享

推荐阅读

军　神

影片赏析

《厉害了，我的国》赏析

# 第三篇

# 素养提升篇

# 第九单元　管理情绪：提升情绪掌控力

【心寄语】

人一旦发脾气，就等于在人类进步的阶梯上倒退了一步。

——达尔文

愤怒使别人遭殃，但受害最大的却是自己。

——列夫·托尔斯泰

【心探索】

从马加爵到药家鑫再到连勇事件，都用惨痛的经历告诉人们情绪的失控有多么的可怕。日常生活中，每个人都跟各种不良的情绪打过交道，如高考前的焦虑、面对新环境的紧张、不被人理解时的愤怒、因屡屡遭人排挤的沮丧、因亲人离世的悲伤、因情感之路崎岖的痛苦等。这时，懂得掌控自己的情绪就显得尤为重要。大学生如果能够学会控制不良情绪，而不为不良情绪所牵制，就能掌握自己的人生，反之人生就可能失控。说起来容易，做起来难。大学生怎样才能控制自己浮躁和无法掌控的情绪？本单元将与大学生一起走进情绪、了解情绪，一起与坏情绪过招吧！

## 模块一　心理故事

故事一

### 爱发脾气的小男孩

从前，有一个爱发脾气的小男孩，他的母亲给了他一袋钉子，并告诉他："每当你发脾气的时候，就在后院的围栏上钉一颗钉子。"第一天的时候，小男孩就钉了28颗钉子。渐渐地，小男孩每天发脾气的次数越来越少，他钉的钉子数也越来越少。终于，有一天，小男孩发现自己已经可以控制好自己的脾气了。他高兴地把这件事告诉了母亲。母亲非常高兴，她鼓励小男孩做得很好，同时她又给小男孩布置了一个任务。母亲说：

“从今天开始，只要你能控制自己的脾气，你就拔出一颗钉子。”时间一天天地过去了，小男孩跑过来告诉母亲，他终于把所有的钉子都拔出来了。母亲温柔地对小男孩说：“你看那些围栏上的洞，永远也不能恢复到从前的样子了，你生气的时候说的话就像这些钉子一样，会让对方的心里留下永远无法磨灭的伤痛。

现在的人们工作生活压力都很大，大家的情绪非常容易受到影响。失业的人常常为了找工作情绪低落，大城市有工作的年轻人因车贷、房贷压力也非常大……所以当你想发脾气的时候，请先暂时将嘴巴闭起来，先离开现场，或者做个深呼吸，或者找个没人的地方大叫，发泄一下心中不满的情绪，再继续为自己加油打气，继续努力！

## 智慧点睛

经济学教授詹姆斯·科尔奈曾说：“我把人在控制情感上的软弱无力称为奴役。因为一个人为情感所支配，行为并没有自主之权，而受命运的宰割。”然而在现实生活中，却总有人陷于愤怒、忧郁、恐惧等消极情绪而不能自拔。其中暴躁易怒的性格最容易造成不可挽回的局面。因此，我们要在平时生活中多学习如何去克制自己的愤怒情绪，以防造成伤人伤己的局面。

## 思考

（1）你是一个情绪化的人吗？

（2）你从小到大最习惯表达的情绪是什么？

### 故事二

### 失败经历与沮丧情绪

曾经有一个心理医生访问了一个幼儿园，他在那里观察了三个在玩儿相同塑料玩具的儿童。这个玩具的玩儿法很简单，当然，是对成年人而言，对于幼儿阶段的孩子来说可能并不简单：盒子上面有两个钮：一个紫色的钮，一个红色的钮。只要把那个红色的钮被划动，就会从这个塑料盒子里跳出一只可爱的玩具小狗。其中的一个小女孩对紫色的钮又按又拉，然后她就坐下来，瞧着那盒子，下嘴唇开始发颤。她旁边的小男孩看到这一幕，再看看自己的盒子，都没开始动手就哇哇大哭起来。与此同时，另一个小女孩试用了各种方法，直到她划动了那个红钮，可爱的小狗跳了出来，她开心地叫了起来。同样的塑料玩具给了三个儿童，但他们对失败的反应截然不同。其实，前面两个小孩完全有能力划动那个红色的钮，而唯一阻止他们成功的因素，就是他们认为自己是做不成的，简言之，他们被“自己是做不成的”的想法给骗了。

### 智慧点睛

作为成年人，我们也经常中这样的圈套。事实上，我们总有一种固定的思维感知模式，每当我们感到沮丧、受到挫折，便会进入这个模式。因此，你清楚自己是怎样应对失败的吗？显然，是你的大脑告诉你，你不能做成什么事，而你却相信了它。你就会像前面那两个小孩似的，开始感到无助和沮丧。然后你很快就放弃了，甚至都不去试一下，进而你就更加确信自己不能成功。这就是为什么那么多人都无法充分发挥他们的潜能。因为不知在何时何地，有那么一次失败，让他们认定了自己不能成功而从此沮丧起来。而沮丧的情绪会让人们没有勇气清醒地面对事实和挑战。

### 思考

（1）当你接到一个陌生又有挑战的任务时，你的第一情绪反应是什么？

（2）你认为大学生应该如何管理自己的情绪？可以像故事中的小孩一样想哭就哭吗？

## 模块二　心理导航

小刘参加学生会干部竞选，一进屋就发现评委席上有一名学长曾经跟自己发生过冲突，顿时手心冒汗、心里凉凉，觉着这回肯定没戏了，心情顿时跌入了谷底。在等待公示的一周时间里，小刘惴惴不安。公示当天，他发现学生干部公示名单上有自己的名字，顿时觉得又喜悦、又意外、又内疚、又尴尬，心里的感觉真是五味杂陈。小刘从参加学生干部竞选进屋的一瞬间到公示当天，那跌宕起伏的心理变化就是我们所说的情绪。在某个时刻或情境下，我们每个人都经历过强烈的情绪：或异常兴奋或十分悲伤，也许我们曾沉迷于恋爱的甜蜜中，曾为一时的成功而喜悦，曾为喜爱的明星去世而悲伤，为不经意间伤害了某人而懊悔。此外，我们在每天的日常生活中经历着这样一些程度较轻的情绪反应：享受跟朋友在一起的快乐，一起看电影的愉悦，因不小心弄坏别人的东西而尴尬。尽管这些情绪性质不同，但它们都代表情绪。你了解自己的情绪吗？你能识别他人的情绪吗？你如何调试自己的情绪？你可以影响他人的情绪状态吗？

## 一、情绪概述

### （一）情绪是什么

情绪是一种有机体反映客观事物与主体需要之间关系的态度体验，它通常包含生理的和认知的成分，对行为具有影响作用。情绪是一类特殊的动机，它能够帮助我们处理和回应重要的场景（一般是外部的），以及与他人沟通心意。

### （二）情绪的组成元素

简单来说，每种情绪都有四个主要的元素：生理唤醒、主观感受、认知过程和行为反应。

#### 1. 生理唤醒

一名同学对你说："老师想找你谈一谈，好像很着急，让你现在赶紧过去一趟。"当你听到这个消息的时候，你可能会觉得有点紧张。"老师找我到底能有什么事呢？我最近犯了什么错误吗？"你也许会感到有压力，可能会猜测老师因为你做过的某件事而生气或失望，或要批评你。但是当老师说觉得你最近表现得很好，同学们对你的反映也很好，想要推选你担任班委会重要职务的时候，你紧张的神经顿时放松了许多，并且内心充满了喜悦之情。当你经历担心、放松、喜悦的情绪时，你的身体也发生着改变。身体是情绪体验的一个重要部分。

在生理上，当一个人经历一种情感时，交感神经系统建立一种唤醒的反应，如心跳加快、呼吸加速、瞳孔扩大及口腔可能变干等。情绪反应伴随人的大脑、神经系统和荷尔蒙的生理作用，一个人的情绪被唤醒的同时，其身体也被唤醒。强烈或持续的情绪反应会耗费个体的精力，从而削弱其对疾病的抵抗力。

#### 2. 主观感受

情绪反映一个人的主观感受，即高兴或不高兴，厌恶或不厌恶，很大程度上还要依靠主观感受。例如，你恐惧的主观感受成分可能有好几个来源：其中一个是大脑感知身体当前的唤起状态；其他的成分来自关于以前类似的情境下你的身体状态的记忆。大脑储存了某种情绪的"身体图像"，美国加州大学神经科学、心理学和哲学教授称这种现象为躯体标记。

最近的研究发现，镜像神经元系统也是一个情绪感觉的来源。在看到其他人的情绪状态的时候，这些大脑回路的激活让你感觉到一种情绪的躯体标记，比如你在看某部恐怖的电影，你的大脑回路会激活以前看恐怖片时的情绪记忆。

#### 3. 认知过程

一个人的情绪涉及记忆、知觉、期望和解释等认知过程。个体对某个事件的认知，会极大地影响他对该事件的看法和态度。认知过程包括有意识地识别，以及对情境的解释。例如，你会将中了500万元大奖解释为好运气。同样，意识与无意识的过程也能在不高兴的体验时发生。

4. 行为反应

情绪还表现为许多行为反应，包括表达型反应和工具型反应。表达型反应是指一个人通过面部表情、手势姿势和声调语气等方式来帮助其表达自己的感受。例如，当你听说中了500万元大奖的时候，可能会惊喜尖叫、振臂高呼，甚至会跳起来，还可能会拥抱你的亲人或好友，并第一时间将消息告诉对你最重要的人。工具型反应是指可以提高个体对环境的适应性的反应，如因喜悦而哭泣，或因尴尬而口吃等。

一般情况下，人们的情绪反应是以上四个方面的综合。例如，当你从其他同学口中得知老师要找你的时候，生理唤醒可能表现为心跳加速，主观感受是担心且有些害怕，认知过程包括近期自己发生的与自己担心的事情相关的记忆、知觉、期望及对所处环境消极的解释，行为反应可能是严肃且害怕的表情。

（三）情绪的种类

人类到底有多少种情绪呢？从英文字典中的记载来看，一共有超过500种情绪术语。然而，大部分的专家认为基础情绪的数量应该更受限制。卡罗尔·伊扎德认为有六种基本情绪：兴趣、快乐、悲伤、愤怒、厌恶和恐惧。保罗·埃克曼认为有七种情绪，即愤怒、厌恶、恐惧、高兴、悲伤、蔑视和惊讶，这基于普遍辨认出来的面部表情。罗伯特·普拉切克提出有八种基本情绪的充分理由，这个理由是对人们在大量的情绪术语的打分和进行数学分析中得出。最近的研究认为，普拉切克的情绪列表中应该加上自豪。即使不同的理论家用不同的方法解决这个问题，他们的差异也不大。其他研究者认为，可以把情绪看成一个等级结构，分为积极和消极两类，然后把它们分成更细的子类。

（四）情绪的特点

1. 复杂性

情绪是非常复杂的一个模式，很多时候人们难以准确地描述自己当下的情绪感受，很多情境下人的情绪不是单一的，而是由多种情绪交织而成的。从性别上来看，女性比男性更善于通过语言表达情绪感受。哈佛大学的研究者借助磁共振影像技术进行研究发现，对于女性来说，进入青春期后，她的消极情绪会从杏仁体这个脑干的原始部位进入大脑皮层，激活她的语言中枢，方便她报告自己的情绪；而青春期男性的消极情绪仍留在杏仁体，所以如果问他有什么感受，他会说“不知道”。

2. 周期性

现实生活中，人们可能前一刻还在为悲情电视剧中的女主角而感到悲伤，但后一刻就可能会为女主角的大反转而感到大快人心，这并非人的善变，但确实反映了情绪是会随着情境而不断变化的。成年人经常说：“还是小孩儿好，没有生活压力和工作任务，成天就知道玩，我真想像他们那样无忧无虑。”其实则不然。无论是成人，还是儿童，正常人没有谁会长时间处于一种状态当中。人的情绪会围绕着正常水平波动，即在高峰和低谷间波动，处于适度的波幅之内就没有问题。相反，如果某个人的情绪始终处在高峰，就很可能是患了躁狂症；如果某个人的情绪始终处在低谷，就很可能患了抑郁症；如果情绪在高峰和低谷间大幅度振荡，那可能是患了双相情感障碍（躁郁症）。

3. 普遍性

达尔文认为，人类的情绪是天生的，而且像骨骼系统一样是有系统、有规律的。借助于调节面部表情和躯体运动的肌肉系统，人们向他人表达自己的情绪，而这种表达又往往是无意识的，它是一种本能而非后天习得的行为。情绪的交流是基因决定的，当人们还在摇篮里时，就能识别成人的脸，还能通过解读他们脸上的表情来感知他们的态度。在美国心理学家埃克曼和弗里森的研究中，他们发现不同文化背景（日本、欧洲国家、美国甚至是新几内亚弗尔部落）的人对至少七种面部表情的识别是一致的，包括生气、恐惧、厌恶、高兴、惊讶、悲伤及轻蔑。因此我们可以说情绪是通用的，情绪在脸上的表达也是通用的，然而它是否得到表达，却取决于其表达情绪的文化规则。

（五）情绪的表现形式

情绪的表现形式是多种多样的，依据情绪发生的强度、持续性和紧张度可以把情绪状态划分心境、激情和应激。

1. 心境

心境是指人比较平静而持久的情绪状态。心境具有弥漫性，它不是关于某一事物的特定体验而是以同样的态度体验对待一切事物。

心境持续时间有很大差别。某些心境可能持续几小时，另一些心境可能持续几周、几个月或更长的时间。一种心境的持续时间依赖于引起心境的客观刺激的性质。例如，失去亲人往往使人产生较长时间的郁闷心境；一个人取得了重大的成就（如高考被录取、实验获得成功、作品初次问世等），在一段时间内会使这个人处于积极、愉快的心境中。人格特征也能影响心境的持续时间，同一事件对某些人的心境影响较小，而对另一些人的影响则较大。性格开朗的人往往事过境迁不再考虑，而性格内向的人则容易耿耿于怀。

心境产生的原因是多方面的。生活中的顺境和逆境、工作中的成功与失败、人际关系是否融洽、个人健康状况、自然环境的变化等，都可能成为引起某种心境的原因。

心境对人的生活、工作、学习、健康有很大的影响。积极向上、乐观的心境，可以提高人的活动效率，增强信心，对未来充满希望，有益于健康；消极悲观的心境，会降低认知活动效率，使人丧失信心和希望。经常处于焦虑状态，有损健康。人的世界观、理想和信念决定着心境的基本倾向，且对心境有着重要的调节作用。

2. 激情

激情是一种强烈的、爆发性的、为时短促的情绪状态。这种情绪状态通常是由对个人有重大意义的事件引起的。重大成功之后的狂喜、惨遭失败后的绝望、亲人突然死亡引起的极度悲哀、突如其来的危险所带来的异常恐惧等，都是激情状态。

激情往往伴随着生理变化和明显的外部行为表现。例如，盛怒时全身肌肉紧张，双目怒视，怒发冲冠，咬牙切齿，紧握双拳，等等；狂喜时眉开眼笑，手舞足蹈；极度恐惧、悲痛和愤怒后，可能导致精神衰竭、晕倒、发呆，甚至出现所谓激情休克现象，有时表现为过度兴奋、言语紊乱、动作失调。

激情状态下，人往往会出现“意识狭窄”现象，即认识活动的范围缩小、理智分析能力受到抑制、自我控制能力减弱，进而使人的行为失去控制，甚至做出一些鲁莽的动作或行为。有人用激情爆发来解释自己的错误，认为“激情时完全失去理智，自己无法控制”，这是有争议的说法。一般认为人能够意识到自己的激情状态，也能够有意识地调节和控制它。因此，每个人都要对在激情状态下的失控行为所造成的不良后果负责任。

要善于控制自己的激情、做自己情绪的主人，就要培养坚强的意志品质、提高自我控制的能力。然而激情并不总是消极的，如发射卫星成功时研制人员的兴高采烈、运动员在国际比赛中取得金牌时的欣喜若狂，在这些激情中包含着强烈的爱国主义情感，是激励人上进的强大动力。

3. 应激

应激是指人对某种意外的环境刺激所做出的适应性反应。应激可表现为两种状态：一种是积极的状态，它使人精力旺盛，活动激化，思维清晰，动作机敏、准确，从而化险为夷、转危为安，及时摆脱困境。例如，飞机在飞行中，发动机突然发生故障，驾驶员紧急与地面联系着陆；正常行驶的汽车意外遇到故障时，司机紧急刹车；战士排除定时炸弹时的紧张而又小心的行为；等等。应激状态的产生，与人面临的情境及人对自己能力的估计有关。另一种是消极的状态，它使人出现不必要的动作、语无伦次、情绪紧张，同时意识的自觉性降低，会出现思维混乱、分析判断力减弱、感知和记忆出现错误、注意力的分配与转移困难等情况。当情境对一个人提出了要求，而他意识到自己无力应付当前情境的过高要求时，就会体验到紧张，从而处于应激状态。

人在应激状态下，会引起机体的一系列生物性反应，如肌肉紧张度、血压、心率、呼吸及腺体活动都会出现明显的变化。这些变化有助于适应急剧变化的环境刺激，维护机体功能的完整性。例如，危桥险境中英雄救美，最终成就姻缘的原因是人害怕孤独，险境使人情绪受生理反应误导。

（六）情绪的功能

想象一下，如果人类没有情绪体验，生活会是什么样子？显然，如果人们缺乏感知和表达情绪的能力，生活将变得索然无味。除了能令人们的生活有滋有味，情绪在日常生活中还有一些其他重要的功能。

1. 动力功能

情绪情感的动力功能是指情绪情感能够驱使个体进行某种活动，也能够阻止或干扰正在进行的活动，还能促使人们学会在以后做出适当的反应。例如，喜欢某人则会因快乐情绪心甘情愿为对方做事。当看到一只发怒的狗向我们冲过来时，我们会因为害怕的情绪与交感神经系统的生理唤醒，而做出“战斗或逃跑”的行为反应，从而帮助我们迅速地避开狗的攻击，从而保护自己。当我们经历过碰到一只具有威胁性的狗的事件后，当时的情绪反应教会我们以后应避免同样的情况。同样，愉快的情绪会对已经发生的行为起到积极的强化作用，因此我们以后会更愿意去寻求同样的情境。

2. 信号功能

情绪情感的信号功能是指个体能以通过言语的和非言语的行为表达出自己对周围事物的认识和态度，使个体的情绪为他人所知。这些行为是使他人更好地理解我们的情绪体验发出的一个信号，他人可以通过这些信号预测我们接下来要发生的行为，从而促进更有效的、具有适应性的社会互动。例如，“出门看天，进门看脸色”说的就是这个意思。

3. 感染功能

情绪情感的感染功能是指个体的情绪情感可以感染别人，使别人产生强烈的内心体验，形成与之相应的情感。

4. 影响身心健康的功能

心理学家们发现，情绪不仅能够直接影响人的身体健康，还能影响人的心理发展。中医认为“喜伤心，怒伤肝，忧伤肺，思伤脾，恐伤肾”。愉快、开朗、乐观等积极情绪，对增加人体的免疫力有积极的促进作用。很多长寿者都具有一些共性的特点：心情愉快、乐观豁达、心平气和、笑口常开。现代医学研究也发现，紧张、焦虑、抑郁、恐惧等不良情绪，会激活体内有害物质，击溃机体保护机制，破坏人体免疫功能，导致内分泌失调，最终致病。

情绪能够表达一个人心理健康水平。大多数积极情绪者对现实生活持有积极的态度，他们热爱生活、乐观开朗、学习和工作效率高；而消极不良情绪的持续作用则会使人们的心理活动失衡，出现意识狭窄、判断力降低、失去理智和自制力，甚至出现心理疾病，如抑郁症、恐惧症、强迫症。

## 二、大学生情绪特点及其影响因素

### （一）大学生情绪特点

大学生正处于青年期向成年期的过渡时期，其生理发育已经基本成熟，心理发育也正经历着急剧的变化，尤其反映在情绪上。

1. 丰富性与复杂性共存

青年的情绪体验更加丰富多彩，并随着自我意识的不断发展和各种需要及兴趣的扩展而表现得更加丰富、敏感、细腻和深刻，并发展为更加带有社会内容的情感体验。青年期是大学生面临许多人生重大选择的时期，常常会呈现一种复杂的情绪状态。例如，希望自己独立和希望依赖他人同时存在；对自己既不满，又不想承担责任；既希望得到他人的理解，又不愿意接受他人的关心等复杂矛盾的心态。

2. 稳定性与波动性共存

青年的情绪年龄正处于未成年人与成年人的转变阶段，在情绪状态上具有两种情绪并存的特点。一方面，相对于少年期，大学生具有较高的智力水平和知识素养，加上社会和自我的高要求、高期望，在日常生活和活动中，具有一定的自我控制情绪的能力，一般能用理智约束冲动，对不良情绪进行自我调适。从总体上看来，大学生情绪和情感是比较稳定和成熟的。另一方面，与成年人相比，情绪带有明显的起伏波动性，容易从一个极端走向另一个极端。情绪有时会表现为大起大落、大喜大怒的两极性。这种波动性是由大学生在生理、心理和社会性三方面发展的特点决定的。

3. 冲动性与激情性共存

大学生有着丰富、强烈而又复杂的感情世界，情绪体验得快而强烈，喜怒哀乐常常一触即发，表现出热情奔放的冲动性特点。心理学家常用“急风暴雨”来比喻这种激情性的情绪特征。大学生的情绪特点还表现在情绪体验特别强烈和富有激情。在处理同学关系、师生关系的矛盾，对待学业、生活中的挫折时，常常易走极端，给自己及他人带来伤害。这种冲动性的情绪尤其在群体中会变得更加激烈。大学的学生有较强的群体认同感，喜欢模仿，易受暗示，容易受当时情境气氛的感染、鼓动，而表现出比单个人时更大胆的举止。这是因为群体可以增强一个人的力量感，同时在群体中个人可以减少其相应的责任。

4. 内隐性与掩饰性共存

大学生的情绪表现，虽然有时也会喜形于色，但已经不像青少年时期那样坦率直露。不少大学生常会将自己的情绪隐藏和掩饰，体现为外在表现与内在体验并不一致。这也无形中给大学生与同学之间的相互交流带来障碍，使一些大学生出现孤独和苦闷的情感困惑。

5. 阶段性和层次性共存

大学阶段由于不同年级培养目标和培养重点的不同，教育方式和课程设置有所区别，各个年级面临的问题不同，大学生的情绪特点也不同，呈现出阶段性和层次性特点。大学新生所面临的是环境适应，学习方法的改变，新的交往对象的熟悉、了解，以及新的目标确立等问题。新生自豪感和自卑感混杂，放松感和压力感并存，新鲜感和恋旧感交替，致使情绪波动大。

6. 心境化与压抑性共存

大学生情绪活动一旦被刺激引发，即使刺激消失、情绪状态有所缓和，但因其持续影响时间较长，则会转化为心境，对他们以后的活动产生持续的影响。大学生的许多不良情绪，如焦虑、抑郁、自卑等，都具有这种心境化的特点。大学生情绪心境化还与他们想象丰富的思维特点有关。大学生富于理想，遇事爱幻想，由刺激引发的情绪反应易受当事人想象的影响。想象对情绪反应的程度、持续时间都起着催化剂的作用。大学生常会陷入某种想象性的情绪状态，而难以被另外一种情绪所取代。大学是情感最丰富、最强烈的时期，同时也是一个充满压力和冲突的时期，而这往往会导致大学生情绪的压抑性。导致大学生情绪压抑性的原因有两个方面：一是大学生正好处在人格发展的“自我同一性”阶段，大学生内心自身的矛盾冲突处于剧烈阶段；二是由于在实际生活环境中，大学生遇到了诸多的问题，他们的需要没能得到满足。

7. 情绪的想象性

有时大学生的情绪体验还会出现陶醉于以前某一特定的愉快情绪状态，或是沉湎于某种负性的情绪状态之中，甚至会陷入某种想象出来的欢乐或是忧虑之中而不能自拔。例如，有的人在一次运动会比赛中失利，感到无地自容，后来竟然泛化到认为周围的人都轻视自己，从此产生处处都不如人的不良心态。

（二）影响情绪的因素

人们每天的活动都伴随着一定的情绪，有时轻松，有时焦虑，有时欢乐，有时忧愁。面对同样的事情，若生活态度不同、看问题的角度不同，那么人们产生的情绪也不相同。是什么在影响着人们的情绪？情绪发生的机制是什么？

影响情绪的因素是多方面的，主要有以下几种。

1. 生理因素

人体的一切生理活动都不是恒定不变的，而是起落有常，这就是生物钟。人体的血压、体温、脉搏、心跳、神经的兴奋抑制、激素的分泌等100多种生理活动都要受生物钟规律的支配，从而产生生理活动的高潮和低潮。高潮时期，情绪往往比较饱满，工作效率高；而低潮时期，情绪比较低落，容易表现出不耐烦等不良情绪反应，办事效率低下，容易出差错。例如，中午和黄昏以后这两个时间段生物钟处于低潮，不要安排重要的活动内容。

2. 情境因素

情境因素对人的情绪影响是不可忽视的。例如，学业的成功、优美的环境可以让人产生愉快的心情；而拥挤的人群常会使人感到紧张、烦躁；灰蒙蒙的天空会使人感到压抑郁闷；荒山秃岭会使人感到一片凄凉。夜晚强烈的路灯、房灯甚至电视屏幕发出的光线，都可能对情绪产生消极影响。人际的冲突、学习的压力、生活中的挫折甚至恶劣的天气，也会使人感到烦躁和抑郁。

3. 自然因素

一般来说，阴雨天气容易使人们产生低落情绪；如果天气转晴，人们的心情也会跟着好转。特别是连天的阴雨，人们容易烦躁不安，对人对事极不耐烦，处理事务也欠考虑。现代医学研究表明，人的大脑中的自然电磁压力在满月时会发生变化，对月亮敏感的人，大脑右半球的电磁压力在满月时期会增加，其后果是导致情绪不稳定，容易激动。

4. 生活习惯

美国专家数项研究结果表明，情绪低落与吸烟密切相关，这是由脑化学机理引起的。每天吸烟的人发生情绪低落的可能性相当于不吸烟或偶尔吸烟的人的两倍。汉堡、薯片等高糖、高脂食品虽然能迅速改善情绪，但随后的血糖下降，可能使人心情烦闷；饮食中长期缺乏不饱和脂肪酸，可能导致抑郁。

5. 生理周期

众所周知，许多妇女在月经周期中存在情绪波动问题，尤其是在经期前和月经期，情绪十分低落、抑郁或脾气急躁。她们的情绪往往很不稳定，有时遇到极细小的不顺心的事情就容易发脾气。

6. 需要因素

一名男青年在漂亮的异性同学面前常会感到紧张和羞怯，有时还会面红耳赤，为此他感到自责和困扰。人的情绪为什么有时候难以自制？情绪产生与变化的背后，实际反映着人们的动机需要。例如，当得到他人称赞时，人们的自尊和成就的需要得到满足，从而感到一种荣誉和喜悦感；相反，当人们受到他人的冷落时，就会产生失落和孤独感，因为自己被接纳和归属的需要没有得到满足。大学的学习和生活过程，也是大学生追求和实现自身各种需要的过程。大学生的需要是多样化的，如完成学业、培养能力、发展自我、追求爱情，还有娱乐、健康、实现兴趣，等等。这些需要是多层次的，有些是眼前的需要，有些是长远的需要，需要之间还互相矛盾。实现和满足这些需要，会受到各种条件的限制与制约，必然会引起情绪上的波动。

7. 认知因素

情绪会依赖于内心的起伏吗？只有我们认为自己快乐的时候才是真的快乐吗？情绪的认知理论注重一个前提，即情绪总是有一个认知成分。思考被认为是形成爱与恨、快乐与悲伤感受的原因。认知理论专家同样意识到大脑和身体在情绪中的作用，但他们将情绪的产生主要归功于认知过程。情绪虽然是与客观事物是否满足人的需要相联系的，但是面对同样的事物，不同的人却会有着截然不同的情绪感受。比如，一个平时数学考试只能考十几分的体育特长生，这次数学考试考了 37 分，他高兴得欢呼起来，而他的同桌是一个品学兼优的学生，平时考试成绩都在 90 分以上，同桌非常不理解地问："你的分数连年级平均分都不到，你有什么好高兴的？"这个同学回答："我从来没考过这么高的分数，虽然我这次成绩仍然没及格，但我是咱班进步最大的一个，照这个进步速度，下次考试我就能超过年级平均分了，我是不是很厉害？"可以看到对于同样一个分数，两个同学有着截然不同的情绪。心理学研究结果表明，人们往往通过对客观事物产生认知并做出评价，才会产生与之相联系的情绪反应。认知改变了，情绪也会相应发生变化。

## 三、大学生常见的情绪问题及管理

### （一）大学生常见的情绪问题

1. 焦虑

焦虑是十分常见的现象，是一种类似担忧的反应或是自尊心受到潜在威胁时产生担忧的反应倾向，是个体主观上预料将会有某种不良后果产生的不安感，是紧张、害怕、担忧混合的情绪体验。焦虑可划分为三类。一是神经性焦虑。这是当人意识到内心的欲望与冲突而无法控制时所产生的恐惧感。有时有无名的恐惧出现，有时发生强烈的非理性的恐惧。例如，一名学生因无法自控、坐立难安而去进行心理咨询，经个人陈述后发现没有任何现实事件刺激，可他就是不能正常进行上课、吃饭、看书等活动，总是担心有什么事发生。此种现象便为神经性焦虑，严重的建议到医院就诊。二是现实性焦虑。这种焦虑是由现实环境的压力与困难引起的，自我无力应付。例如，无力参加技能大赛、自己或他人期望过高、自己或他人要求过严等。三是道德性焦虑，这是由社会生活准则引起的对自我的责备与羞愧感，因而唯恐犯错误或触犯不能逾越的规矩。这三种类型的焦虑不是单一的，有时神经性焦虑与现实性焦虑混合起来，有时道德性焦虑与现实性焦虑混合起来，有时神经性焦虑与道德性焦虑混合起来，也可能是三种焦虑的混合。人们在面临威胁或预料到某种不良后果时，都有可能产生这种体验。

焦虑对大学生的影响是复杂的，既可以成为大学生成才的内驱力，起促进作用，也可以起阻碍作用。实验证明，适度的焦虑能使大学生维持适度的紧张状态，注意力高度集中，促进他们学习。但过度焦虑则会对大学生带来不良的影响。例如，有的大学生在临考前夜的失眠或考试时“怯场”、在竞赛中不能发挥正常水平等，多是高度焦虑所致。被过高的焦虑困扰的大学生，常常会感到内心极度紧张不安、惶恐害怕、心神不定、思维混乱、注意力不能集中，甚至记忆力下降，同时还容易产生头痛、失眠、食欲不振、胃肠不适等不良生理反应。焦虑的大学生在内心深处有一种无法解脱、不愿正视的心理问题。焦虑只是矛盾、冲突的外显，借此作为防御机制以避免那些更深层次的困扰。

大学生常见的焦虑有自我形象焦虑、学习焦虑、情感焦虑。自我形象焦虑是担心自己不够漂亮、没有吸引力，体貌过胖或矮小等，也有因为粉刺、雀斑等影响自我形象而引起的焦虑。这类焦虑主要与自我认知有关，需要通过调整自我认知重新接纳自我，建立新的自我形象。与学习有关的焦虑如学习焦虑、考试焦虑，在学生情绪反应中最为强烈，我们在本书“第二单元　学会学习：向新方法问好”中专门谈及考试焦虑，需要引起重视。情感焦虑多数由于恋爱受挫而引发自我否定，认为自己不具备爱人与被爱的能力，因而过度担心，引起焦虑。

2. 抑郁

抑郁是大学生中常见的情绪困扰，是一种感到无力应付外界压力而产生的消极情绪，常常伴有厌恶、羞愧、自卑等情绪体验。抑郁就像其他情绪反应一样，人人都曾体验过。对大多数人来说，抑郁只是偶尔出现，一般很快会消失。但也有人长期处于抑郁状态。性格内向孤僻、多疑多虑、不爱交际、生活中遭遇意外挫折的人更容易陷入抑郁状态。

情绪抑郁的大学生的主要表现：情绪低落、思维迟缓、郁郁寡欢、闷闷不乐、兴趣丧失、缺乏活力，干什么都打不起精神；不愿参加社交，故意回避熟人，对生活缺乏信心，体验不到生活的快乐；伴有食欲减退、失眠等。长期的抑郁会使人的身心受到严重伤害，使大学生无法有效地学习和生活。

3. 愤怒

愤怒是大学生常见的一种消极情绪，是由于客观事物与人的主观愿望相违背，或因愿望无法实现时，人们内心产生的一种激烈的情绪反应。心理学研究结果表明，当愤怒发生时，可能导致人体心跳加快、心律失常、血压升高等生理反应，同时还会使人的自制力减弱甚至丧失，思维受阻，行为冲动。大学生正处于精力充沛、血气方刚的青年时期，在情绪情感发展上往往容易产生好激动、易动怒的特点。例如，有的大学生会因为互相看了一眼而大打出手，有的大学生因人际协调受阻而恶语伤人，有的大学生因与他人意见相左而恼羞成怒。这种情绪对大学生的人际交往有百害而无一利，因而有人说："愤怒是以愚蠢开始，以后悔结束。"

4. 嫉妒

嫉妒是指他人在某些方面胜过自己引起的不快甚至是痛苦的情绪体验。古希腊哲学家德谟克里特曾说："嫉妒的人常自寻烦恼，这是他自己的敌人。"

嫉妒是自尊心的一种异常表现，在大学生中普遍存在。其具体表现为害怕别人超过自己、好胜心强、想要设法阻止别人的发展，人际关系差，孤单、寂寞、偏执、狭隘。嫉妒是一种情绪障碍，它扭曲人的心灵，妨碍人与人之间正常真诚地交往。

5. 冷漠

冷漠是一种对人对事漠不关心的消极情绪。大学阶段应该是人生中最多姿多彩、最富有热情的时期。然而，有的大学生却对一切都不关心，对什么都不感兴趣，不关心社会动态、不重视学习、不关心集体、对同学冷淡无情、对周围的人和事无动于衷。

冷漠情绪的产生一般与个人的早期心理发展有很大关系。人类个体出生以后，有很长一段时间不能独立，需要父母的照顾。在这个过程中，儿童和父母的关系占重要地位，儿童就是在与父母的关系中建立自己的早期情绪特征。在成长过程中，尽管每个儿童不免要受到一些指责，但只要感觉到周围有人爱他，就不会产生心理上的偏差。如果终日不断被骂、被批评，得不到父母的爱，儿童就会觉得自己毫无价值。更进一步，如果父母对子女不公正，就会使儿童是非观念不稳定，产生心理上的焦虑和敌对情绪。有些儿童因此而逃避与父母身体和情感的接触，这样就出现冷漠症状。冷漠还与个人的经历和个性特点有关，当一个人失去了亲友、事业不顺或健康不佳时，往往会失去生活的动力和信心，这时冷漠便会乘虚而入。观念的狭隘和过高的成就动机往往是冷漠形成的初因。其实，冷漠的人有一种压抑感，他们的内心也很痛苦。其次，当人们受到生活的不断打击之后，很容易对别人的意见漠不关心，无论是赞扬还是批评都无动于衷。总之，这类型人的生活是平淡的、刻板的、缺乏创造性和感情的，他们很难适应多变的现代社会生活。他们总是以冷漠无情去应付难点，以“眼不见为净”的方式来应对所遇到的现实问题，但这种与世无争的外表却不能压抑其内心的焦虑，长期下去，便产生抑郁症等心理疾病来。

### （二）大学生情绪健康的标准

一般而言，情绪健康的标志是情绪稳定和心情愉快。大学生正处在富有朝气的年龄阶段，应该是愉快情绪多于负面情绪，应是乐观开朗、富有朝气、对生活充满希望。健康情绪和不健康情绪的区别是相对的，很难有严格的界限。目前大多数人所认同的一种观点认为，健康的情绪应当符合以下几个标准。

#### 1. 情绪反应有适当的原因

根据心理学的研究，情绪的反应都是有其原因或对象的。一定的事物引起相应的情绪是情绪健康的标志之一。同时，当事人一般都能觉察到，并且周围的人也能觉察到情绪产生的原因，或赞同其对情绪做出的解释。毫无原因的情绪反应不是健康的情绪反应。情绪的产生是由各种不同的原因引起的，如高兴是因为有喜事，悲哀是遇到不愉快或不幸事件，愤怒是挫折引起的，等等。

#### 2. 情绪反应强度适中

情绪反应强度适中表明个人的中枢神经系统活动处于相对平衡的状况，反映了中枢神经系统活动的协调，是情绪稳定的一种表现。要善于控制与调节自己的情绪，既能克制又能合理地宣泄自己的情绪。情绪反应的强度应和引起它的情境相适应，过于强烈或淡漠的情绪反应都不是健康的情绪反应。如果一个人的情绪长期不稳定，喜怒无常，则是情绪不健康的表现。

#### 3. 情绪反应随情境变化而转移

日常生活中，人们的情绪反应的持续时间是不同的。通常当引起情绪的因素消失之后，情绪反应将在较短的时间内恢复平静，但有的情绪（如面对失恋、亲人的死亡等）则需要长时间才能恢复到正常状态。不能随客观环境变化而变化的情绪反应，不是健康的情绪反应。例如，生活中不小心把东西丢了，当时可能会非常生气，事情过后，慢慢也就自己调节过来；如果长期生气，这就是情绪不健康的表现。

### （三）大学生情绪管理的方法

#### 1. 合理情绪疗法

合理情绪疗法的基本理论主要是ABC理论（如图9-1）。在ABC理论模式中，A是指诱发性事件；B是指个体在遇到诱发性事件之后相应而生的信念，即他对这一事件的看法、解释和评价；C是指特定情境下个体的情绪及行为结果。通常人们认为，人的情绪的行为反应是直接由诱发性事件 A 引起的，即 A 引起了 C。ABC 理论指出，诱发性事件 A 只是引起情绪及行为反应的间接原因，而人们对诱发性事件所持的信念、看法、理解（即 B），才是引起人们的情绪及行为反应的更直接的原因。人们的情绪及行为反应与人们对事物的想法、看法有关。合理的信念会引起人们对事物的适当的、适度的情绪反应；而不合理的信念则相反，会导致不适当的情绪和行为反应。当人们坚持某些不合理的信念，长期处于不良的情绪状态之中时，最终将会导致情绪障碍的产生。

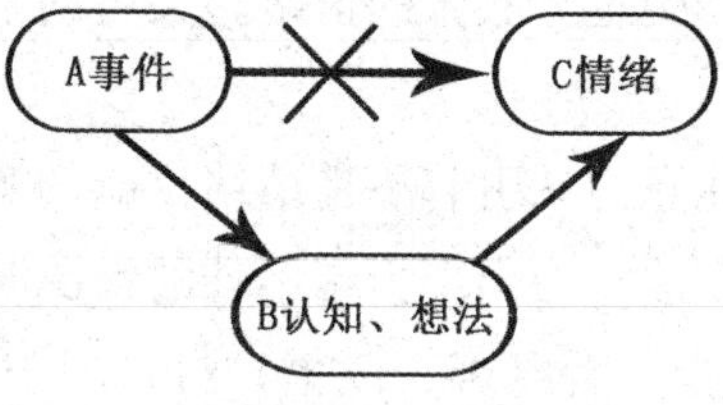


**图 9-1　合理情绪疗法的 ABC 理论**

例如，两名学生在回寝室的路上碰到了同寝室的另一名同学，但对方没有与他们打招呼，而是径直走过去了。这两个同学中的一个认为："他总是装清高，好像自己比别人优秀很多似的，见了面都当作没看见。"而另一个同学却可能有不同的想法："他估计是因为眼睛高度近视又没戴眼镜，没看到我们吧。"两种不同的想法就会导致两种不同的情绪和行为反应。前者可能觉得讨厌、不理解，以后也不愿意跟那个同学打招呼，甚至会想远离他；而后者可能觉得这很正常。从这个简单的例子中可以看出，人的情绪及行为反应与人们对事物的想法、看法有直接的关系。在这些想法和看法背后，有着人们对一类事物的共同看法，这就是信念，前者在合理情绪疗法中被称为不合理的信念，而后者则被称为合理的信念。合理的信念会引起人们对事物适当、适度的情绪和行为反应；而不合理的信念则相反，往往会致不适当的情绪和行为反应。人们坚持某些不合理的信念，长期处于不良的情绪状态之中，最终将导致情绪障碍的产生。

2. 自我暗示法

从心理学角度讲，自我暗示就是个体通过语言、形象、想象等方式，对自身施加影响的心理过程。这个概念最初由法国医师库埃于 1920 年提出，他的名言是"我每天在各方面都变得越来越好"。自我暗示分积极自我暗示与消极自我暗示。积极自我暗示，在不知不觉中对自己的意志、心理以至生理状态产生影响，积极的自我暗示令人们保持好的心情、乐观的情绪、自信心，从而调动人的内在因素，发挥主观能动性。而消极的自我暗示会强化人们个性中的弱点，唤醒人们潜藏在心灵深处的自卑、怯懦、嫉妒等，从而影响情绪。

与此同时，人们可以利用语言的指导和暗示作用，来调适和放松心理的紧张状态，使不良情绪得到缓解。心理学的实验结果表明，当个人静坐时，默默地说"勃然大怒""暴跳如雷""气死我了"等语句时心跳会加剧，呼吸也会加快，仿佛真的发起怒来。

相反，如果默念“喜笑颜开”“兴高采烈”“把人乐坏了”之类的语句，那么他的心里也会产生一种乐滋滋的体验。由此可见，言语活动既能唤起人们愉快的体验，也能唤起不愉快的体验；既能引起某种情绪反应，也能抑制某种情绪反应。因此，当在生活中遇到情绪问题时，人们应当充分利用语言的作用，用内部语言或书面语言对自身进行暗示，缓解不良情绪，保持心理平衡。比如，默想或用笔在纸上写出下列词语：“冷静”“三思而后行”“制怒”“镇定”等。实践证明，这种暗示对人的不良情绪和行为有奇妙的影响和调控作用，既可以松弛过分紧张的情绪，又可用来激励自己。

3. 注意力转移法

注意力转移法，就是把注意力从引起不良情绪反应的刺激情境，转移到其他事物上或从事其他活动的自我调节方法。当出现情绪不佳的情况时，要把注意力转移到使自己感兴趣的事情上，如外出散步、看电影、读书、打球、下棋、找朋友聊天、换个环境等，都有助于使情绪平静下来，并在活动中寻找到新的快乐。这种方法，一方面中止了不良刺激的作用，防止不良情绪的泛化、蔓延；另一方面，通过参与新的活动，特别是自己感兴趣的活动而达到增进积极的情绪体验的目的。

4. 适度宣泄法

过分压抑只会使情绪困扰加重，而适度宣泄则可以把不良情绪释放出来，从而使紧张情绪得以缓解、放松。因此，遇有不良情绪时，最简单的办法就是宣泄。可以准备一个或几个柔软蓬松的枕头，将它想象成给你带来负面情绪的某人或某些事，通过捶打、揉捏、用力丢等方式将负面情绪发泄出去；或与自己最亲近、最信任的人尽情倾诉，可以大声诉说，也可以边诉边哭；或是通过体育运动、劳动等方式来尽情发泄；或是到空旷的山林原野，拟定一个假目标大声喊出来，发泄胸中怨气。必须指出，在采取宣泄法来调节自己的不良情绪时，必须增强自制力，不要随便发泄不满或者不愉快的情绪，要采取正确的方式，选择适当的场合和对象，以免引起不良后果。

5. 自我安慰法

当一个人遇有不幸或挫折时，为了避免精神上的痛苦或不安，可以找出一种合乎内心需要的理由来说明或辩解。例如，为失败找一个理由，用以安慰自己。这种方法，对于帮助人们在大的挫折面前接受现实、保护自己，避免精神崩溃是很有益处的。因此，当人们遇到情绪问题时，经常用“胜败乃兵家常事”“塞翁失马，焉知非福”“坏事变好事”等语句来进行自我安慰，以摆脱烦恼，缓解矛盾冲突，消除焦虑、抑郁和失望，达到自我激励、总结经验、吸取教训的目的，有助于保持情绪的安宁和稳定。

6. 交往调节法

某些不良情绪常常是由人际关系矛盾和人际交往障碍引起的。因此，当人们遇到不顺心、不如意的事，有了烦恼时，能主动地找亲朋好友交往、谈心，比一个人独处、胡思乱想、自怨自艾要好得多。因此，在情绪不稳定的时候，找合适的人谈一谈，具有缓和、抚慰、稳定情绪的作用。除此之外，人际交往还有助于交流思想、沟通情感，增强自己战胜不良情绪的信心和勇气，从而能更理智地去对待不良情绪。

7. 情绪升华法

升华是改变不为社会所接受的动机和欲望，而使之符合社会规范和时代要求，是对消极情绪的一种高水平的宣泄，是将消极情感引导到对人、对己、对社会都有利的方向去。例如，一同学因失恋而痛苦万分，但他没有因此而消沉，而是把注意力转移到学习上，立志做生活的强者，证明自己的能力。

在上述方法都失效的情况下，同学们仍不要灰心，在有条件的情况下，去找心理医生进行咨询、倾诉，在心理医生的指导、帮助下，克服不良情绪。

# 模块三　心理训练

## 训练一　认识我的情绪

### 一、训练目标

（1）引领学生体验情绪变化的乐趣。

（2）引导学生观察表情，掌握不同情绪的特征和一些复杂的表情。

（3）引导学生尝试、假设各种情绪出现的原因。

### 二、适用对象

大学任一年级的学生团体。

### 三、适用人数

人数不限。

### 四、适用场所

室内。

### 五、材料

心理行为训练员事先准备好计时器、16 张表情卡片（每张最好有 A4 纸大小，在所有卡片的其中一面印上一样的花纹，在另一面印上八种不同的表情，每种表情各两张。八种情绪可以是微笑、愤怒、羞涩、惊讶、疑惑、悲伤、紧张、恐惧，或者是其他情绪。在设计图形时希望特别突出不同情绪在眼睛、眉毛、嘴型、脸色等指标上的差异。心理行为训练员可以使用较夸张的绘画方式，以降低游戏难度）、一摞情绪卡片（每张卡片上面写着某种情绪的词汇，如“悲伤”“害怕”“喜悦”等）。

### 六、活动时间

90 分钟。

## 七、活动程序

### （一）乌鸦与乌龟（时间：20 分钟）

1. 活动导入

心理行为训练员一开始就说："这节课我们进行测试!"之后观察同学们的表情和反应。然后，请 2~3 名学生说一下当听到这节课要进行测试时的情绪感受。请同学们互相观察一下彼此的表情，你能感受到他人现在有什么样的情绪吗？接下来，让我们一起做一个小活动。

2. 活动实施

小班型上课：成员可以围成一个圆圈（可以站可以坐）。大班型上课：可以根据教室结构灵活设计成员连接方式，可以两人一组，也可以一整排连成一组。每个人的右手手掌伸平放在他右边成员的左手食指上方；同时，他的左手食指朝上顶住他左边成员的右手掌。

心理行为训练员会讲述下面的故事。在听故事的过程当中，当成员听到"乌鸦"和"乌龟"这两个词的时候，要迅速去抓右侧人的食指，同时避免自己的左手食指被抓。在活动过程中，成员仅可以变换手部的姿势，不能移动手臂来探抓或逃避。每个人在手部姿势变化后要快速复原。听到其他的词语的时候不能动手。

森林里有间小小的城堡，里面住着可怕的巫婆和她的仆人乌鸦。突然，有一天，天上慢慢飘来一片片乌云，转眼间就乌黑乌黑的，什么也看不见。在狂风暴雨中，巫婆听到有人在敲门，开门一看，原来是一只乌龟还有一只乌贼，它们要求巫婆让它们进屋。巫婆同意了，可是乌鸦不同意，因为它和乌龟是多年宿敌。雨越下越大，大家也是越吵越凶。乌贼指着乌云对巫婆说："雨这么大，乌鸦却不让我们进去，我和乌龟都会生病的。再不开门，我一定会让你的城堡变得乌烟瘴气的。"没多久，雨停了，太阳出来了，乌云也散开了。巫婆和乌鸦这才打开门来，看见乌龟与乌贼已经冻得缩成一团了。

过了几天，空气很闷，天气阴沉，乌龟躲进乌黑的小茅屋里，这时乌龟听见了敲门声，原来是好朋友乌贼带着乌鱼来乌龟家做客。刚进到屋里，乌贼就开始讲路上遇到的故事。原来乌贼半路上撞见了巫婆与乌鸦。乌贼因为上次巫婆不给它们开门避雨的事情，非常气愤，就追着赶着要打巫婆和乌鸦，可是巫婆施展法术逃跑了。乌龟听了以后，非常开心，原来一直孤僻的它也有乌贼和乌鱼做好朋友。

其实，乌龟与乌鸦也曾经是好朋友，只是有一次，乌龟把乌鸦请到家里做客，可是乌鸦看到乌龟家满地污泥，乌漆墨黑，就喋喋不休地数落乌龟，乌龟听后很生气，就骂乌鸦无理取闹。后来，乌鸦把乌龟家弄得乌烟瘴气，乌龟不得不把乌鸦赶到屋外，乌龟打乌鸦，乌鸦打乌龟……两个人都呜呜地大哭，然后谁也不理谁了。乌贼和乌鱼听了这个故事后，使劲地嘲笑了乌鸦和乌龟。

心理行为训练员在讲述故事的过程中，应该尽量语言清晰，语速缓慢。此外，如果你在朗读"wu"音开头而不是"乌龟""乌鸦"的词语时，如果故意加快速度或加重语气，可以达到更好的游戏效果。故事的长短也可以根据上课的时间安排进行调整。

心理行为训练员在讲述故事的过程中，使用适当的断句和夸张的语气会让成员更能体会紧张和注意力高度集中的感觉，成员的情感体验会更加强烈。

3. 讨论与分享

心理行为训练员提出以下问题引导同学们思考，并请几名学生代表进行分享。

是不是有人早就想结束活动了？是不是有人一直想讲下去？有没有人每次都躲开没有被抓到？有没有人躲掉的次数少，被抓到的次数多？听故事的时候你的情绪状态是什么样的？这些情绪让你在活动当中表现出什么样的行动力？

4. 活动建议

（1）你可以通过对故事材料的改变来降低或提高活动的难度，也可以将带来行动改变的词语换为“乌贼”和“巫婆”，等等。

（2）你也可以改变成员之间的手势，如每个人的左手掌心向下平摊在左边成员的右手上，而右手掌心向上托着右边成员的左手；当听到“乌鸦”或“乌龟”时，右手迅速掌心翻下，轻打在右边成员的左手背上，同时收回自己的左手，防止被左边的成员打到手背。

**（二）情绪对对碰（时间：30 分钟）**

1. 活动导入

心理行为训练员介绍游戏规则。

2. 活动实施

心理行为训练员将事先准备好的 16 张表情卡片的顺序打乱，并按照两行四列的形状把它们反盖着放在上台参加活动的小组面前。上台的小组选出一名成员负责放卡片的工作，其他成员帮他出谋划策，但不能接触卡片。心理行为训练员宣布开始计时后，成员每次翻开两张卡片，如果上面的表情是一样的，就大声喊出它们代表的情绪，并把它们放在自己面前。如果翻出的两张卡片上不是一样的表情，就必须把两张卡片重新翻转，放回原处，再尝试翻开其他两张卡片，当所有卡片都正确配对后，游戏结束。

心理行为训练员宣布本组活动结束时，第二组成员上台进行活动，以此类推。最后，用时最短的小组取得胜利。

3. 讨论与分享

（1）你看到卡片上显示的是什么表情？（如笑、哭、生气、紧张等）

（2）你是根据什么判断出这种表情的？

（3）想象一下，在现实生活中你是否看见过谁出现过这种表情？他为什么会出现这样的表情呢？

4. 活动建议

（1）心理行为训练员可以通过卡片数目、图形复杂程度等操纵游戏的难度。

（2）把所有卡片放在讲台上，引导成员根据图片的随机顺序来编一个小故事，再让小组成员演出。

（三）抢收情绪果（时间：30 分钟）

1. 活动导入

心理行为训练员宣读下面一段话："森林里有一棵情绪树，上面结着各种各样的情绪果，如果有人不小心吃了某种情绪果，就会不停地表现出它所代表的情绪。直到有人喊出这种情绪果的名字，它的魔力才会消失。现在，各种情绪果都成熟了，路过的人不小心吃了情绪果。你们需要辨认出他们吃了哪种情绪果，如果你成功了，情绪树每次就会送给你们一颗情绪果。你们要抓紧时间，每组每次只有 2 分钟时间。"

2. 活动实施

每个小组轮流进行活动，其他组的成员观看。在小组中选出一名成员扮演误吃情绪果的"中毒者"，他需要先从心理行为训练员手中的情绪卡片中随机抽出一张，然后按照上面的提示做出表情，且不能发出声音；其余成员通过观察快速猜测他表演的是什么情绪。猜测成功后，他再继续抽出另一张情绪卡片。心理行为训练员计时，可以用不同颜色的棋子作为情绪果奖励给成员。在规定时间内得到棋子最多的组成为胜利者。可以把情绪卡片事先分成不同难度的若干份，在第一轮游戏中让成员尝试单纯情绪（如喜悦、愤怒等），在第二轮时可以加入一些复合情绪（如惊喜、嘲笑、悲愤等）。

3. 讨论与分享

（1）你是怎么判断出"中毒者"的情绪的？（如根据眼睛、嘴巴、眉毛等）为什么有人总是会判断错误？（如线索不清晰、观察不仔细等）

（2）在现实生活中，你是如何判断别人的情绪的？

注意：一个组在表演的时候，引导其他组的成员积极参与观看，避免其他组的成员脱离团体。

4. 活动建议

（1）为了增加游戏的难度和挑战性，你可以自行创作一些更复杂的情绪卡片，如在上面写出一连串情绪或者一个情绪变化明显的故事，让小组成员表演。

（2）如果班级同学过多，不适宜搬动桌椅，可以把游戏改编成每个人独自参与的形式：每次邀请一个同学上台抽取卡片表演，如果有人猜出他的情绪，心理行为训练员直接对个人进行奖励。

（四）活动结束（时间：10 分钟）

小组成员交流第一次团体心理训练的感受和体会，然后汇总团体的反馈，并约定第二次团体心理训练的时间、地点等。

## 训练二　学会情绪转化

### 一、训练目标

（1）引导学生学会识别个人情绪。

（2）引导学生体验和分析愤怒情绪。

（3）帮助学生了解到“怒气”积累的危险性和宣泄情绪的重要性。

（4）引导学生明白情绪与个人信念之间的关系。

（5）帮助学生澄清不合理信念，学习理性反思。

### 二、适用对象

大学任一年级的学生团体。

### 三、适用人数

人数不限。

### 四、适用场所

室内。

### 五、材料

（1）“炸弹受气包”活动材料：便利贴若干、耐用不易破的大气球、超大的短袖上衣、脚踏打气筒。

（2）“情绪大法官”活动材料：便利贴若干，纸盒两个，红白记分卡各一张。

### 六、活动时间

90 分钟。

### 七、活动程序

（一）心情播报（时间：10 分钟）

*1. 活动导入*

心理行为训练员说出下面一段话：“又有一周时间没有见面了，在这一周的时间里，同学们可能发生了很多事情。在上课之前也可能有不一样的事情发生，让你们带着不一样的情绪来到本次训练课堂。现在大家见面了，我想请大家在上课前将自己心里的情绪用天气预报的方式跟你旁边的同学进行播报。”

*2. 活动实施*

每名同学与身边的两名同学轮流模拟气象预报员，进行“一周天气预报”；在三分钟的时间内，用天气预报的形式把自己这一周的心情变化描述出来，越详细越好，要说明情绪变化的原因，并尽可能带有个人特色。例如：周一，本人王小花同学天气晴朗，平静无事，除了 22 点左右在宿舍与张小米同学略有冷暖空气对流，造成局部小雨；周二，上午阳光明媚，感染周围的张小米同学、陈小东同学都出现难得一见的晴朗天气，但下午的时候由于受到化学测验的9级台风突击影响，温度急剧下降，据专家推测这股台风在本周五发测验成绩时还将演变成12级飓风，并伴随父母寒流及小花暴雨；周三，听说班级篮球队失利，王小花同学心脏地区遭受4.3级地震，整个下午都乌云密布，连张小米请吃肯德基也不能改变这股低气压的肆虐……

3. 讨论与分享

所有同学完成活动后小组讨论分享。播报心情的过程中，你有什么样的情绪体验？分享过后你的情绪怎样？有哪些同学愿意跟大家分享一下自己的心情播报？

（二）炸弹受气包（时间：30分钟）

1. 活动导入

心理行为训练员介绍游戏规则。

2. 活动实施

（1）暖身与分组。将成员分成3~5组，每组人数最好在10人以下。

（2）预备活动。要求组内讨论“我最生气的事情是什么”，每组至少写出5件引发愤怒的事情，越多越好，越详细越好。将这些事情写在便利贴上，然后把所有写好的便利贴放在一起。

（3）活动开始。每组派一名成员扮演“受气包”（选择胆子大、自愿参与的学生），上台参与活动。“受气包”需穿着比较厚的衣服，把大短袖套上。两类选手分别站成一列，心理行为训练员在每个“受气包”的短袖下面放入一个大气球，气球的进气口与脚踏打气筒接在一起。

心理行为训练员站在一个“受气包”旁边时，随机抽取一件“我最生气的事情”，大声读出，并询问台下的成员对这件事的生气程度。成员认为生气的程度越大，就往“受气包”衣服下的气球中打入越多的空气。随着气球的膨胀，这个“受气包”所在小组的其他成员会变得很紧张，可以邀请他们回答：“你遇到这样的事情会怎样做?”如果回答得好，就给“受气包”适当消气；如果回答得不好，可以宣布：“使用这种方法似乎效果不好，‘受气包’反而更生气了。”然后往气球中适量打气。

3. 讨论与分享

游戏结束后，心理行为训练员引导成员讨论处理愤怒情绪的方法。

（1）深呼吸，帮助自己平静心情，避免冲动。

（2）离开现场，转身走开。

（3）换个想法，理性思考。

（4）平静地说出自己的感受，如“我不喜欢你这样做，我感觉很生气”。

（5）转移注意力，去做另一些有趣的事。

4. 活动建议

（1）你可以在游戏中增加一个角色，邀请每组的一个同学扮演“天使”，安慰台上的“受气包”。台下观众观察他们的互动，探索安抚情绪的方法。

（2）邀请几位学生写下最让他们生气的一件事，作为情景剧表现出来。

**（三）情绪大法官（时间：40 分钟）**

1. 活动导入

不少同学认为情绪是由外部事件决定的：失败了所以悲伤，受欺负了所以委屈，获得奖励所以喜悦，遇到危险所以害怕。而心理学家艾利斯则指出，情绪是受到个体内在信念影响的，面对同样的事情如果个体做出不同的解释，就可能产生截然不同的情绪体验。而困扰我们的很多负面情绪，来源于我们心里的一些不合理信念。帮助学生找出这些不合理信念，并改变不理性的思考逻辑，对于情绪调节具有重要意义。接下来，我们就一起找出常见的不合理信念。

（1）灾难化、过度概括化、贸然下结论、过度夸大事件的不良后果。如“老师这样批评我，简直糟糕透了”“我无法忍受他这样拒绝我”“张小花不喜欢我，没人会喜欢我”“老师这样批评我，一定是因为讨厌我”“如果有人说他很忙，没时间见我，其实真正的意思就是不想理我”。

（2）只注意负面信息，曲解正面信息。如“他每次看到我就皱眉头，一定是对我不满”“张小花愿意跟我玩，只是因为可怜我”“我竟然及格了，肯定是运气问题”。

（3）完美主义，给自己制定太多缺乏弹性的目标。如“我必须每件事都努力”“只有每个人都喜欢我，我才有价值”“只有成绩好、朋友多、心地善良的人才能得到幸福”。

2. 活动实施

把全部成员分成两组，分别为红组和白组。由心理行为训练员扮演“情绪大法官”。首先给所有成员发一张便利贴，要求他们在便利贴上写下最近的一件让自己特别烦恼、焦虑、内疚或痛苦的事情，并写出这件事让自己感觉不好的原因；然后把便利贴对折，放进属于自己组的那个纸箱内。当所有成员完成后，开始游戏。

每次每组派出一名成员，分别扮演“原告律师”和“被告律师”，由“原告律师”从对方组的箱子里抽出一张纸条，大声读出“令人苦恼的事”，然后指控对方：“受害者之所以感觉烦恼，是由于被告方使用了错误的信念 1（或 2，3）。”并阐述理由，证明排除了不合理信念后，可以有更理性的处理。“被告律师”可以进行申辩，证明这件事是值得和应该烦恼的。3 分钟辩论后，“情绪大法官”可以邀请写这张纸条的成员发表自己的想法，由他来裁定哪位律师的话更有道理，并说明自己的感想。胜利的律师为自己所在的组加一分。

两组轮流扮演原、被告方，从对方纸箱中抽取纸条进行辩论，直到所有成员都参加过一轮辩论为止。邀请最终胜利组和挑战组的成员分享感受。（当合班课程时，可以规定抽取纸条的张数。未完成的小组成员可在组内轮流将自己的不合理情绪与其他成员继续进行讨论。）

3. 讨论与分享

并不是所有烦恼（或悲伤、沮丧等）事件都可以通过调整合理性信念而改变的，只是希望提示成员用这样的方式反思自己的负面情绪。因此，如果写纸条的成员最终仍坚持自己，仍然感觉不好，可以引导其他成员从其他角度帮他想办法改善情绪。例如，寻求朋友的帮助，找信任的人倾诉，转移注意力，暂时放弃解决，等等。

4. 活动建议

（1）心理行为训练员可以对游戏形式稍做调整，把由一名学生评判，变成每次辩论后授权全班学生举手表决，或者可以由心理行为训练员独自决定两组同学的成绩。

（2）如果气氛足够好，为了使活动效果更加深入，心理行为训练员可以每次让一名同学扮演“原告律师”，从全班的纸条中抽出一张，大声读出；由写这张纸条的同学扮演“被告律师”。在这种情况之下的对质往往能起到更好的效果，只是这种方式会使班级同学参与的人数相对较少，覆盖面减少。

训练三

寻找快乐情绪

（四）活动结束（时间：10 分钟）

小组成员交流第二次团体心理训练的感受和体会，然后汇总团体的反馈，并约定第三次团体心理训练的时间、地点等。

# 模块四　资源共享

推荐阅读

被一只苍蝇击倒的世界冠军

影片赏析

《浪潮》赏析

# 第十单元　培养韧性：提升自身抗逆力

**【心寄语】**

任何新生事物的成长都是要经过艰难曲折的。

——毛泽东

勇气与坚持有一种魔力，可以使困境消失在无声无息之中。

——约翰·昆西·亚当斯

**【心探索】**

在我们日常生活中，为什么有的同学遇到困难和挫折会一蹶不振，有的同学遇到困难和挫折会积极面对、继续前行？这是因为每个人与生俱来的抗逆力不同。很多时候我们所承受的压力都是内在的，有的学生上学之前一直平安顺利，家庭环境优越，几乎没遇到过任何挫折，他的抗逆力就会以一种潜伏的形式存在；当压力和挫折来临的时候，他会不知道用什么方式去应对。可见，每个人都有抗逆力，其也许被唤醒，也许被埋没。适当的逆境与压力是帮助个体唤醒抗逆力、展示潜能的一种外在条件。本单元让我们一起了解压力，学习怎样与压力共生，激发自身的抗逆力，积极面对生活中的种种挫折，战胜逆境，体现胜任力，健康成长。

## 模块一　心理故事

故事一

### 坚强乐观的桑兰

1998 年 7 月 21 日晚，在纽约世界友好运动会上意外受伤之后，17 岁的中国体操队员桑兰成了全世界最受关注的人，她的坚强也开始感动着世界。

这确实是个意外。当时桑兰正在进行跳马比赛的赛前热身，在她起跳的那一瞬间，外队一名教练出现在跳马前，这个事情干扰了她，导致她动作变形，从高空栽到地上，而且是头先着地。这个笑容甜美、个性温顺的姑娘在遭受如此重大的变故后，却表现出难得的坚强。她的主治医生说："桑兰表现得非常勇敢，她从未抱怨什么，对她我能找到表达的词就是'勇气'。"就算是知道自己再也站不起来之后，她也不后悔练体操，她说："我对自己有信心，我永远不会放弃希望。"

因为她的坚强、乐观，美国院方称她为"伟大的中国人民的光辉形象"，而那么多美国普通民众去看望她，并不只是因为她受伤了，而是为她坚强和乐观的精神所感动。国务院原副总理钱其琛在看望桑兰时说："中国领导人和中国人民都知道这位勇敢的女孩的事。"美国前总统克林顿、卡特和里根都曾给桑兰写信，赞扬她面对悲剧时表现出来的勇气和坚强。桑兰与因骑马意外瘫痪的"超人"扮演者里夫会面的经过在美国ABC电视台播出，这个电视台50年来只采访过两个中国人：一个是邓小平，另一个是桑兰。

### 智慧点睛

因突发事件而产生的挫折不是我们所能预见的，因此很多时候我们也避免不了它的发生。英国著名哲学家罗素说过："遇到不幸的威胁时，认真而仔细地考虑一下，最糟糕的情况可能是什么？正视这种不幸，找到充分的理由使自己相信，这毕竟不是那么可怕的灾难。"只有选择勇敢面对，才能为自己重新打开一扇崭新的大门，才会看到更多不一样的美景，让自己的生命升华为一种正向的精神。

### 思考

（1）当你听到"压力"这个词的时候，你有什么样的情绪？你头脑里出现了什么样的场景？

（2）当你遇到挫折的时候你是怎样应对的？

## 故事二

### 梅兰芳苦练基本功

梅兰芳出生在北京的一个京剧世家。他从小父母双亡，由伯父抚养成人，他的伯父梅雨田是一位出色的京剧器乐家，号称"六场通透"，就是说，所有场面上的乐器都能拿起来伴奏。梅兰芳长期在伯父身边听他给别人伴奏，这为他以后在京剧艺术方面的发展打下了坚实的基础。

梅兰芳8岁开始学艺。刚开始学艺时，老师教他唱启蒙戏《三娘教子》唱段，他背了很长时间也背不下来。老师不耐烦地说："祖师爷没给你这碗饭吃！"说完就走了。

但是梅兰芳并没有灰心，反而更加苦练基本功，以勤补拙。他想：人家练10遍，我就练100遍，不信学不会。他以这种勤学苦练的精神，终于过了台词这一关。

梅兰芳小时候的视力不太好，眼珠转动也不灵活，可是京剧最讲究眉目传神。后来，他听说看鸽子飞翔能够锻炼眼神。于是，梅兰芳除了练习演戏外，还养起了鸽子。他每天早上放飞鸽子，目光紧紧追随着在天空飞翔的鸽子，从未间断过。经过练习，他的眼睛变得炯炯有神了。人们都说："梅兰芳的眼睛最能传达人物内心的细腻感情，一颦一笑，秋波流转，光彩照人，无与伦比！"

为了使基本功更加扎实，寒冬腊月，别人都在火炉旁取暖，梅兰芳却在院子里泼水成冰，在冰上练踩跷、跑圆场，摔倒了爬起来，爬起来又摔倒。经过反复的练习，他终于练就了腿脚稳健的硬功夫。每天清晨梅兰芳还练嗓子、念道白，发音不准或不圆润，他就反反复复地重来，直到满意为止。一年四季，春来冬去，始终如一。这些努力终于使他发出了饱满、圆润的声音。

梅兰芳19岁时随京剧大师王凤卿首次到上海演出，从此，他在京剧舞台上大放异彩，至今仍为人们所传颂。

### 智慧点睛

生命并不像我们所想的那样，总是充满着阳光和一片坦途。有些东西我们可以改变，但有些东西是我们从出生的时候就无法选择的。美国前副总统戈尔曾经说过："自古以来的伟人，大多是抱着不屈不挠的精神，从逆境中挣扎奋斗过来的。"对许多人来说，逆境和挫折并不可怕，可怕的是心灵被挫折彻底打败。梅兰芳面对自己天赋不足的现实困境没有退缩，迎难而上，不断超越自我，最终实现了个人价值。

### 思考

（1）你了解压力吗?

（2）想一想当下对你来说压力最大的事情是什么?

## 模块二　心理导航

压力是生活的一部分，其来源有很多，如考试、竞赛、恋爱、失恋，或者像地震、水灾、火灾、疫情等天灾人祸都可以导致人们的应激反应，亦或是如人际关系破裂或交通事故等突发事件，也会因其持续时间长而成为压力的来源。

## 一、压力和挫折概述

### （一）压力概述

1. 压力的定义

压力对身体的作用源自人类神经系统对环境的反应，这是从健康生理学角度来定义的。心理学家对于压力的定义是指人们对于所认为的威胁或挑战所产生的身体、情绪、认知和行为的反应。

2. 压力的表现形式

人们长期处于过高压力可以通过多种形式表现出来。生理上的表现形式包括：异常疲劳、睡眠问题、频繁感冒，甚至胸疼和恶心。处于压力下的人可能会有不同的表现：过度运动、暴饮暴食、经常哭泣、大量吸烟和酗酒、打人毁物等。情绪上的表现形式包括：焦虑、沮丧、害怕、易怒等。精神方面的症状包括：注意力、记忆力和决策力下降。处于压力下的人常常没有心思与他人开玩笑，有时情绪还会很敏感。

3. 压力的意义

压力的意义有两种。一种是不良压力，具有消极意义，发生在当人们体验到不愉快的压力源时。长时间处于不良压力状态下，对人的身体健康、心理健康及个体的社会功能都会产生消极影响。另一种是良性压力，具有积极意义，是由需要身体去适应或改变的积极事件产生的，是人们提升健康和幸福感所需要的最佳压力程度。良性压力是维持正常人体活动的必要条件，能够提高人体在各种环境中的适应能力，在一些特殊环境中能够提高机体的警觉水平。结婚、工作升职、生儿育女，对大多数人来说是积极的事件，但它们也需要人们做出很大的改变来适应这些习惯、责任，甚至生活方式，因此就产生了压力。对于大学生来说，他们中的许多人都知道有一些焦虑和压力对他们往往是有帮助的，因为这可以促使他们去学习。

4. 压力源

心理压力产生的原因是复杂的，人们将这些具有威胁性或伤害性并因此带来压力感受的事件或环境称为压力源。压力源并非来源于真正的外部要求和个体各种能力之间的不平衡，而是个体知觉到这两者的不平衡。生活中的压力源可能存在于人们自身，也可能存在于环境中。

活动百宝箱

压力知多少

压力的来源众多，如灾难事件、生活事件、日常困扰都会引发压力。在此我们依据理查德·拉扎勒斯（Richard Lazarus）和朱迪斯·科恩（Judith Cohen）的模型来介绍压力的来源，不过也如两位研究者一直强调的，个体对压力事件的感知比压力事件本身更为关键。

（1）灾难事件。

拉扎勒斯和科恩将灾难事件定义为“一种突然、特殊且严重的单一生活事件，该事件需要群体共同承担这一体验，由此产生大幅的适应性调整以应对该事件”。灾难事件包括各种自然灾害，如“5 · 12”汶川特大地震等；也包括其他诸多造成大量死亡并给生者带来极大压力、痛苦和恐惧的灾难，如2002年的SARS病毒、2020年的新型冠状病毒性肺炎等。

虽然突发事件看起来会产生强烈而持久的压力，但在许多情况下并非如此。从长期看来，自然灾害性突发事件所产生的压力较人为事件还要小，人们知道其中一个原因，就是自然灾害是可以解决的，灾害过后最严重的问题就已经过去了，不会再有更大的压力。另外，这种由自然灾害性突发事件产生的压力往往是由遭受灾难的多人共同承担的，这就使得人们能够相互支持和理解彼此所经受的困难。相比之下，像“3 · 14”拉萨打砸抢烧暴力犯罪事件之类的突发事件，可能还会对人们产生更大的压力。因为人们知道恐怖袭击事件是有预谋的，并且受害者和旁观者都知道在未来还有可能会出现这类袭击。

（2）生活事件。

重大生活事件（如亲人离世、考试挂科、大赛获奖等）也是压力的主要来源，同时，很多微小生活事件也可能引发压力。例如，本书附录中列举的都是生活事件。

生活事件与灾难事件在三个方面有所区别。首先，生活事件侧重的是变化的重要性。当事件需要做出调整或改变以进行应对时，人们就会感到压力。正性的生活事件需要人们对行为进行调整或改变，如金榜题名、学生干部竞选成功等；负性的生活事件也同样需要改变，如失恋等。其次，生活事件的影响范围很小且有时影响范围只有一个人。对个体而言，失恋所造成的生活改变远比上千人伤亡的地震的影响要大。最后，生活事件的进程往往比灾难事件要细要慢。分手不是一天发生的，分手也总是伴随着失恋前的各种冲突。相比之下，恐怖袭击这样的人为灾害则是突然的、不可预测的。上述生活事件都会造成压力感，也都会带来许多后续问题。例如，分手虽然可能给双方或其中一方带来解脱感，但短时间内乃至很长一段时间内，其中一方或双方想起分手过程中的争吵或彼此的指责，心里都会隐隐作痛。而对于灾难事件，虽然进程迅速，但其影响持续时间却较长。这一结论不仅适用于暴力犯罪的受害者，还适用于很多其他事件或伤害的受害者，并且适用于不同阶段的学生和成人。对学生而言，校园欺凌也会增加其患PTSD的风险。

（3）日常生活压力源。

日常生活压力源也可称为日常困扰。生活事件通常会引发行为上的调整和改变，日常困扰则是每天发生在身边的各种烦心琐事。早操迟到、早检扣分、上课迟到、忘交作业等都可归类为日常困扰。外部环境因素和内部心理社会环境因素都可能触发日常困扰，从而对个体产生作用并引发压力。

① 日常困扰与外部环境。很多人都认为压力的外部环境来源与城市生活有关。寝室噪声、教室脏乱、多人寝拥挤、人际关系疏远都是现代学生生活的一部分。在环境脏

乱、空间狭小、人口密度高的学校不仅有持续的生活困扰，也会降低生活满意度，还可能会影响学生的日常行为和学习表现，甚至可能会危及健康。校园环境中的公园或草坪可以降低压力；寝室环境周边有公园或绿地、餐厅、超市、医院等公共设施的学生压力更小，健康状况更好。

② 日常困扰与心理社会环境。人们所处的心理社会环境可能会导致诸多日常困扰。寝室情境、教室情境、社团活动情境等社会环境都是必要条件而非充分条件。在寝室情境中，人际排挤、生活攀比会给大学生带来压力。在教室情境中，高强度学习任务和对实训缺乏控制感会导致压力，缺乏来自同伴的社会支持则会加重压力。在社团活动情境中，来自不同专业不同班级的同学既可能触发冲突和压力，也可能提供支持。对许多大学生来说，以上三种情境的矛盾都是不可忽视的压力来源。但是，人类最主要的压力源是人，即人类产生的人际关系是造成压力的最主要来源。

心理学家勒温和米勒认为冲突是当一个人必须在不同的、矛盾的或者是对立的目标之间选择时产生的心理困扰。这些目标可能是生理需求、心理驱动、愿望或是外部需求。冲突形式有以下几种。

知识窗

生活改变与压力感量表

① 双趋冲突。在这种冲突中人会渴望两个都很有吸引力的目标，或者是其他好东西之间选择。例如，两个舞伴都很好，只能带一个舞伴去参加舞会。“鱼和熊掌不可兼得”也是对这种冲突很好的总结。

② 双避冲突。该冲突比双趋冲突压力大得多。在这种冲突中，必须从两个或两个以上不好的目标或事件中做出选择。这种冲突很常见，无数的谚语可以体现这一点，比如“进退两难”“跳出油锅掉进火坑”“两败俱伤”。因为每个选择都是不好的，很多人都会通过拖延决定来避免这种冲突，如害怕拔牙的人就会面临忍着牙痛和去看医生的双避冲突。

③ 趋避冲突。这种冲突与其他两种冲突不同的地方在于只涉及单个目标或事情。目标可能同时有好的和坏的方面，使得它既有诱惑力又令人反感。举例来说，很多女大学生都很爱漂亮，爱吃美食又怕长胖。这种冲突也许是所有冲突里面最让人感到压力的，它使很多人摇摆不定，无法做出有利于或者不利于目标或事情的决定。

（二）挫折概述

“人生不如意事，十之八九。”在人生的道路上，难免会遇到大大小小的挫折，大学生是选择“在哪里摔倒就在哪里躺下”，还是选择“在哪里摔倒就在哪里爬起来”，会给他们带来非常不一样的发展前景。正确认识挫折，勇敢面对挫折，掌握应对挫折的方法，对他们顺利完成学业、助力成长与成才起着至关重要的作用。

1. 挫折的定义

挫折是指个体在从事有目的的活动过程中，因客观或主观的原因而受到阻碍或干扰，致使动机不能实现、需要不能满足时的情绪体验。从心理学上分析，人的行为总是从一定的动机出发，经过努力达到一定的目标。如果在实现目标的过程中，碰到了困难，遇到了障碍，就产生了挫折。挫折会产生各种各样的行为，在心理上、生理上都会有反应。遭受严重挫折后，个人会在情绪上表现为抑郁、消极、愤懑。在生理上，会表现为血压升高、心跳加快，且易诱发心血管疾病；胃酸分泌减少，会导致溃疡、胃穿孔等。

2. 挫折的构成要素

尽管挫折的含义没有明确界定，但综合以上观点和阐述，可知挫折包含了一定的构成要素。主要包括以下三点。

一是挫折情境，是指对人们有目的、有需求活动的内、外阻碍或干扰的情境状态或条件。构成刺激情境的可能是人或物，也可能是自然或社会环境，如考试不及格、遭到寝室同学排挤、因身材太胖向女生表白遭拒等。人们为达到目的和需求在行动中付出的努力程度越深，受挫折的感受越深。

二是挫折认知，指对挫折情境的知觉、观点和评价。既可以是对实际遭遇到的挫折情境的认知，也可以是对想象中可能出现的挫折情境的认知。例如，某人参加自学考试，还没有报名就预估着自己的命运：学习时间少、学习任务重、学习难度高，将来十有八九通不过；于是在头脑里先产生了想象中的挫折。

三是挫折反应，指个体在挫折情境下所产生的烦躁、焦虑、困惑或愤怒等心理感受，即挫折感。挫折反应一般分为消极的情绪反应、积极调整的奋进反应及某些中性的表现反应。

挫折的构成三要素中，挫折认知是核心因素，挫折反应的性质及程度，主要取决于个体挫折认知。

美国临床心理学家艾利斯提出的挫折“ABC”理论认为，人们对挫折情境的观念、看法、评价是引起人们的情绪及行为反应的直接原因。一般来说，挫折情境越严重，挫折反应就越强烈；反之，挫折反应就轻微。但是，只有当挫折情境被主体所感知时，才会在个体心理上产生挫折反应；如果出现了挫折情境，而个体没有意识到，或者个体虽已意识到，但并不认为很严重，挫折反应也不会产生，或者只产生轻微的挫折反应。因此，挫折反应的情况主要取决于个体对挫折情境的认知。对某个人构成挫折的情境和事件，对另一个人不一定构成挫折，这就是挫折认知造成的个体感受差异。个体对挫折感受的强烈度与个人需求的迫切感、动机的强烈度，以及在目标行动中所付出努力的程度、个人自我期望值、挫折归因等因素有关。

3. 挫折产生的原因

挫折是人的一种主观心理感受，一个人是否体验到挫折，与他自己的抱负水平密切相关。所谓抱负水平是指一个人对自己想要达到的目标所规定的标准。规定的标准越高，其抱负水平越高；规定的标准越低，其抱负水平也越低。同样两个同学，甲的目标是全班第一名得一等奖学金，乙的目标是班级第 20 名，结果两人考了班级并列第 10 名，这对乙来说会感到成功和满足，而对甲来说则会感到是一种挫折。所以挫折因人而异，相同的情境，由于人们的心理状态、需要动机及思想认识的不同，在遇到挫折时的表现也会大不相同。产生挫折的原因是多种多样的，从总体上可划分为外在因素和内在因素。

（1）外在因素。它又称客观因素或外因，是因外界事物或情境阻碍人们达到目标而产生的挫折。它主要包括自然因素和社会因素两种。所谓自然因素，主要是指个人能力无法克服的自然灾害，如天灾人祸、生老病死、冰雪洪水、地震山崩等。所谓社会因素，主要是指个人在社会生活中所遭到的政治、经济、风俗、习惯、宗教、道德等的限制。另外，外在因素还包括组织者的管理不善、教育不力及工作环境中缺乏良好的设施和人际关系等。

（2）内在因素。其又称内因，主要是指因主观因素阻碍人们达到目标而产生的挫折。它包括个人的生理因素和心理因素两种。生理因素主要是指个人的健康状况、个子的高矮和身体上的某些缺陷所带来的挫折。心理因素主要是指个人的能力、智力、知识经验的不足所带来的挫折。

此外，动机的矛盾和斗争状态，也是引起挫折的主要心理因素。例如，想跟对方分手又因为习惯两人在一起而不舍得分手；想报考研究生又觉得学习太累、太辛苦，自己的学习基础太差；个人舞蹈比赛与学校毕业生晚会表演节目冲突；想参加技能大赛又不想放弃当学生干部的机会；等等。这些矛盾如果处理不当，常常能引发个人的心理挫折。心理挫折，通常包括想象中的挫折和事实上的挫折。其中，想象中的挫折尽管还没有构成事实，但也能影响人的行为。

## 二、科学管理压力

### （一）大学生常见的压力源

#### 1. 学习压力

对于高职院校学生来说，学习压力仍然是当前面临的最主要的压力。学业的成败直接关系到切身利益，如奖学金、入党、综合排名、就业等。首先，高职院校学生的学习压力一部分来自所学专业非己所爱、学习能力有限、基础知识不扎实，这使他们长期处于冲突痛苦之中；其次，还有一些学生报考了自考本科或应用本科课程，要利用高职课程以外的业余时间进行学习，课程负担重、知识量大、学习节奏快，导致精神长期紧张，也会带来压力；最后，各级各类技能证书和职业技术竞赛也会带来各种应试压力。

**案例分享**

某高职院校大学生杰说：“我来这所学校时的高考成绩是全年组第一名，可是第一个学期过去了，我的班级综合排名好像并不是我理想中的那样。到了大学，好像不只看成绩，还有其他方面的加分，社团这方面我真是一点儿都不行。我什么爱好都没有，哪个社团都没进去，其他同学这方面好像都比我强，我只能靠成绩这一方面去给其他方面加分，结果越担心自己考不好就越考得不理想。学长还告诉我们要过级，要多拿证书，积极参加学校各项竞赛和社团活动，这些经历也很重要，都是给综合排名加分的项目。现在我每天一躺到床上就做噩梦，上课也不能集中精力，书也看不下去，马上要期末考试了，我究竟该怎么办?”

**案例解析**

中学时期，学生最重要的就是成绩。进入大学以后，成绩仍然很重要，但只是众多方面的一部分，仅成绩这一方面出色不代表一个人真的优秀。到了大学，更重视的是综合能力的培养，一个人的综合素养越高，将来进入社会后的适应能力也越强，发展越顺利。一般来说，发生这种情况的都是一些平时成绩较好，对自我要求比较高、喜欢追求完美的人。因为目前在大学里，综合成绩排名的好坏与就业、奖学金、评优、入党等有着密切联系，如果太过分看重这些方面，就容易造成紧张心理，发挥不出自己真正的实力。

2. 就业压力

对于高职院校学生而言，好就业的专业的学生会因为能否找到最优就业单位而产生选择压力；不好就业的专业的学生会因为能否顺利就业而产生压力。还有关于薪资、就业单位地点等方面的条件选择，也会对大学生产生一定的压力。

**案例分享**

大学生小杨说：“转眼就要毕业了，我很担心自己的工作。我平时成绩不是很好，专业又不是学校最好就业的专业，找不到一份理想的工作，感觉很对不起辛辛苦苦供自己念大学的父母。如果要专升本，又担心自己考不上；若考上了，还担心家里经济负担太重。自从大二下学期开始，我就很茫然，看着同学们都在忙着写自荐材料、联系单位，我都不知道自己到底该干什么，课也不想去上，没事情的时候就在街上瞎逛，干什么都提不起劲儿来。我知道自己现在的状态很不好，可是又实在没有办法。”

**案例解析**

如今，就业形势日趋严峻，面对着来自社会、家庭及自身的重重压力，大学生对未来充满了恐惧，产生难以把握自己的感觉。这是典型的因就业压力大产生的恐惧，面对未知的将来，即将毕业的大学生极易产生这样的焦躁心理。如果小杨能把这种就业挫折看作对自己的一次考验，或者能认识到“好工作的机会还有很多，眼下认为好的工作并不一定会适合自己的特长和才能的发挥，适合自己的工作可能还在后面”，那么这种就业挫折感就会明显减弱。

3. 情感压力

大学生所处的特定的年龄段使他们普遍对亲情关系的认识和处理不是很成熟，同时又对爱情充满憧憬和渴望。情感压力一方面表现为亲情关系方面，如亲子关系紧张、代沟文化冲突、单亲或离异家庭阴影等；另一方面则表现为恋爱关系矛盾，单恋、失恋或恋人间的矛盾与争吵，导致情感不顺利，造成心理失衡，甚至导致心理防御机制崩溃。

**案例分享**

小良和琳都是院心理协会的干部，平时经常在一起工作，慢慢地，小良发现自己喜欢上了聪明活泼的琳。但正当他想表白的时候，得知琳已经有男朋友了。小良知道自己是没希望了，他想就这样吧，能与她做一对普通朋友也不错，最起码还能经常在一起。可事情却变得越来越糟，他总是莫名其妙地对琳发火，嫌她烦，老是说伤害琳的话。虽然他自己也知道这样不对，可就是没有办法控制自己。

**案例解析**

情感问题已经成为造成大学生心理压力的首要心理问题。由于他们从小到大经历的情感一般都来自家庭，又大部分都是独生子女，家人对他们宠爱有加，因此习惯了这种顺风顺水的感觉。所以，很多大学生都觉得被他人喜欢是顺其自然的事情，习惯以自我为中心，实际上却不知道如何正确地与别人相处，在人际交往和恋爱中，一旦遇到与自己期望相悖的时候，很容易遭受挫折，在挫折面前，又显得不知所措。如果小良能把这件事看作自己感情世界里的一道风景，这种挫折感就会消失。

4. 人际交往压力

人际关系是大学生活的一个最重要的组成部分，这种类型的压力一方面取决于大学生的自我定位。例如，有的大学生自恃清高、目空一切、骄傲自负，“公主病”“王子病”泛滥；有的大学生因为学习成绩、外貌、家庭经济情况等方面过分自卑，总认为自己处处不如人、低人一等。另一方面是由性格造成的交往压力。例如，有的大学生比较偏执，有的大学生过于追求完美，有的大学生暴躁易怒，有的大学生自私嫉妒，由此造成人际关系紧张而郁闷烦心。

5. 经济压力

对于家庭经济困难的大学生而言，经济问题是造成其心理压力的重要因素。经济问题对大学生产生压力主要表现在以下几方面。一是部分经济困难的学生在日常生活相差悬殊的对比中产生自卑心理，他们总是担心别人看不起自己，他们也会因为经济问题无法参与同学聚餐等行为，这种挫败感会深深刺伤他们的心灵。二是面对现实的无奈感。由于经济困难，他们一方面要节俭自己的经济开支，另一方面要应付繁重的学业，有的同学还要到勤工俭学岗位，打工赚取学费和生活费。面对经济和学业的双重压力，他们常常觉得无奈和压抑。三是对家人的愧疚感，部分学生的父母为了供养一个大学生而节衣缩食，这也使他们背上沉重的心理负担。

（二）压力的应对

压力的应对指的是个体努力对抗压力的一种手段。在日常生活中，人们会习惯性地运用某种特定的应对反应来摆脱压力，而且大多数情况下人们是不会意识到这些反应的，这就如人们无法意识到生活中的微小压力源一样，除非这个压力源达到十分令人厌恶的水平。对于这些无意识压力源所带来的压力，应对方式就是运用防御机制。防御机制亦称自我防御机制，是个体对免除冲突、内疚或焦虑等心理困扰的潜意识适应反应。常见的防御机制有否认、压抑、合理化、投射、过度补偿、升华、幽默和认同等。防御机制对个体适应环境、保持自我的心理平衡有着积极的意义，但是防御机制仅仅是隐藏问题而不是解决问题、消除压力。下面详细介绍人们是如何有意识地通过采取策略或行为摆脱压力情境。

应对方式是个体在压力情境中为减轻压力所采取的特定行为模式。应对方式通常情况下被分为三大类：情绪取向应对、问题取向应对和逃避应对。

1. 情绪取向应对

情绪取向应对，即当事人尝试减轻焦虑而不是直接处理产生焦虑的情境。在压力情境下，人们尽量控制自身面对压力时的情绪，试图改变自己的认知或应对问题的方式，但不尝试改变压力源。这种情况下通常会采取服用抗焦虑药物、自我想象、各种用于治疗因有意识或无意识导致额外焦虑的疗法等方法。情绪取向应对用来应付那些由不可控的压力源产生的影响更为有效。比如，亲人离世已经成为事实，在这种情境中，你无法找到改变外界压力情境的方式，所以你需要改变的只是对此事的情绪体验，严重的时候也可以在医生的指导下服用一些抗焦虑的药物，或者学习一些放松技术。这些都是情绪取向的应对策略，它们可以帮助你脱离压力情境。

2. 问题取向应对

问题取向应对，即当事人通过估计压力情境以改变现有的人与环境的关系。通过直接的行动或能够解决问题的行为来改变压力源或任何其他关系，通常的表现有斗争、逃跑（使自己逃离危险）、避免未来的压力等。问题取向应对用于应付由可控的压力源产生的影响通常是有效的，包括所有能通过外显行为或认知的改变来直接应对压力源，进而解决问题的策略，这时我们所关注的是所要解决的问题和产生压力的事件。比如，你由于拖延或者贪玩而导致期末考试不及格，这种情境下，你要做的就是先清楚地认识到自己的缺点，然后努力去改正，以期能在接下来的补考中顺利过关。这属于问题取向的应对策略，可以帮助你缓解压力。

3. 逃避应对

逃避应对，即个体在面对压力时，要么不承认障碍的存在，要么放弃对解决问题做任何努力。个体可能通过自我分心、否认和愿望思维等方式减少压力，或者采取药物、酒精和暴食等更直接的逃避方法。例如，明天就要期末考试了，有的学生可能有“明天的监考老师可能刚好跟咱班特别熟，考试的时候会给咱们放水，他也不希望我们挂科的”这种愿望思维，或者直接就采取作弊的方式来逃避考试的压力。但是不管哪一种方式，逃避应对都会延缓压力情境的解决，并经常会使压力情况变得更糟糕。

在大部分压力事件应对中，人们都会同时采用情绪取向应对和问题取向应对模式；但是在面对不可控环境时，人们比较倾向于采用情绪取向应对模式，而对于相对可改变的状况会更多采用问题取向应对模式。不管情绪取向应对还是问题取向应对，甚至是逃避应对，背后与个人的自我调节机制有关，其中自我、自立、自信、自尊、自强都扮演着重要的角色。因此，要想更有效地应对压力，除了学会压力管理的技能以外，更重要的是应该加强自我修养，特别是加强自我、自立、自信、自尊、自强方面的修养。这样，大学生在学习、成才、实践的道路上才能有效地应对困难，成为幸福的进取者。

（三）大学生科学管理压力的方法

1. 建立正确的价值观念

大学生要建立正确的价值观念，增加自身应对学习及生活压力的能力，就要做到以下几点：明确自身价值、优点及缺点；不过分苛求自己及别人；做现实性选择，改变能改变的，接受不能改变的；改善个人的心理压力反应。

知识窗

一般适应综合征模型

2. 疏导不良情绪，寻求必要的帮助

大学生要学会疏导不良情绪的方法，及时寻求必要的帮助。例如，学会规划环境，使其适合自己的心境；衣着整洁，增加自信；寻求适当的发泄方式，或找人倾诉烦恼；利用各种社会支持系统寻求必要的帮助；注意适当的休息及放松，积极参加体育锻炼。

3. 应用各种松弛方法

大学生要学会应用以下各种松弛方法来科学管理压力：安排适当的放松及娱乐时间；使用生物回馈训练，即通过感触的方法来控制自己的血压、呼吸、心率，甚至皮肤温度；采用呼吸放松法和肌肉放松法等；应用正念、瑜珈、按摩等方法；应用心理暗示方法。

4. 改善人际关系

大学生通过改善人际关系，也可以减轻压力。例如，灵活处世，以仁待人，必要时在心中默念“退一步海阔天空”这句话；生活中保持幽默感，学会缓解紧张气氛或尴尬情绪；审慎择友，以防引起更大的压力；适当社交，增加自己的社会交往能力。

5. 合理安排工作及生活

大学生可以通过合理安排工作及生活，以减少由于时间紧张而产生的压力感。例如，学会时间管理，制订计划及目标，做到凡事有准备；处理事务当机立断；对预计的压力设立缓冲区；注意营养及饮食；自我调节，有意识地减轻自己的压力。

## 三、合理应对挫折

### （一）大学生挫折产生的原因

引起大学生挫折心理的因素有很多。除了前面大学生常见压力源中提及的学习压力、就业压力、情感压力、人际压力和经济压力以外，还有以下几个方面因素。

1. 生理原因的影响

生理过程是人心理活动的自然基础。人的遗传素质及相关的神经类型等与生俱来的解剖生理特点，既能为人的心理发展提供物质前提，又制约着人的心理发展的方向和水平。当代大学生更重视自我形象，常因生理上存在着这样或那样的缺陷、不足与疾病导致自卑。例如，身材矮小的男生和过胖的女生在恋爱时往往经受过一些挫折体验；高级神经活动弱型的学生，表现为胆小、怯懦、多疑、孤僻，如果不对这些消极的行为特征进行及时调整，他们就会比其他学生更容易产生心理挫折。

大学生还存在性生理成熟和性心理不完善的矛盾，常产生紧张、恐惧和羞涩的心理。有的大学生因恋爱观与现实发生矛盾和冲突，陷入感情的旋涡；有的大学生受单恋、失恋的困扰，产生苦闷、惆怅、失望、愤怒等情绪，给身心健康带来严重的负面影响。

2. 心理承受能力弱，挫折准备不足

大学生年龄一般在18—23岁，正处于第二心理断乳期，但心理尚未完全成熟。他们虽然处于人生亢奋期，但心理防御能力较弱，接受外界刺激能力和抵抗自身冲击能力较低，缺乏良好的自我调节能力及耐挫折能力，以往生活中的顺利和他人对自己的宠爱，形成了只能成功、不能失败的心理定势。加上逆境生活阅历浅，在人生观、道德观、恋爱观及自制力方面缺乏磨炼与体验，当理想与现实发生冲突、个人愿望未能满足时，心理挫折便不可避免。

3. 适应能力较差、期望值过高

由于学校和家庭缺少挫折教育，造成许多大学生适应能力较差，他们只有迎接成功的准备，而没有考虑到失败的可能，常常以“自我”为中心，观察现实，憧憬未来，为自己确立目标。但当他们面对环境变迁、人际交往得不到满足、现实与“自我”期望发生冲突时，他们内心常常倍感茫然，不知如何处理这种落差。当他们不敢正视现实也不肯改变“自我”时，一遇到挫折便认为是外部归因，深感无所适从，挫折感十分强烈。

4. 认知评价偏差，思维方式片面，情感脆弱多变，意志品质薄弱

目前在校的大学生大多是独生子女，从小到大都是在呵护和关爱之下成长，养成了依赖心理。他们虽然是青年中素质较高的一部分，但当他们面临苦难或遇到挫折时，有些大学生却不能正确地估计自己，产生错误的认知评价，思维方式比较片面，往往从客观上找原因，而缺少主观上的自省。他们情感脆弱、多变，情绪不好便垂头丧气，失意

时就感到情感压抑；意志品质比较薄弱，遇到一点麻烦就感到无能为力。有一些大学生会采取消极、过激行为或用极端方式来处理问题，其挫折承受力极低。

（二）大学生面对挫折的反应

一个人遭受挫折以后，不管是由外在因素还是内在因素引起的，在心理和行为上总会产生两种反应：一种是理智性反应；另一种是非理智性反应。

1. 理智性反应

理智性反应包括坚持、继续加强努力、反复尝试、改变行为、调整目标和改变目标等行为。挫折对理智的人来说往往是事业成功的先导。

古今中外的成功者大都历经坎坷、命运多舛，大都是从不幸的境遇中奋起的人。而且也不可否认，对成功者来说，处境的艰险、失败的打击和对于新事物没有经验、缺少把握，也会相应地给他们带来困扰、忧虑、苦恼和烦躁不安的情绪。但成功者不畏艰难，不会被困苦的处境压垮。成功者最可贵的信念和本事是变压力为动力，从荆棘中开辟新路。

贝弗里奇曾说："人们最出色的工作往往在处于逆境的情况下做出。思想上的压力，肉体上的痛苦都可能成为精神上的兴奋剂。很多杰出的伟人都曾遭受心理上的打击及形形色色的困难。若非如此，他们也许不会付出超群出众所必需的那种劳动。"勇历艰险、不怕挫折，这是一切发展积极心态、有志于成功的人的必修课。

成功与失败是事物发展的两个轮子，失败是成功之母，是成功的先导。这些话可以说人人皆知，但在实际生活中，只有自信主动、心态积极、坚持开发自己潜能的人才能真正领会它们的含义。当你做一件事情失败了，这意味着什么呢？无非有三种可能：一是此路不通，你需要另外开辟一条道路；二是某种故障作怪，应该想办法解决；三是还差一两步，需要你做更多的探索。这三种可能都会引导你走向成功。

美国有个奇怪的企业家，他专门收买濒临破产的企业。而这类企业一到他手中，就会一个个起死回生，变得生机勃勃。这个企业家叫保罗·密道尔。此人什么技术也没有，但很有自信心与心计。有人问他"你为什么爱买一些失败的企业来经营？"密道尔说："别人经营失败了，接过来就容易找到它失败的原因，只要把缺点改过来，自然就会赚钱。这比自己从头干起来省力得多。"一语道破"专买失败"的天机。由此可见，挫折和险境未必不是福祉，人们不仅要把成功视为珍宝，也要把失败看作财富。

2. 非理智性反应

非理智性反应，在心理学上又称为消极的适应或防卫。其具体表现为以下五点。

（1）攻击。又称侵犯和对抗，它是当一个人受到挫折以后，对客体产生的强烈的敌对性情绪反应。攻击可以分为两种情况，即直接攻击和间接攻击。所谓直接攻击，就是指攻击行为直接指向构成挫折的人或物。例如，当一个人受到挫折或受到他人的谴责时，常常反唇相讥，甚至拳头相向。一般来说，自尊心强的人，为了维护自己的人格或权力，容易将愤怒的情绪向外发泄，采取直接攻击的行为反应。所谓间接攻击，就是指把愤怒的情绪发泄或转嫁到毫不相关的人或物上。有时候挫折的来源不明，可能是日常生活中许多小挫折的积累，亦可能是由身体中某种病因引起，一旦有明显的攻击对象，往往会对其乱发脾气。

（2）固执。它是指当一个人一而再、再三地受到挫折，便逐渐地失去了信心，感到茫然、忧虑，甚至冷漠、固执、悲观厌世、无所作为，进而失去喜怒哀乐，对什么事都无动于衷。

（3）倒退。又称为退化或回归。人们在受到挫折时，会表现出与自己年龄不相称的幼稚行为。例如，有的大学生在学校遇到挫折或受到老师批评时，觉得自己没面子，会像小孩子那样装病不上课或号啕大哭。

倒退的另一种表现形式是像小孩子那样，容易受暗示的影响。最经常的表现是在受到挫折以后，会盲目地相信别人，盲目地执行别人的指示，不能控制自己的情绪，缺乏责任心，轻信谣言，甚至无理取闹。例如，有的大学生在遇到挫折后，自己不愿意承担责任，会盲目地听从某些别有用心、挑拨离间的人的话，将自己的过错怪罪到别人身上，等等。这些现象都属于倒退。

（4）妥协。人们在受到挫折时，会产生心理或情绪上的紧张状态，这种紧张状态往往令人很难承受。为了摆脱这种状态，人们通常采取妥协性措施，以减少在挫折时由于心理或情绪的过分紧张而给身体造成的损害。妥协性措施常见的表现形式有以下几种。

① 文饰。所谓文饰是指人们在受到挫折后，会想出各种理由原谅自己或为自己的失败辩解。文饰起着自我安慰的作用。也许在旁观者看来，自圆其说是荒唐的，但本人却以此得到说服，这种现象类似于“阿 Q 精神”。

② 投射。所谓投射就是把自己所做的错事或不良表现，想象成别人也会这样做，从中减轻自己的内疚、不安和焦虑。

③ 反向。所谓反向就是受到挫折之后，为了掩盖自己内心的憎恨和敌视，努力压制自己的感情，做出违反自己意愿和情感的行为。

④ 表同。它是与投射完全相反的一种表现，其特点是把别人具有的、自己羡慕的品质加到自己身上。具体表现就是模仿别人的举止言行、思想、信仰，以别人的风格姿态自居。

（5）习得性无助。它是指有机体遭受接连不断的失败和挫折，并被不当归因和评价所左右时，便会感到自己对一切都失去控制和无能为力，从而对自己丧失信心的心理状态。美国心理学家马丁·塞利格曼用一个巧妙的实验揭示了这种现象。他首先通过对狗的研究发现，当狗经历了某种无法控制的情形时，即无论怎么做都躲避不了电击时，它们会把这种无助感迁移到另一个其实可以避免电击的情境中，也就是说它们产生了习得性无助反应。随后的很多实验也证明了这种习得性无助在人身上也会发生。人们观察现实生活中那些长期经历失败的儿童时，会发现他们也会出现习得性无助的特征：在学习时毫无动力、缺乏进取心，遇到挫折时倾向于放弃，甚至对于力所能及的任务也往往不能胜任，他们认为自己无论怎样努力都不会取得成功。

大学生的习得性无助产生的首要原因就是在学习中经受了过多的失败。一次又一次的挫折使他们体会不到成功的滋味，从而失去信心，不敢主动尝试，产生退缩性行为。其次，不公正的评价也可能是原因之一。绝大多数的大学生入学时是积极向上和充满热情的，他们对新奇事物充满兴趣，对一切活动都愿意去尝试。只是在不能顺利完成学习任务时，常常受到老师的批评和嘲笑，从而产生了焦虑情绪，对于探求事物和参加活动产生了恐惧心理。经历一系列失败后，他们觉得自身缺乏取得成功的能力，不愿意为完成任务而认真地付出努力。

当个体无法对身边的事情加以控制时，就会产生压力并会导致健康水平的下降。学校中，由于习得性无助而产生“破罐子破摔”想法的大学生，其心理压力要比正常群体高，而且更容易产生身心障碍。相关研究结果还表明，当个体越想控制形势，但却无法有效进行控制时，他们就越会出现更多的身体症状和抑郁。

（三）大学生合理应对挫折的方法

挫折所带来的后果，往往引起人们心理上和行为上的消极反应，以致损伤大学生学习和生活的积极性。因此在学校生活中，应尽量减少挫折所引起的不良影响，提高自身对挫折的容忍力。减轻和消除挫折给自己带来的非理智性反应，是心理学的重要研究课题。就具体的大学学习生活而言，应付挫折的方法主要有以下几种。

1. 提高思想认识，正确对待挫折

挫折也同困难一样，可以吓倒人，也可以锻炼人。正确对待挫折的关键，在于提高自己的思想认识，遇到挫折时有充分的心理准备。这样才能面对挫折，不至于惊慌失措或灰心丧气，遭受挫折后也能够分析原因、吸取经验教训，从而提高自己对挫折的容忍力。

2. 树立远期目标和近期目标

实践证明，大学生一旦树立了远期目标和近期目标，便能更冷静、正确地处理个人与目标的关系，能够经受种种小的失败和挫折，在挫折面前不失去前进的动力。

3. 改变情境

改变引起挫折的情境是应付挫折的有效方法之一。例如，针对一名人际关系紧张的大学生，通常采用的方法是调换一个学习或生活的环境，如调换座位、调整寝室等，以减少原来环境中的不利刺激；同时也要进行自我调整。这样，可以帮助大学生在新的情境中克服原来的对立情绪，重新建立良好的人际关系。

4. 采用精神发泄法

精神发泄法又称心理治疗法，它是通过创造一种环境，使受挫折者可以自由地发泄自己受压抑的感情。因为一个人处于挫折的情境中，常常会以一种非理智的情绪反应取代理智行为。如果能使这种紧张的情绪发泄出来，则能达到心理平衡，恢复理智状态。

例如，辅导员、班主任或心理咨询师可以采取个别谈心的办法，倾听学生的抱怨、申诉；也可以让受挫者用写申诉信的方法发泄不满，因为当他把不满情绪都写出来时，往往就会变得心平气和了。

5. 变消极为积极

对于全局性的、持续时间较长的、涉及面较广的挫折，单纯采用防御性的措施是难以奏效的，此时必须采取主动的方法来战胜挫折，变被动为主动。

# 模块三　心理训练

## 训练一　我的抗逆力资源圈

### 一、训练目标

（1）引领学生探索自己的压力程度。

（2）帮助学生寻找自己的压力来源于何处，以便科学管理和缓解。

（3）让学生意识到自己有克服逆境的勇气，提高承受高压的能力，使他们在逆境面前保持良好的心志，增强自信心。

（4）引领学生整理自己的抗逆力资源。通过对自己可用资源的理清，让学生明白从挫折中反弹的力量来自自身。

### 二、适用对象

大学任一年级的学生团体。

### 三、适用人数

人数不限。

### 四、适用场所

室外、室内均可。

### 五、材料

（1）“寻找压力源”活动材料：每名成员一份“压力源探索表”（如表 10-1 所示）。

**表 10-1　压力源探索表**

| 外来压力 | 内在压力 | 感受 |
| --- | --- | --- |
| | | |

（2）“绝地反弹”活动材料：每名成员一张白纸。

（3）“我的抗逆力资源圈”活动材料：白纸（每名成员一份）、马克笔（每组一支）。

**六、活动时间**

90 分钟。

**七、活动程序**

（一）手臂测量评估自我压力指数（时间：5 分钟）

1. 活动导入

要考试、要入党、要就业、要加入学生会、要追求喜欢的人、要拒绝别人、被人喜欢和追求……遇到各种难题的时候，压力感在所难免，可为什么有时没有遇到什么困难，还会有这种感觉呢？“压力来自我们生活中的变化，就算是好的事情也可能会给我们带来压力感。”樊富珉教授介绍。每一个人在生活中会经历大大小小的事件，这些变化无论好坏都会给人们带来压力。

2. 活动实施

请大家自我评估一下自己的压力有多大。若压力非常大，就手臂朝天；若压力比较大，就手臂向上 45°；若压力中等，就把手臂平举；若压力较小，则手臂向下 45°；若没有压力，就不举手。

3. 讨论与分享

请大家思考一下，近期带给你压力的情境或事件是什么？有压力就一定是坏事吗？

（二）寻找压力源（时间：15 分钟）

1. 活动导入

心理行为训练员介绍活动规则。

2. 活动实施

（1）将成员分成若干组，每组成员交流生活和学习中常常遇到的压力有哪些。

（2）每组派一名成员代表汇报，并将压力源分为外来压力和内在压力填写在“压力源探索表”中。

3. 讨论与分享

请成员审视并分析自己的压力，畅谈感受。

（三）绝地反弹（时间：30 分钟）

1. 活动导入

心理行为训练员介绍活动规则。

2. 活动实施

（1）全体成员参加，分小组进行活动。

（2）其中一人扮演挑战者的角色。

（3）其他人则分成两排面对面地站好，扮演参与者的角色（站成两排的人相互之间要保持距离）。

（4）挑战者要在两排的中间分别向每一名参与者面带微笑地打招呼，并要求他们提供帮助。

（5）挑战者在发出请求的同时，站成两排的参与者都要一脸严肃地拒绝他。无论挑战者说什么，都要从不予接受的角度去找理由予以驳斥（比如用手势、语言暗示等）。

（6）当挑战者寻求帮助的时候，站成两排的参与者要不停地缓慢地移动着向挑战者靠拢，缩小空间，将挑战者夹在中间，给其空间上的压抑感。

（7）该挑战者完成活动后，换下一个挑战者进行活动。

3. 讨论与分享

（1）挑战者将自己的感受写下来。

（2）挑战者被拒绝并看到大家不断向自己靠近的时候，是怎样想的？

（3）在这种情况下，若你作为挑战者会做些什么来改善自己的境况？

（4）你的做法有效吗？请大家来评价一下。

4. 活动建议

（1）在活动开始之前，强调保持认真、严肃的态度对活动的顺利完成很有必要。

（2）挑战者向参与者提出的要求最好是应对现实困境时所需要的，并且最好言简意赅。

（3）在挑战者提出请求的时候，允许他们描述理由，这样能够让挑战者的表达更加顺畅。

（4）无论是挑战者还是参与者，代入感很重要。

（5）在活动中，挑战者会有各种各样的反应和应对方式，在总结分享的时候要根据其具体的反应加以引导。

5. 注意事项

对挑战者而言，困境是双重的，一是被不停地拒绝，二是可供活动的空间不断缩小，二者都可以在现实生活中找到影子。

活动前，心理行为训练员让每个人都想好目前真正想要寻求的帮助是什么，并且说出理由，这样可以让挑战者迅速将自己代入活动。当然也可能出现调皮的学生在挑战时提出“我需要钱！能借我很多钱吗？”的情况，这时心理行为训练员的处理方式是让其详细说明原因，并具体化；若他无法完成，则建议他换一个理由。

为了控制缩小空间的节奏，应要求每个参与者在拒绝挑战者后上前一小步，且当下一个参与者拒绝了挑战者后，前面的挑战者也要同这个参与者一起上前一小步，以此逐步缩小挑战者的活动空间。这样的安排避免了提前将挑战者的空间缩小到极限。

(四) 我的抗逆力资源圈 (时间：30 分钟)

1. 活动导入

心理行为训练员介绍活动规则。

2. 活动实施

请根据要求完成自己的“抗逆力资源圈”。

(1) 思考：当你遇到压力和挫折的时候，你会利用哪些资源（这些资源可以是你本身拥有的，可以是你擅长的领域，也可以是你能求助的人），以帮助自己迅速摆脱困境？

(2) 取一张白纸，在白纸的中央画一个实心圆点代表自己。

(3) 以这个实心圆点为中心，画三个半径不等的同心圆，分别代表三种资源圈。同心圆内任意一点到中心的距离表示你利用资源的优先程度。

(4) 将你可利用的资源名称写在图上，越靠近中心点，表明你在遇到挫折压力时越愿意使用的资源，或者越愿意向其求助，以帮助自己走出困境。

(5) 写在最小同心圆内的资源属于你的“一级抗逆力资源”，在你遇到困境的时候，你首先想到的是向其求助，这些资源能够给你最大限度的心灵支持。这样的资源不多，却是你最大的心灵慰藉，也是你生命中最重要的成长力量。利用这些资源，你能够迅速地从困境中恢复，并顺利地解决问题。

(6) 写在第二大同心圆内的资源是你的“二级抗逆力资源”，在你遇到困境的时候，这些资源虽然不是你的首选，但是对于你来说仍然很重要，他们的支持和帮助能让你时常感到生活的温馨。

(7) 写在最大一个同心圆内的资源属于你的“三级抗逆力资源”，这些资源你平时不一定想得起来，可一旦你需要帮助，他们会尽力提供帮助。

(8) 同心圆外的空白处代表你的“潜在抗逆力资源”。尽量搜索你的记忆，把那些虽然比较疏远但仍可利用的抗逆力资源写下来。

3. 讨论与分享

(1) 你认为自己的“抗逆力资源圈”如何？

(2) 你还有哪些扩展抗逆力资源的方法？

(3) 你最能掌控的抗逆力资源是什么？

4. 活动建议

本次活动的目的在于协助学生认识自身所拥有的及外在的资源与支持体系，以提高自己的抗逆力。

（五）活动结束（时间：20 分钟）

小组成员交流第一次团体心理训练的感受和体会，然后汇总团体的反馈，并约定第二次团体心理训练的时间、地点等。

## 训练二　学会与压力挫折共处

### 一、训练目标

（1）引领学生体会压力对自身行动力的影响。

（2）引导学生体验压力和焦虑，尝试找出情绪来源。

（3）帮助学生理解两种不同的压力来源。

（4）通过故事让学生明白，个体可以选择对待事物的方式，所用的态度和做法决定了压力和挫折的转化方向。

### 二、适用对象

大学任一年级的学生团体。

### 三、适用人数

人数不限。

### 四、适用场所

室外、室内均可。

### 五、材料

（1）“蜗牛的家”活动材料：音响设备、舞曲音乐、每人一把靠背椅、每人一张 A4 白纸。

（2）“两粒沙”活动材料：每人一张 A4 白纸、笔。

### 六、活动时间

90 分钟。

### 七、活动程序

（一）大风吹（时间：20 分钟）

1. 活动导入

心理行为训练员介绍活动规则。

2. 活动实施

（1）全体成员围坐成一圈（若在室外活动，可固定每个人的位置），心理行为训练员暂时作为主持人并站在圆圈的中央。

（2）主持人开始说：“大风吹！”大家问：“吹什么？”主持人说：“吹穿红色衣服的

人。”那么凡是穿红色衣服的成员均要移动，另换位置；主持人需参与活动，与成员一起去抢位置，并成功抢到一个位置，使得一人没有位置成为新主持人；然后由新主持人继续主持活动。（可“吹”之信息：有耳洞的人、戴手表的人、穿白鞋的人、没有长指甲的人、戴戒指的人、打领带的人、擦口红的人、有女朋友的人……）

（3）小风吹则吹相反的。例如，主持人说：“小风吹！”大家问：“吹什么？”主持人说：“吹长头发的人。”那么短头发的成员均要移动。

（4）心理行为训练员要注意控制活动时间。

3. 讨论与分享

请大家谈一谈感想。为什么有的同学总是找不到位置，而有的同学总能找到位置？当听到主持人要喊吹什么的时候，你是否有压力的感觉？这种压力对你来说有什么样的作用？在这种压力状态下，你自身和周围有哪些资源是可以被你利用的？你是怎么利用这些资源来减轻你的压力的？

（二）蜗牛的家（时间：20 分钟）

1. 活动导入

压力是现代生活中最常见的情绪之一。心理学家认为会导致压力的事件主要有两类：一类是生活中的重大变化，无论是好的变化（如升学、恋爱等）还是不好的变化（如挂科、失恋等）都会带来压力的体验；另一类则更隐蔽，生活中的一些“琐碎”小事，由于长期积累又无处宣泄，也会变成压力的重要来源，如多种繁杂的生活费用、人际应酬、考试焦虑等。事实上，后者更容易受到人们的忽视，但对心理和身体健康的危害却不亚于前者。接下来，让我们想象我们都是一只小小的“蜗牛”，背上背着重重的壳，慢慢地向前走。

2. 活动实施

如果人数过多，可以邀请部分成员自愿参加。参加的成员站成一圈，把身体屈成90°后，用手从背后托起椅子，背在背上。每个人与前面的人保持距离，防止椅子互相磕碰。然后，所有成员保持弯腰驼背的姿势，转向顺时针方向，跟着前面一个成员，蹒跚地向前走。注意要控制行走速度，不要太快完成任务，留出足够时间让成员体验”蜗牛壳的压力。等所有成员走完一圈，回到原地，放下椅子，坐好。

3. 讨论与分享

（1）刚才背上压着椅子是什么感觉？

（2）这种感觉生活中是否也存在？

（3）蜗牛背着它的房子，那么每天压在我们背上的是什么？这些压力具体来自哪里？（成员可以把自己的压力写在纸上）

4. 活动建议

心理行为训练员可以适当增加游戏难度，如在前面一个成员背后贴上一首诗，让后面的成员背诵。

## （三）测试你的心理压力（时间：10 分钟）

1. 测试题

请仔细阅读下面列举的实际情况（见表 10-2），如果与你的实际情况相符合，请在题号后“是”下面的空格画“√”，不符合画“×”。

**表 10-2　心理压力测试量表**

| 实际情况 | 是 |
|---|---|
| （1）手掌和腋下经常出汗 | |
| （2）常有手脚发冷的情形 | |
| （3）时有心脏悸动的现象 | |
| （4）经常感冒，且不易治愈 | |
| （5）有胸痛情况发生 | |
| （6）突然出现呼吸困难的苦闷窒息感 | |
| （7）有头重感或头脑不清醒的昏沉感 | |
| （8）有鼻塞现象 | |
| （9）有耳鸣现象 | |
| （10）眼睛很容易疲劳 | |
| （11）有头晕眼花的情形发生 | |
| （12）站立时会有发晕的情形 | |
| （13）有口腔内破裂或溃烂的情形 | |
| （14）经常喉咙疼痛 | |
| （15）舌头上出现白苔 | |
| （16）面对自己喜欢吃的东西却毫无食欲 | |
| （17）时常觉得自己吃下的东西像沉积在胃里 | |
| （18）有腹部发胀、疼痛的感觉，经常便秘 | |
| （19）肩部很容易坚硬酸痛 | |
| （20）背部和腰部经常疼痛 | |
| （21）疲劳感不易解除 | |
| （22）稍微做一点事就感到疲劳 | |
| （23）早上常有起不来的倦怠感 | |
| （24）有体重减轻的现象 | |
| （25）不能集中精力专心做事 | |
| （26）睡眠不好 | |
| （27）睡觉时经常做梦 | |
| （28）在深夜突然醒来时不易继续入睡 | |
| （29）对交际应酬提不起兴趣 | |
| （30）时有内心不安的情形发生，稍有一点不顺心就会生气 | |

2. 结果解释

每个“√”处计为1分，进行汇总。

（1）1~5分：轻微紧张，多加留意，注意调适休息便可以恢复。

（2）6~10分：中度紧张，需要做相应的调整。

（3）11~20分：严重紧张，需要重视，可以选择去做心理咨询。

（4）21分及以上：适应障碍，需要引起特别的注意，必要时需要看心理医生。

（四）两粒沙（时间：30分钟）

1. 活动导入

心理行为训练员介绍活动规则。

2. 活动实施

阅读下面的故事，并为这两个故事续写结局。

两粒沙

第一粒沙

贝生活在海里，平静度日。太阳出来的时候，它最高兴了，因为可以在暖暖的阳光下张开壳吐泡泡。这天，它照例在太阳下打开壳，深吸一口气，准备开始度过一天中最美好的时光。突然它感到有东西被吸到了身体里，在软软的身体上有个硬硬的东西，硌得难受，原来是一粒沙。它想动一动把那粒沙弄出去，可只要一动就疼得厉害。它把壳合起来，不敢再动。

…………

（参考结局：贝开始分泌黏液。它想，如果有黏液的湿润，沙粒可能会比较容易弄出去吧。可虽然有了黏液，沙粒还是固执地留在贝的身体里，纹丝不动。贝想，也许是不够湿润吧，还有，这些黏液好像让自己不那么疼痛了。于是贝继续分泌黏液……日子一天天过去，黏液没有把沙粒弄出，却把沙粒一层一层地包裹起来。每天，贝都分泌黏液包裹沙粒，却似乎忘了当初分泌黏液是为了把沙粒赶出去。渐渐地，被黏液包裹的沙粒越来越像贝的一部分，它的存在不再让贝痛苦。

日子一天天过去。有一天，一位捕鱼人把贝带到岸上，当他打开贝壳的时候，被眼前的一幕惊呆了，一粒光彩夺目的大珍珠静静地躺在贝壳里！原来当初的沙粒在黏液的层层包裹下，变成了珍珠。人们在赞美它光彩夺目的时候，也在思考：什么样的贝才能孕育出这样美丽的珍珠啊！）

第二粒沙

一位勇士发誓要排除万难去攀登一座高峰。从良好的身体条件和过人的勇气和毅力来看，他是最佳人选。于是，在众人期待与敬仰的目光中，他出发了。在登山的途中，险峻的山势没能阻止他前行，疲惫、饥饿和寒冷没能使他畏惧，恶劣的气候没能使他退缩，他仍旧朝着自己的目标努力着。不知何时，他的鞋里落入了一粒沙子。起初，他是有时间将那粒沙子从鞋里倒出来的，但是他并没在意。

…………

（参考结局：然而，随着路程的增加，那粒沙子钻进勇士的皮肤里。他越走下去越觉得磨脚，最后每走一步都伴随着钻心刺骨的疼痛。勇士终于意识到这粒沙子的危害，把沙子取了出来，但脚已被磨出了血泡，伤口很快就感染化脓。最后，为了保住脚，他别无选择，只好在快要成功的时候遗憾而归。）

3. 讨论与分享

讨论以下问题：

（1）为什么要这样安排故事的结局？

（2）这两个故事让你想到了什么？

（3）生活中，你最近一次遇到的“沙粒”是什么？你是怎样处理的？效果如何？

训练三

学会压力转化

小组分享以下问题：

（1）在思考了自己的现实问题之后，将最近一次遇到的“沙粒”和自己的处理方式做简单描述，并请同伴为自己打分。

（2）你的同伴是如何认为的？他们有什么好意见？

（3）如果同伴的建议值得你采纳，你觉得当务之急是要做些什么？

# 模块四　资源共享

推荐阅读

中国飞天第一人

影片赏析

《国王的演讲》赏析

# 第十一单元　从心开始：提升心理免疫力

【心寄语】

人生的道路都是由心来描绘的。所以，无论自己处于多么严酷的境遇之中，心头都不应为悲观的思想所萦绕。

——稻盛和夫

所谓内心的快乐，是一个人过着健全的正常的和谐的生活所感到的快乐。

——罗曼·罗兰

【心探索】

人类从古代开始，就有解惑的需求，在这个过程中先后产生了一些哲学家、思想家，他们对人的各种心理现象进行了许多探索。例如，我国古代至春秋战国时期，就产生了孔子、墨子、孟子、老子、庄子、杨朱、荀子等思想家，确立了以人性论为主线索的心理学理论探讨，用他们智慧的语言和思想为人们解除心病。再如，古希腊时代的大哲学家苏格拉底，他是一位伟大的观察者和怀疑论者，他创造了诘问法，引导人们探索自我和真理。这些思想家可以说是最早从事“心理咨询”工作的人员了。大家通过本单元来一起学习现代心理咨询和相关理论是怎样帮助他人解决问题的。

## 模块一　心理故事

故事一

### 你能保密吗

咨询室的电话铃声响起，心理辅导老师像往常一样接起电话，电话那端响起了一个男学生的声音：“这是心理咨询室的电话吗?”那个男生什么称呼都不叫，直直地开始发问。心理辅导老师笑了，因为经常会接到类似的电话，他温和地回答：“这里是心理咨询中心的电话，有什么能帮到你的?”“你们那儿的咨询师有什么资质吗？都咨询过什么样的案例？而且……你们那儿能保密吗？”男学生又问。然后，心理辅导老师为他详细介绍了心理咨询的保密原则。男学生好像不太确定，继续问老师：“我要说的事儿是我特别隐私的事情，连我父母我都没有说过，我的同学也都不知道。您听了我的事儿，不会觉得我有病吧？我想您一定没听过我这样的事情。还有我的这件事情，您能不跟我的班主任说吗？我真的不想让任何人知道这个事情。您咨询室的地点在哪儿？隐蔽吗？我不希望在咨询室门口碰到我的同学。”

## 智慧点睛

不仅仅是孩子，每个人的心里或许都藏着一座秘密花园，需要用心去经营、去开垦；每个人如同花园里的植物，遇到挫折和困难时，需要他人的助力作为养分去浇灌。很多时候，人们不需要一个人去面对困境，可以求助更有生活智慧的人帮助他们共渡难关。求助没有那么可怕，它会让你变得更坚强、勇敢，帮助战胜自己的内心，热爱自己的生活。愿人们心里的秘密花园，都有悦耳的鸟鸣，有茂盛的大树，有芳香艳丽的玫瑰花在灿烂地绽放……

## 思考

（1）你是怎样理解心理咨询的？

（2）你认为心理咨询能帮到人们的哪些方面？

### 故事二

#### “自强自立”的小邱

即将毕业的小邱去参加了一场面试。结果被人事经理告知：“对不起，我们不能录用你，你可以回去了。”

小邱感到莫名其妙，因为他见到人事经理还不到 1 分钟的时间，自我介绍还没说完，就被拒绝了，到底是怎么一回事呢？

人事经理看到他困惑的表情，就告诉他，其实在他踏进电梯的那一刻，对他的考核就已经开始了。

小邱一进电梯，就涌进来很多人，他一下子被挤在了最里边，他费了好大劲儿才从里面拱出来，费力地按下了 18 层的电梯按钮，而这一幕都被考核的人事经理看在眼里。

人事经理说：“你本来可以很轻松地求助一下别人按一下电梯按钮，而不必大费周章地挤出来亲自去按。

“这本身就说明了一个问题，你不善于求助，也不善于沟通，更是缺乏一种协调互助的能力，而这种能力却是将来团队中所必需的、不可或缺的重要能力。”

## 智慧点睛

乔布斯说：“多数人从来都不愿意拿起电话，从来不求助别人，有时这就区分了行动者和做梦人。”而一个行动者就是善于求助的人，这会给他们的生活带来真实的改变。一个人的自我进化可以有两种形式，一种是自助，另一种是求助。自助是依靠自己擅长的能力，向内生长；求助是弥补自己缺乏的能力，向外生长。所以，善于求助，是一种很优秀的能力。“好风凭借力，送我上青云。”有借力的人生，会更容易获得成功！

## 思考

（1）你在遇到困难的时候最先想到的是谁？

（2）你的社会支持系统有哪些？

# 模块二　心理导航

人是社会性的动物。人无法完全脱离社会而单独生存，你不想麻烦别人，就需要独自承担很多东西，包括挫败。

——亚里士多德

如果你有心理困扰，你会求助于谁？中国有一句古话，叫作“上山打虎易，开口求人难”，就是说大多数人都不习惯开口请别人帮忙。社会的发展决定了很多事情人们无法单独去完成，而是需要相互协作。人们缺少的资源或者能力可能恰好掌握在他人手里，如果不主动开口，别人是不会自动来提供帮助的。当人们发起请求的时候，就是在邀请他人与自己协作完成一件事情。每个人都有一套支持系统，寻求帮助是一种能力，而不是一个弱点。每个人一生中都需要各种帮助，当然，同样重要的是每个人也同时在为他人提供帮助。

## 一、心理咨询概述

### （一）心理咨询的概念

心理咨询是指运用心理学的方法，对心理适应方面出现问题并企求解决问题的求询者提供心理援助的过程。需要解决问题并前来寻求帮助者称为来访者或咨客，提供帮助的咨询专家称为咨询者。来访者就自身存在的心理不适或心理障碍，通过语言文字等交流媒介，向咨询者进行述说、询问与商讨，在其支持和帮助下，通过共同的讨论找出引起心理问题的原因，分析问题的症结，进而寻求摆脱困境解决问题的条件和对策，以便恢复心理平衡、提高对环境的适应能力、增进身心健康。

心理咨询可以分为广义的心理咨询和狭义的心理咨询。广义的心理咨询包括心理咨询和心理治疗，有时心理检查、心理测验也被列为该范围。狭义的心理咨询不包括心理治疗和心理检查、心理测验，只局限于咨访双方通过面谈、书信、网络和电话等手段向来访者提供心理救助和咨询帮助。

（二）心理咨询与心理治疗的关系

关于心理咨询与心理治疗的关系，中国临床心理学家陈仲庚教授认为两者没有本质的区别，无论在关系的性质上、在改变和学习过程上、在指导的理论上，都是相似的。如果有区别的话，也是人为的、非本质的。

第一，工作的任务不同。心理咨询的任务主要在于促进成长，强调发展模式，帮助来访者发挥最大的潜能，为其正常发展消除路障，它的重点在于预防。而心理治疗多在弥补病人过去已经形成的损害，解决和改变发展结构障碍。

第二，对象和情景不同。心理咨询遵循教育的模式，来访者多为正常对象，主要涉及日常生活问题，一般在学校、单位、心理咨询机构等情景中开展工作。心理治疗的对象是心理异常的病人，是在临床和医疗情景中开展工作的。

第三，工作的方式不同。心理咨询应用更多的方式介入来访者的生活环境之中，如参与他的直接环境，与来访者的家庭、亲友取得联系，应用更多的日常生活设施（如电话咨询、网络咨询等），设计和组织专题培训班和各种团体辅导活动。而心理治疗的形式则更多为与来访者面对面会谈。

第四，解决问题的性质和内容不同。心理咨询具有现实指向的性质，涉及意识问题，如有关择业就业、发展性问题、生活和工作指导、学习辅导、人际沟通等，因此多采用认知和论理的途径。心理治疗涉及内在的人格问题，更多的是与无意识打交道。

（三）心理咨询的主要流派

1. 来访者中心心理咨询

这是由美国人本主义心理学家罗杰斯所倡导的一个学派。其基本的假设为，我们有了解自己问题的能力，也有解决问题的资源。因此，作为咨询者必须注重来访者自身的建设性及健康的一面。把来访者所直接面临的现实场面作为咨询的重点，重视来访者对自身的感觉。咨询的目标是使来访者通过观察自身来求得成长和完善，不需要咨询者过多的干预和指导就可以产生变化，咨询者需要给出的是理解、真诚、支持、接受、关心和积极的评价。

2. 行为主义的心理咨询

行为主义的心理咨询是以学习理论和行为疗法理论为依据的心理咨询，认为人的问题行为、症状是由错误的认知与学习导致的，主张把心理咨询的着眼点放在来访者当前的行为问题上，注重当前某一特殊行为问题的学习和解决，以促进问题行为的改变、消失或新的行为的获得。行为主义的创始人是心理学家华生，但对心理咨询产生较大影响的却是巴甫洛夫的经典条件反射、斯金纳的操作条件反射和班杜拉的社会学习理论。

巴甫洛夫用狗做实验：当狗吃食物时会引起唾液分泌，这是无条件反射；如果给狗以铃声不会引起唾液分泌，但是如果给狗以铃声同时喂食，这样结合多次训练后，狗单独听到铃声也会分泌唾液。原来与唾液分泌无关的刺激物——铃声，变成了引起唾液分泌这种无条件反射的无条件刺激物——食物信号，并转化为信号刺激物，引起狗唾液的分泌。如果形成的条件反射不予强化和保持，就会产生条件反射的消退。对于在无意识中的条件反射所形成的不良习惯、心理问题、心身障碍等，在咨询时可以使用反条件刺激予以清除和击退。

斯金纳的操作条件反射是指强化动物的自发活动而形成的条件反射。斯金纳在实验箱中放一只饥饿的老鼠，老鼠在箱中乱窜时，偶尔按压了一下能掀动食物的横杆获得了食物；强化几次后，条件作用就迅速形成了。在咨询中，只要咨询者对期望的某种行为予以奖励，这种行为就会获得强化，反之就会消退，若予以惩罚，会加快消退的速度。

班杜拉的社会学习理论强调榜样的示范作用，认为人的大量行为是通过对榜样的学习而获得的。和建立条件反射一样，榜样学习也是人类的一种社会学习的基本方法。

在行为疗法中还有另外一些常用的方法，如系统脱敏法、想象厌恶法、强化法、思考停止法等。

3. 认知行为的心理咨询

认知行为疗法是一组通过改变思维、信念和行为的方法来改变不良认知，以达到消除不良情绪和行为的短程心理治疗方法。具有代表性的有艾利斯的合理情绪行为疗法（REBT）、贝克和雷米的认知疗法（CT）、梅肯鲍姆的认知行为矫正技术等。

认知疗法对道德颓废、堕落，罪恶感和害羞症状较为有效。对于 PTSD（创伤后应激障碍）与情感性或焦虑性人格障碍（如反社会型、边缘型、自恋型人格障碍）并存的来访者，较常使用认知治疗法治疗。

4. 精神分析的心理咨询

精神分析法又称为心理分析法，一般以 1895 年弗洛伊德与布洛伊尔出版的《关于歇斯底里的研究》作为心理分析正式创立的标志。该方法是通过自由联想、移情，以及对梦和失误的解释等来治疗和克服婴儿期的动机冲突带来的影响的一种治疗方法。

（四）心理咨询的对象、分类和形式

1. 心理咨询的对象

心理咨询的对象，主要是指心理健康的人和心理健康状况欠佳的但没有精神障碍的人。

2. 心理咨询的分类和形式

根据咨询的内容，心理咨询可以分为发展性咨询和健康性咨询；根据咨询的规模，心理咨询可分为个体咨询与团体咨询；根据咨询采用的形式，心理咨询可分为面谈咨询、电话咨询、信件咨询、专栏咨询、现场咨询和网络咨询。

还有一种咨询方式叫朋辈心理咨询。所谓朋辈心理咨询就是同辈之间借助心理学和心理咨询的专业知识进行一种心灵交流和沟通，给予来访者鼓励和慰藉，从而达到心理咨询的效果。我国的朋辈心理咨询主要是由经过专业系统培训的大学班级心理委员来完成的，其主要工作职责是针对同学们在日常学习生活中遇到的心理问题，通过与同学的沟通交流，或者开展专题的团体心理活动，用专业的方法帮助同学从困境中走出来，从而达到助人自助的目的。

3. 大学生心理咨询的内容

（1）发展性咨询。

为了适应大学学习和生活的节奏，大学生越来越重视自身的认识和关注，而发展性心理咨询，可以帮助人们挖掘心理潜力，提高自我认识的能力。当自我认识出现偏差或障碍时，可以通过心理咨询得以缓解或解决。

随着现代社会物质文明和精神文明水平的不断提高，大学生渐渐关注如何全面提高生活质量，如提高学习和工作能力，保持最佳学习和工作状态，维护和谐的生活环境，协调与家庭成员、同学、老师之间的人际关系。心理咨询作为一种专业技能，可以帮助大学生调整内心世界，提高生活质量。

大学生发展性心理咨询常涉及以下内容：以校园适应为中心的咨询内容，如大学生入学适应，大学生学习心理、恋爱心理、寝室人际冲突等；以心理发展为中心的咨询内容，如学业提升、自我意识探索、情绪管理、优秀人格塑造等；以升学就业指导为中心的咨询内容，如职业生涯规划，升学就业前的综合心理调整，职业性格、职业能力与职业兴趣的评估，毕业求职技能技巧，顶岗实习与就业岗位的职业适应，等等。

（2）健康性咨询。

健康性咨询的对象究竟是哪些人？那些觉得心理不够健康的人群，都是心理健康咨询的对象。也就是说，凡是因为某些心理社会刺激而引起心理状态紧张的人，并且明确体验到躯体或情绪上的困扰者，都可以是健康心理咨询的对象。心理社会刺激非常纷繁而复杂，且在目前的社会广泛存在着这些现象。因此，凡是生活、工作、学习、家庭、疾病、康复、婚姻、育儿等方面出现的心理问题，使来访者体验到不适或痛苦，都可以属于健康心理咨询的工作范围。

大学生心理性咨询的具体内容大致如下：① 各种问题情绪倾向，如焦虑、恐惧、抑郁、悲观等；② 各种不可控制性的思维、意向、行为、动作的解释；③ 各类心身疾病导致的心理咨询范围内的心理问题，如残疾、严重的皮肤病等，以及性功能障碍；④ 长期慢性躯体疾病导致的心理咨询范围内的心理问题，如久治不愈，既对治疗不满意又丧失信心，因而需进行心理上的指导；⑤ 精神病康复期来访者的辅助心理咨询；⑥ 对家庭成员或身边好友存在心理疾患的来访者，应指导其如何进行处理、护理问题等心理健康教育问题。

（五）心理咨询基本原则

1. 保密性原则

咨询人员应保守来访者的内心秘密，妥善保管来往信件、测试资料等材料。咨询人员如因工作需要不得不引用咨询事例时，应取得来访者的知情同意（如签订《知情同意书》）并对材料进行适当处理，不公开来访者的真实资料信息。

2. 理解支持原则

咨询人员对来访者的语言、行动和情绪等要充分理解，不得以道德的眼光批判对错，要帮助来访者分析原因并寻找出路。

3. 积极心态培养原则

咨询人员的主要目的是帮助来访者分析问题的所在，培养来访者积极的心态，帮助来访者树立自信心，让来访者的心理得到成长，自己找出解决问题的方法。

4. “来者不拒、去者不追”的原则

原则上讲，到心理咨询室求询的来访者必须出于完全自愿，这是确立咨访关系的先决条件。没有咨询愿望和要求的人，咨询者不会去主动找他，并为其进行心理咨询；只有来访者自己感到心理不适，为某事而烦恼并愿意找咨询人员诉说烦恼以寻求咨询者的心理援助，才能够获得问题的解决。

5. 感情限定的原则

咨访关系的确立是咨询工作顺利开展的关键，是咨询者和来访者心理的沟通和接近，但这也是有限度的。来自来访者的劝诱和要求，即便是好意的，在终止咨询之前也是应该予以拒绝的。两个人之间接触过密的话，不仅容易使来访者过于了解咨询者的内心世界和私生活，阻碍来访者的自我表现，也容易使咨询者不能更好地表述问题，从而使咨询者失去客观公正地判断事物的能力。

6. 重大决定延期的原则

心理咨询期间，由于来访者情绪过于不稳和动摇，原则上应规劝其不要轻易做出诸如调换寝室、退学、休学、转学、跳槽等重大决定。在咨询结束后，来访者的情绪得以安定、心境得以整理之后做出的决定，往往不容易后悔或反悔的概率较小。就此应在咨询开始时予以告知。

## 二、大学生心理咨询的误区与程序

（一）大学生对心理咨询的认识误区和合理解释

1. 只有心理有病的人才去做心理咨询

人们寻求心理咨询是出于各种各样的原因。有些人寻求心理咨询是因为情绪或行为困扰，而有些人是想通过心理咨询更好地面对生活中的重大转变（如失恋等）。人人都能从心理咨询中获益，从而成为更好的问题解决者。接受心理咨询的病耻感或许会阻碍人们去寻求帮助，但实际上能向外寻求帮助是一种智慧的表现。

2. 心理咨询和朋友聊天是一样的

虽然在你身处困境时，亲朋好友的援助是非常重要也是有效的，但一个专业受训并有丰富临床经验的心理咨询师，能熟练地理解和处理复杂的心理问题，能将焦点完全集中在来访者的需求上，如缓解症状、解决问题或改变生活方式。他能给予你的支持与帮助会比与亲朋好友聊天更加专业。咨询师在倾听过程中不会随意地打断你，也不会对你有成见，更不会去评判你，更能客观识别你的行为或者思维模式。友谊常是一种互助互利的人际关系，而心理咨询是完全为来访者利益服务的。

3. 心理咨询就是灌鸡汤、思想教育

越来越多的心灵鸡汤类的书籍、节目和课程出现在大众的视野里。这一类的产品多数以“情感”、“正能量”、“个人成长”或“灵修”等主题呈现。

然而，心理咨询并非如此。比如，当你感到情绪低落时，心灵鸡汤会告诉你：“不要悲伤，要坚强，要微笑，你一定能成功！”而心理咨询师会允许你悲伤，接纳你的情绪，并且引导你面对自己的情绪，和你一起探讨情绪背后的原因和应对这种情绪的合理方式。

在心理咨询的过程中，专业的咨询师不会和你提建议或进行思想道德教育，更不会盲目给你灌输心灵鸡汤。心理咨询师能提供的是一个安全的抱持性环境，带着共情和不评判的心与你一起探索你的困惑，同时运用专业科学的临床咨询技能帮助你处理问题。

4. 只要保持积极乐观，靠自己就会变好

很多人在开始心理咨询前就已经花了很长时间（少则数周，多则数年）去尝试独自解决问题了。但是这就和很多其他生理疾病靠自己是无法痊愈的一样，只靠自己和时间也是无法解决所有的心理问题的。选择心理咨询并不意味着这之前的努力失败了，因为有些问题涉及生理因素，只靠自己是很难治愈的。事实上，能承认自己需要帮助是一种勇敢而非软弱的表现，寻求帮助恰恰也是让自己感觉变好的第一步。

5. 好的心理咨询，能立竿见影

在心理咨询中，每个人的步调都是不一样的。有的来访者可能在数周心理咨询面谈后有所改善，有的来访者可能需要数月或者数年的治疗才有所改善。

关于咨询效果，心理咨询师在与你初次会谈及商议咨询方案时就会讨论。“冰冻三尺非一日之寒”，心理问题不是短时间或单因素而形成的，所以期待一两次的咨询就能完全解决问题也是不切实际的。但心理咨询的目的是让来访者更有力量地发展自己的生活，而不是让他永远成为来访者。

6. 心理咨询师只是听来访者的发泄、抱怨

心理咨询是一个基于对话的互动和协作过程，它是需要来访者的积极参与并与心理咨询师共同解决问题的。

心理咨询师通常会先询问来访者想要求助的问题，而这只是心理咨询的第一步。接

下来还会收集来访者的相关信息（如背景资料、既往史、与来访者生活相关的主要事件、和来访者过去处理问题的方式等）。心理咨询师可能会在咨询期间教给来访者一些新的技能以应对生活的挑战。所以，心理咨询并不是单纯的聊天，也并不是只听来访者的发泄、抱怨，而是由一位受训过的心理咨询师用专业的技能全心全意和来访者协作改善其心理问题。

7. 心理咨询就是“催眠”

目前心理学市场上有许多流行的培训，如“催眠”“家排”等。这些往往只是教咨询师学习某种心理咨询技术。咨询师在咨询过程中可能会使用多种心理咨询技术，而技术并不等同于咨询。

不同的心理咨询师会有其个人偏好的理论流派，而无论是哪种理论流派，都能帮助心理咨询师理解他们的来访者，并从中发现解决问题的方法。

如果一位心理咨询师采用的是认知行为治疗的方法，那他会在咨询中采用可实践性的方式。例如，安排家庭作业，心理咨询师可能会要求来访者收集一些信息，完成应对问题技巧的练习；或要来访者记录下特定情境发生时自己的反应；也有可能需要来访者阅读一些书目文章去深入了解相关的主题。

相对地，如果一位心理咨询师的理论流派倾向是心理动力学或者人本主义，他们可能会把焦点集中在谈话而非具体行动上。当来访者在咨询中，大部分时间可能都是在谈论早期的经历，这可以帮助来访者和他的心理咨询师更好地理解目前问题的根源在哪儿。

事实上，大部分的心理咨询师都不会将自己局限于某种流派，而是根据不同的来访者去调整方案。

8. 心理咨询就是把问题归咎于童年经历

心理咨询其中的一个部分是探索来访者早期的童年经历，和出现在来访者生命中有重要意义的事件。与来访者家庭背景相关的信息，可以帮助来访者和他的心理咨询师更好地理解他目前的认知、情感、应对方式。这个做法主要是想让来访者有机会回顾过去，更好地理解现在，并对未来做出一个改变。而有的时候，心理咨询师会选择主要关注当下的问题或者来访者正在经历的难关。来访者将会从心理咨询中习得一些技能，并且知道如何运用这些技能来帮助自己改变现状。折中学派的心理咨询师会知道如何引导来访者探索过去，并将其与现在的问题思维或行为联系起来。

（二）大学生心理咨询前需要做好的准备工作

由于大学生对心理咨询还相对比较陌生，很多时候自己并不知道自己想解决什么具体问题，便匆匆地去预约心理咨询，这样并不利于咨询工作的有效开展。所以大学生在去咨询前，先做好准备工作也许会事半功倍。

1. 来访者本人要有主动寻求心理咨询的愿望

心理咨询是以语言沟通为基础的，这种沟通建立在来访者对咨询师的信任和自愿的基础上。若来访者没有沟通的愿望或是被亲朋好友带领至此，是不会情愿地谈及真实的自我，咨询效果也会受到影响。

2. 来访者有积极的自助意识

心理咨询除有心理咨询师的启发引导的帮助，还需要有来访者积极主动的配合。有的来访者缺乏这种意识，在咨询后不完成咨询师布置的作业。例如，对社交恐怖倾向的来访者的咨询可能会使用到练习放松法和系统脱敏疗法，需要来访者在两次咨询之间完成家庭作业或练习；有的来访者回家不练习，总想在咨询师那里讨一种简单的治疗方法或试图通过精神科医生开药来提高疗效，最终导致咨询半途而废。

3. 来访者要学会少安毋躁，欲速则不达

心理问题、心理疾病不是一天两天形成的，它可能是多种原因造成的。比如人际交往障碍，有的来访者出现障碍的原因是性格偏内向、口吃、怕别人讥笑、拒绝与人交往，咨询师要打破这一循环链，使来访者改变自身对口吃的认识，消除紧张焦虑情绪，学习与人交往的方法技巧。这是一个积累的过程，并不是短期就能达到的。

4. 选择适合的心理咨询师

咨询前了解一下专业机构对心理咨询师的介绍，如职业背景、执业资格、咨询经历等，不要盲目地在社会上找那些没受过专业培训、不具备专业资格的人员。专业的心理咨询师会使你感到安全、舒适、被尊重、被接纳；他们不轻易下结论，非常在意你的感受，总是努力去理解你，而不是控制你、评价你，每句话可能都会给你一种新体验。有关“性”的问题，最好找同性别的心理咨询师，这样会更为方便。

（三）心理咨询的程序

1. 进入与定向阶段

进入与定向阶段的流程如下：

（1）建立辅导关系；

（2）搜集相关资料，以便于初步界定问题，明确辅导需要；

（3）初步了解来访者的个人、环境资源，做出接案决定，做出辅导安排。

2. 问题-个人探索阶段

问题-个人探索阶段的流程如下：

（1）与来访者建立良好的关系；

（2）搜集有关资料，以进一步界定和理解问题；

（3）协助来访者进行自我探索，达到对来访者的深入了解。

3. 目标与方案探讨阶段

目标与方案探讨阶段的流程如下：

（1）激发来访者改变的动机；

（2）处理好来访者的期望和目标的关系；

（3）咨询师要清楚现有的干预手段和自己能力的局限；

（4）咨询目标的确定要以来访者为主，咨询师起辅助作用。

4. 行动/转变阶段

行动/转变阶段的流程如下：

（1）避免让来访者变成一种被动、接受、依赖的角色；

（2）保持灵活性；

（3）要注意治疗收获在实际生活中的迁移应用情况；

（4）行动/转变阶段要经常进行评估，即根据已确定的目标，看咨询和治疗实际取得了多大进展。

5. 评估/结束阶段

评估/结束阶段的流程如下：

（1）评估目标收获；

（2）处理关系结束的问题，即分离焦虑；

（3）为学习的迁移和自我依赖做准备；

（4）最后进行一次会谈。

## 三、大学生常见的心理障碍

你是否曾经有过持续担心某事的状态？是否有感觉到莫名的担忧或焦虑？是否曾经觉得莫名害怕什么东西，尽管你很清楚它不会对你造成伤害？你有过结束自己生命的想法吗？你曾经有通过酗酒或滥用药物逃避困境的经历吗？对于上述问题，几乎所有人至少会有一条答“是”。这意味着几乎每个人都曾有过心理障碍的症状。那么什么是心理障碍呢？

### （一）心理障碍概述

1. 心理障碍的定义

从异常心理学的概念来看，心理障碍属于异常的范畴，没有心理障碍就是常态。但在日常生活中，我们常常听到“不正常!”“真是个变态!”这样的说法，似乎人们很容易评判某人的行为表现正常与否。然而在科学上，正常行为和异常行为的区分非常模糊，有关什么叫常态、什么是异常，仍存在许多不同的观点。

心理障碍是指一个人由于生理、心理或社会原因而导致的各种异常心理过程、异常人格特征的异常行为方式，是一个人表现为没有能力按照社会认可的适宜方式行动，以致其行为的后果对本人和社会都是不适应的。

当心理活动异常的程度达到医学诊断标准，就称为心理障碍。心理障碍强调是这类心理异常的临床表现或症状，不属于心理咨询范围。

2. 心理障碍产生的原因

心理障碍产生的原因有很多。一是遗传因素，这可能是产生心理障碍的主要原因。比如，三代以内的直系亲属有精神分裂症、焦虑症、强迫症、抑郁症等精神心理问题的，患者出现心理障碍的可能性就比较高，风险比较大。二是压力比较大等社会因素引起的。比如遇到了慢性的应激事件很容易让人变得焦虑、烦躁，容易悲观、失望，可能会出现各种心理障碍。三是一定的性格及人格因素引起的。例如，有些大学生存在着性格的缺陷，比如过度自卑、容易敏感、很多事情爱钻牛角尖、想问题比较偏执等，这些都很容易出现各种心理障碍（如焦虑症、抑郁症、强迫症等）。

3. 心理障碍的分类

人类精神活动是有机的、协调的、统一的。从接受外界刺激，一直到做出反应，是一系列相互联系不可分割的活动。精神活动包括感觉、知觉、记忆、思维、情绪、注意、意志、智能、人格、意识等，其中任何一方面的变化均可表现为精神活动障碍，即精神活动的各个方面互不协调或精神活动与环境不协调，均可表现为精神异常。

最常见的精神活动障碍为焦虑、恐怖、幻觉、妄想、兴奋、抑郁、智力低下、品行障碍及不能适应社会环境等。

心理异常的表现可以是严重的，也可以是轻微的。

心理异常的表现是多种多样的，目前，一般仍按照下述系统对其进行分类。

（1）严重的心理异常。包括精神分裂症、躁狂抑郁性精神病、偏执性精神病、反应性精神病、病态人格和性变态。

（2）轻度的心理异常。即神经症，包括神经衰弱、癔病、焦虑症、强迫症、恐惧症、疑病症、抑郁症。

（3）心身障碍。躯体疾病伴发的精神障碍包括肝、肺、心、肾、血液等内脏疾病、内分泌疾病、胶原性疾病、代谢营养病、产后精神障碍和周期性精神病。或是由于心理因素而导致的躯体疾病为表现形式的心理疾病，包括高血压、冠心病、消化性溃疡、神经性厌食等。此类疾病的症状以躯体疾病为主，但是与心理因素密切相关，与患者的性格特征有关，有自知力。

（4）大脑疾患和躯体缺陷时的心理异常。包括中毒性精神病，感染性精神病，脑器质性精神病，颅内感染所伴发的精神障碍，颅内肿瘤所伴发的精神障碍，脑血管病伴发的精神障碍，颅脑损伤伴发的精神障碍，癫痫伴发的精神障碍，锥体外系统疾病和脱髓鞘疾病的精神障碍，老年性精神病，精神发育不全，聋、哑、盲、跛等躯体缺陷时的心理异常。

（5）特殊条件下的心理异常。如某些药物、致幻剂引起的心理异常，特殊环境（航天、航海、潜水、登山等）下引起的心理异常，催眠状态或某些特殊意识状态下的心理异常等。

### （二）大学生常见的心理障碍

1. 焦虑障碍

焦虑障碍是指在没有明显外因刺激的情况下无故产生焦虑感，从而影响日常生活的一种障碍。焦虑是人们在日常生活中一种普遍的情绪反应倾向，每个人都会时不时经历焦虑，这是面对压力所表现出来的恐惧和紧张。实际上，焦虑是人们对压力的一种自然反应倾向，如果没有焦虑，大多数人勤奋学习或努力工作的动力很可能会减少。但是，如果人们没有外因刺激时也产生焦虑感，从而影响其日常生活，这就是焦虑障碍。焦虑障碍的主要类型有恐惧性障碍、惊恐障碍、广泛性焦虑障碍及强迫症四种。

（1）恐惧性障碍。其是个体对某种特定物体、活动或情境产生的以持续的、夸大的、非理性的紧张与恐惧为特征的神经症性障碍。恐惧对象可能是单一的也可能是多样的，常见的对象有动物、高处、广场、闭室和社交活动等。这种恐惧相对于实际的威胁来说是夸大的和非理性的。例如，某大学女生小陈，小学时因为身材肥胖被同学当众嘲笑，之后她就特别怕单独出现在人多的场所。上大学之后，只要是合班的课程，她都要提前找到一个角落，坐在那里听课，要是比其他大部分同学到教室的时间晚了，她宁可不进教室，选择逃课，也不愿当着大家的面去找上课的座位。她脑子里一想到这样的场景就心慌、出汗、发抖、呼吸困难、胸痛、恶心、头晕，总感觉同学们在背后对她指指点点、品头论足，害怕得不能自拔。后来，她连其他场所也不敢去，连别人看她一眼都觉得心慌、出汗、呼吸困难。小陈自己也知道这种过分的恐惧及回避行为既不合理也没必要，但她就是无法控制自己，感到非常痛苦。舍友也不敢跟她说话，觉得小陈太内向、不合群。实际上，小陈同学是患上了场所恐惧症。

（2）惊恐障碍。在惊恐障碍中，患者体验到的是一种无法预期的严重惊恐发作。惊恐障碍的症状因人而异，包括心悸、呼吸困难、大量出汗、昏厥、头晕目眩、尿急、恶心，甚至猝死；其发作来得突然，10 分钟内便达到高峰，一般不超过 1 个小时；发作时意识清晰，并可能伴随人格解体、现实解体、濒死恐怖、失控感等痛苦体验，事后能回忆发作的经过并感到精疲力竭。与恐惧性障碍不同，惊恐障碍的出现毫无征兆也没有刺激源，患者本人也不知道原因。因此，惊恐障碍的患者可能对任何地方都产生恐惧。比如，可能并发广场恐惧症，害怕被困在无法逃脱的地方，担心病情发作不被获救；有些很偏激的人，甚至可能永远不离开家门一步。

（3）广泛性焦虑障碍。又称慢性焦虑障碍，指至少 6 个月对客观上并不存在的威胁、危险和坏结果感到焦虑、担心和不安，虽然明知是杞人忧天，但却不能控制，表现为容易被激惹，对声音过敏，注意力不集中，记忆力不好。广泛性焦虑障碍除了有焦虑症状外，还表现出其他躯体症状，如植物神经功能亢进、口干、恶心、胀气、腹泻、呼吸加快、心动过速、尿频、月经不调、阳痿、面色潮红等。广泛性焦虑障碍还有运动症状，如紧张性头痛、肌肉紧张或僵直、手震颤、睡眠障碍等。

（4）强迫症。这是一组以反复出现强迫观念或强迫行为为基本特征的一类神经症障碍。强迫症的特点是有意识的自我强迫与自我反强迫同时存在，患者明知没有必要，但又无法摆脱特定的思维和行为模式，不得不违背自己的意愿做强迫性的思维或动作，两者冲突常导致紧张不安和痛苦。病程迁延者表现为以强迫仪式动作为主，精神痛苦显著缓解，但这时患者的社会功能已严重受损。有一部韩国电影《计划男》，男主角每天起床、洗漱、吃饭、睡觉的时间都严格按照闹钟并精确到秒执行；中午去便利店买便当时看到没有摆放整齐的货架均会一一整理；陌生人或者朋友碰到男主角的衣服他都紧张到立刻狂奔去干洗店处理；不管接触了什么东西都会反复洗手，即使这个行为导致了严重的脱皮也无法克制。这些描述都符合强迫行为的判断标准，并且通过影片中男主角的100天计划记录本可以看出，他记录的这些行为已经持续了至少三个月，符合强迫症的诊断标准。

2. 心境障碍

心境障碍，也称情感障碍，以显著而持久的情感或心境改变为主要特征，如悲伤久久不能消退，以致影响患者的日常生活。

大一女生刘同学，从早上起床到晚上睡觉，做任何事情都提不起兴趣和热情，做什么都觉得极度难受。其间，她的每个思维、动作都要花费相当大的精力，以前喜欢做的事情也变得兴趣全无。她感觉自己变得迟钝无聊、信心不足、笨头笨脑、毫无激情、冷血无情、不负责任、单调乏味。慢慢的，她开始怀疑自己的能力，感觉自己的思想变得迟钝，甚至到了认为自己没用的地步。

实际上，每个人都会经历情绪波动。人们有时感到高兴，甚至欣喜若狂；有时又觉得不安或沮丧。情绪波动是日常生活中的一部分，但是对某些人来说，波动太明显，而且徘徊不定，就像刘同学的症状，过度的情绪波动扰乱了自身机能的正常运行。

心境障碍的主要类型有重性抑郁、躁狂症及双相障碍。

（1）重性抑郁。这是一种很普遍的心境障碍类型，它影响注意力、决策和社交能力。患者常常感到自己没用、无价值、孤独和对未来失去希望，甚至连续几个月或几年都有类似想法。他们会情不自禁地流泪、失眠，甚至自杀。病情严重、持久是重性抑郁的最大特点。例如，知名艺人张国荣曾患重度抑郁症。

（2）躁狂症及双相障碍。躁狂症是一种强烈兴奋情绪的延伸状况，是一种更为疯狂的欢欣鼓舞的情绪。主要表现为情绪高涨或易激动、思维奔逸和精神运动性兴奋，故称“三高症状”。躁狂症患者会感到极度高兴、拥有无限力量和体力且所向披靡。小奥是个很内向的男生，要强上进，自尊心强。爸爸妈妈对他寄予厚望，对他要求严苛，经常因为学习达不到他们的目标而打孩子。就在高考前最后一个学期，小奥突然开始一直玩儿电脑，一边玩儿一边嘴里不停地说着一些别人听不懂的话，且脾气暴躁，砸了家里很多东西，跟父母大吵几次，几乎不睡觉，精力旺盛，情绪持续高涨。这种状态持续了一段时间，又过了一段时间，小奥开始不吃不喝，躺在床上不起来，睡起来没完没了，也不上学，还经常哭泣。这种状态又持续了更长一段时间。父母看来非常着急，后来经过专门医院的诊断，确定小奥患了一种叫作双相情感障碍的疾病。通常，像小奥这类患者会经历不同时期的躁狂与忧郁。这种躁狂与忧郁交替出现的现象叫双相障碍，或叫躁狂抑郁症。这种高亢与低沉之间的转换有时会隔几天发作一次，有时会几年才发作一次。通常，忧郁的时间比躁狂的时间要长。

极具讽刺意味的是，社会上一些很有创意的人都可能患有双相障碍。他们的想象力、欲望、激情和活力使他们创造出不可思议的作品。例如，作曲家罗伯特·舒曼就患有双相障碍，后人对其作品的历史分析表明，他的作品数量与其所处的抑郁和躁狂的时期有关：他一生中创作最多的时期是他躁狂症发作的时期，而当他感到抑郁的时候，他的创作会大量减少。但是，躁狂时期创作数量多并不代表质量高，舒曼最伟大的一些作品就不是在躁狂时期创作的。

虽然躁狂症可以激发出极大的激情，但是患者通常会在身心方面伤害自己。他们的言语、过分强烈的自尊心和对他人的冷漠都可能会引起别人对他们的疏远。

3. *精神分裂症*

精神分裂症是心理障碍中最严重的一种形式，是严重歪曲现实的心理障碍。患者的思想、认识能力和情感都会逐渐恶化，可能退出社会活动，做出各种奇怪的行为。在住院治疗的精神病患者中，精神分裂症占相当大的比例，而他们往往是最难康复的。

不同类型的精神分裂症并不容易区分，随着时间的推移，精神分裂症患者表现出来的症状也各不相同，即使他们患的是同一类型的分裂症，彼此的症状也会有天壤之别。但是，也有一些明显的特征可以把精神分裂症和其他心理障碍区分开来。例如，精神分裂症患者无法从事他之前的工作，表现出功能水平下降；患者通常不按照传统的语言规则说话，语言、想法让人难以理解，处理问题的方式常常是错误的，并表现出明显的思维语言障碍；患者通常有妄想，固执地相信些毫无事实根据的事情，最常见的是妄想被人控制或虐待，妄想自己的想法被散播开来，为众人所知；患者会出现幻觉，歪曲世界原本的面貌。他们的嗅觉、听觉、味觉和对身体的感知也不同于常人，通常他们对自身和周围环境都缺乏正确的判断能力，表现出知觉障碍、感情冷淡、对外界漠不关心的症状。他们也可能做出不恰当的行为，如在葬礼上喧嚣或对他人的帮助动怒，表现出明显的情绪障碍。患者常常对他人的事情毫无兴趣，竭力不参加集体活动，也不与他人交谈，即使和他人说话，也不顾他人的反应。有一些极端的个案甚至无视他人的存在，似乎完全生活在与世隔绝的世界里，表现出较为严重的退缩行为。

精神分裂症症状有进行性精神分裂症和反应性精神分裂症两种主要过程。进行性精神分裂症发病相对较早，病情进展缓慢，不易发觉。患者会逐渐脱离世界、经常想入非非、思想迟钝，直到症状达到不容忽视的程度。反应性精神分裂症发作时，非常突然，而且症状明显，但相对而言，治疗方法较为容易，且成效显著。

精神分裂症有阳性症状和阴性症状之分。阳性症状的精神分裂症患者以幻觉、妄想和极端情绪为标志；而阴性症状的精神分裂症患者则以心理正常功能丧失为特点，如不敢与人交往或感觉迟钝。对这两种症状的区分很重要，因为它提出了两种解释病因的不同方法，而这长期以来一直困扰着那些研究心理障碍的心理学专家们。韩剧《没关系是爱情啊》中男主角患有“精神分裂症”，并出现幻觉，之后经过治疗，身体康复，幻觉消失。通过这部电视剧也可以告诉大众，有病就要及时就医，积极主动配合治疗，病人康复的可能性还是很大的。

# 模块三　心理训练

## 训练一　成长路上有你有我

### 一、训练目标

（1）通过展示自己“走过去”的形象，通过观察别人的行走姿势，理解行走形象能够带给别人不一样的感受和印象，从而促进自我形象管理，提升自信。

（2）激发想象力和创造力，展示具有个性的自我形象，体会有人一路同行的幸福感。

### 二、适用对象

大学任一年级的学生团体。

### 三、适用人数

人数不限。

### 四、适用场所

室内。

### 五、材料

“一路走来”活动材料：事先准备一些球、花、书、报等能够表现生活、学习、运动等场景的实物，背景音乐。

### 六、活动时间

90 分钟。

### 七、活动程序

（一）认识你真好（时间：20 分钟）

1. 活动导入

心理行为训练员说：“想象一下，大家今天来自全国甚至是世界不同的地方，要一起探索社会发展问题。会议还没开始，你想认识更多的朋友吗？给大家一分钟，数一数你和几个人握手打招呼了？当我说‘开始，1 分钟计时正式开始’，大家便可以随意在场内走动，开始与其他成员握手，并记下你共与几人握手。注意记下令你印象深刻的握手感受。现在，开始，1 分钟计时正式开始……”

2. 活动实施

心理行为训练员强调：大家必须找不认识的其他班级的同学去握手，现在计时考试，请同学们开始随意在场内走动。

3. 讨论与分享

握手，是交际的一个部分。握手的力量、姿势与时间的长短，往往能够表达出对对方的不同礼遇与态度，显露自己的个性，给人留下不同印象；也可通过握手了解对方的个性，从而赢得交际的主动。美国著名女作家海伦·凯勒说："我接触的手有的能拒人千里之外；也有些人的手充满阳光，你会感到很温暖……" 最好我们能够设想是两人同时伸手，但是操作上概率不高，总有一个人是握手的发起者。一分钟的握手说明了什么？双方谁主动？彼此热情吗？是否有目光接触？两个人的握手是否有力？若握手时记下对方的特征，下次见面彼此还会认出来吗？请大家来分享一下刚刚的体验和感受吧！

（二）一路走来（时间：60 分钟）

1. 活动导入

我们都说一个人说的话、做的事，甚至是脸上的表情，都有可能透露这个人的性格。生活中，善于观察与分析的人，就能在很短的时间内掌握他人的基本性格。但很多时候，我们还来不及和对方交流，也并没有时间去了解这个人的行为习惯，这时候我们就可以从对方的走姿进行初步判断。有的人走得很快，昂首挺胸；有的人走得比较慢，习惯性前倾；有的人走路很稳，上身几乎保持不动；还有的人走路有点小碎步，比较急。那么这些可能都是人们自己看不到的部分，但却代表着每个人的对外形象，这很重要。今天，我们就来一场特别的集体走秀吧。

2. 活动实施

（1）心理行为训练员宣布：游戏是要求每一组学生面对大家，从 10 米外"走过来"。

（2）在"走过来"时，可以运用各种道具，但不允许重复别人的表现方式。

（3）所有学生都走完后，评选出"最自信""最热情""最幽默""最佳创意""最具活力""最佳搭档"等奖项。

3. 讨论与分享

集体交流，分享感受。

4. 注意事项

（1）活动开始要做好引导工作，给同学们 5~10 分钟的创意设计与准备时间，鼓励每名同学积极投入活动；特别对内向、自卑、胆小的同学，既要激励又要尊重，让其放下包袱，投入体验。

（2）为了避免部分同学因紧张而怯场甚至拒绝参与，可以允许他们晚一点参加，甚至提供面具；如果有个别同学实在不能接受该活动也不可强求。

（3）为了营造现场气氛，可以播放背景音乐，事先多准备一些道具供学生选择使用，当学生“走过来”时全体可以鼓掌激励。在评选“最佳奖”时注意评选比例，以激励为目的。

5. 活动建议

这个游戏一般安排在学生彼此比较熟悉，同学们的自信心、凝聚力都处于较好的状态下进行。在大家具有积极参与、大胆创意和热情表现的愿望的基础上，心理行为训练员要求每组学生通过一起“走过来”的形式，表现出大家的自信、热情、开朗、幽默、健康、快乐等品质。当然有的同学想要个人“走过来”也可以。

如何完成“一路走来”活动任务，对大家来说，既是表现个性、展示自我的机会，也是挑战自我、应对竞争的考验。可以简单地、平庸地、随意地“走过来”，也可以精心地、创意地、自信地“走过来”。选择前者还是后者，取决于一个人的态度，也取决他的能力。真要好好的“走过来”，不是简单的事。

（三）活动结束（时间：10 分钟）

小组成员交流第一次团体心理训练的感受和体会，然后汇总团体的反馈，并约定第二次团体心理训练的时间、地点等。

## 训练二 成长路上相伴行

### 一、训练目标

（1）学习等待与“聆听”来自他人的“心灵电波”。

（2）体验“心有灵犀一点通”的感受。

（3）通过合理分工、积极配合，来发挥特长，培养团队协作精神。

（4）开拓思维、激发想象力，创造性地完成任务。

### 二、适用对象

大学任一年级的学生团体。

### 三、适用人数

人数不限。

### 四、适用场所

室内、室外相结合。

### 五、材料

“寻宝记”活动材料：每组一份“寻宝清单”（如表 11-1 所示，可根据实际情况编写）、一个塑料大托盘（塑料袋或塑料桶）。

**表 11-1 寻宝清单**

| | | |
|---|---|---|
| 一把雨伞 | 一支减压笔 | 一枚心理书签 |
| 一块鹅卵石 | 一把牙刷 | 一颗图钉 |
| 一把剪刀 | 一根白发 | 一片银杏叶 |
| 一条皮带 | 一份学校的简介 | 一把裁纸刀 |
| 辅导员老师的签名 | 一枚一元的硬币 | 一个苹果或橘子 |
| 一包餐巾纸 | 一枚纽扣 | 一只发卡 |
| 一根缝衣针 | 一根鞋带 | 一顶帽子 |
| 一张小组成员的合影 | 一本新生心理辅导手册 | 一只乒乓球 |

## 六、活动时间

90 分钟。

## 七、活动程序

### （一）心灵电报（时间：20 分钟）

1. 活动导入

在现实生活的人际交往中，我们会发现，人们有一个普遍的特点，就是人们更能体会和感受到的是自己的内心体验，往往忽略或不能够准确地感觉到的是对方的内心体验。对自己和他人内心体验信息的准确接收能力，对现实生活中处理人际关系有很大的影响。接下来，我们一起来练习怎么样接收和发送心灵的电报。

2. 活动实施

（1）所有学生围成一圈而坐，左手手心朝上，右手手心朝下并搭在相邻者左手的手心。

（2）闭上眼睛，静静地等待左手相邻者发出的信息——在手心里轻轻点击，收到信息后，立即传给右手相邻者。

（3）比较每一次信息传来时的速度、强度和感受；

（4）心理行为训练员点评“心灵电波”的情况，集体交流分享。

3. 注意事项

（1）活动要在安静的环境下进行，避免噪声干扰。

（2）如果参加活动的人数较多时，可以让学生围坐成两圈，然后同时发出两个波源进行活动。

（3）在活动开始前要做好准备工作，保证学生能够用心去聆听、感受来自心灵的电波。活动开始后，由于有部分学生没有做好准备，所以导致在“心灵电波”的传递中往往出现断波或多波现象。他们没有耐心去等待和“聆听”来自他人的“心灵电波”。若等了一会儿没有收到他人的“心灵电波”，就认为他们肯定出问题了，所以就自作主张发出自己的“心灵电波”，结果造成了混乱。出现断波、多波不用马上中止活动，应让大家有所感觉。活动结束时应该让每个同学真正体验到“心有灵犀”的感觉。

4. 讨论与分享

如果活动过程中遇到断波或多波的情况，活动结束后心理行为训练员要让大家睁开眼睛想一想：心理行为训练员只发出了一个“波源”，为什么大家接收到的是多个？问题出在哪里？问题澄清后，再一次闭上眼睛开始第二次的体验。

（二）寻宝记（时间：60 分钟）

1. 活动导入

现在我们来到了一个神秘的小岛，据说岛上常年有人来寻宝，可是都有来无回，因为岛上有一个诅咒，只有用时最短、寻到宝物最多的小组才能活下来，其他人都会凭空消失。这一天，小岛上同时来了好多寻宝小分队，到底哪个队能够寻到宝藏并生存下去，就看各队的配合了。

2. 活动实施

（1）心理行为训练员将全班学生分成若干个 10 人一组的小组，每组推荐一名组长，领取一只塑料托盘（塑料袋或塑料桶）。

（2）要求在 30 分钟内找到“寻宝清单”上的物品，并放在托盘里交给心理行为训练员验收。

（3）各组派一名同学介绍最精彩的寻宝过程，时间为 2 分钟。

（4）所有学生共同评出“优胜寻宝队”。

3. 注意事项

（1）要尽可能鼓励小组成员获取“寻宝清单”上的物品，如果时间不够可以适当延长。

（2）要关注小组成员之间的分工，注意调动每个成员的积极性。

训练三

探索我的资源

4. 讨论与分享

心理行为训练员要让各小组根据以下问题进行讨论与分享：对难以完成的任务，小组的决定是什么？主要策划人员的创意是什么？获取经历中给你的启示是什么？

（三）活动结束（时间：10 分钟）

小组成员交流第二次团体心理训练的感受和体会，然后汇总团体的反馈，并约定第三次团体心理训练的时间、地点等。

# 模块四　资源共享

推荐阅读

你的心，还好吗?

影片赏析

《心灵捕手》赏析

# 第十二单元　珍视生命：提升主观幸福感

【心寄语】

人生天地之间，若白驹之过隙，忽然而已。注然勃然，莫不出焉；油然寥然，莫不入焉。

——出自庄子的《庄子·外篇·知北游》

谁能以深刻的内容充实每个瞬间，谁就是在无限地延长自己的生命。

——库尔茨

【心探索】

人类与动物的区别就在于人类拥有自我意识，正因为如此，我们每个人的生命才显得那么的独一无二、珍贵无比。张德芬在《活出全新的自己》一书中说道："人的一生看起来有好几十年，但是从另一个更高的视野来看，可不可能就像'黄粱一梦'般，其实相对来说是短暂的?"人的生命有长有短，这是我们不能决定的。我们能提升和拓展的是生命的质量和厚度，也就是怎样活出人生的精彩和价值。人吃五谷杂粮，我们难免会在人生中遇到这样或那样的危机和难题，怎样迈过人生中这一道道坎儿，活出全新的自己，是本单元想要一起讨论和学习的内容。

## 模块一　心理故事

故事一

### 人生的大餐

年轻人准备拜一位著名的禅师为师。拜师之前，他想先确认能从禅师那儿学到什么。

年轻人问禅师："你能告诉我人活着是为了什么吗?"

禅师答："不能。"

年轻人又问："至少你能告诉我人生的意义吧？"

禅师答："不能。"

年轻人继续问："那你能给我指出，生与死的本质区别吗？"

禅师还是答："不能。"

年轻人不屑地离开了。所有的门徒都对禅师的表现非常失望。禅师看着众徒弟，轻轻一笑说："如果你从未体验过，你怎么能理解生命的本质和生命的意义？我希望你们能亲自品尝这道人生大餐，而不只是去猜测它的味道！"

### 智慧点睛

就像作者老杨的猫头鹰在《好看的皮囊千篇一律，有趣的灵魂万里挑一》一书中提到的："到底要怎样才能愉快地和这个世界打成一片，到底要怎么做才能活得体面并且充实呢？到底要怎样才能不被生活奴役？"这也许是当下每名大学生都想要知道的答案，可答案也许只有你自己才能回答得上来。毕竟你的人生你说了算。

### 思考

（1）你上大学之前对自己的人生有什么看法？

（2）从现在开始，你对未来的人生有什么样的憧憬？

## 故事二

### 绝望的男孩

某高职院校一名男生小 A，性格内向。大一上学期，他就多次出现失联的现象，辅导员、父母和同寝同学，给他打电话不接、发微信不回，之后又会不声不响地自行回到寝室。突然，有一天，小 A 在班级微信群里发布消息，班级的一个女同学看到后给辅导员发微信："老师，你班的那个小 A 同学说的话有点吓人。"辅导员再次约小 A 进行了一次长时间的谈心谈话，仔细询问了小 A 的成长经历和目前的心理状态。通过谈话得知，小 A 主要的心结在自己生病的问题上。他患有较严重的皮肤病，跑了多家医院，进行了一系列治疗，但都效果不佳，医生的一句"治不好了"让他失去了所有的希望。小 A 自小学六年级开始患皮肤病，到上大学已经近七年时间。谈话中小 A 多次提到自杀，甚至已经想好了自杀的方式和地点。现在还没实施是因为有一些事情没有完成，但又说不好是什么事没完成。小 A 甚至与家长透露过轻生的想法，家长也表示让他不要想那么多。当辅导员推荐小 A 去心理咨询中心寻求专业帮助时，小 A 坚决地拒绝了。在谈心谈话过程中，小 A 经常出现长时间的沉默，不回答辅导员的任何问题。小 A 离开后马上给辅导员发了一条消息：“抱歉老师，让一个已经习惯绝望的人再去相信希望是很困难的，不过我会尽力去相信希望的。”辅导员回复：“尽力坚持下去，我会一直支持你、帮助你。”

### 智慧点睛

英国诗人雪莱说：“除了变，一切都不会长久。”在黑暗中，有时是需要很长时间才能找到通往光明的道路的，而很多时候在我们觉得筋疲力尽，再也不可能见到光明的时候，往往已经离光明不远了。要想赢得人生，就不能总把目光停留在那些消极的事情上，那只会使你越来越沮丧、自卑，徒增你的烦恼，最终你的人生就可能被失败的阴影遮蔽住本该有的光辉。相反，乐观的人总能在困难和不幸中发现美好的事物，这样才会充满对美好未来的期待。

### 思考

（1）你遇到过让你感到绝望的事情吗？

（2）你是怎么解决的？

## 模块二　心理导航

*内容充实的生命就是长久的生命，我们要以行为而不是以时间来衡量生命。*

——小塞涅卡

生命如艺术品一样，不论其长短，都在生命的过程中彰显着属于他或她的奇妙意义。我的这段生命也许只是为了一段旅程，但也许只是为了一段风景，也许只是为了一段感情，但这正是生命的美好之处。“死亡权利”将使我们存在的这个世界处处充满生机、美和喜悦。

### 一、生命教育概述

大学阶段的教育处于教育系统的最高层次，是青年人进入社会前的最后阶段。大学生比其他阶段的学生更具有独立性和自主意识，对于各种现有的和正在形成、传入社会的思潮具有超前认识，能自行解决面临的各种问题。当然也有一部分同学因为遇到自己难以应对的压力和挫折，在自己生命“生”与“死”的十字路口上艰难抉择。如果大学生在这种关键时刻及时抓住一切有利的社会资源，突破自我局限，重新将对生命的正确认知、情感、意志和行动相统一，在心灵与心智、身体与精神的各个层面上逐渐进步，那么最终会发展成比较平衡、成熟、有效率、快乐、和谐的人。

（一）生命的概念

生命的生物学定义是由核酸和蛋白质等物质组成的分子体系，它具有不断繁殖后代及对外界产生反应的能力。现代生物学给出的一般的科学定义大致上是这样的：生命是生物体所表现的自身繁殖、生长发育、新陈代谢、遗传变异及对刺激产生反应等的复合现象。在这里，其中任何单一的现象都不是生物所特有的。火焰也能进行新陈代谢和繁殖，但多数人不会认为它是生命。许多动植物的种子能保存相当长的时间并不出现生命特征，如古莲子、缓步类动物等可能会在一个相当长的时间内并不进行新陈代谢，但当条件适当时其就会出现生机。所以，生物体所表现出来的自身繁殖、生长发育、新陈代谢、遗传变异及对刺激产生反应等复合现象，叫“生命”。

但就人类而言，人的生命起源于受精卵，这是生命的第一个细胞。接着就开始细胞分裂，使受精卵体积渐渐增大，直到第40周胎儿发育完全成熟，呱呱坠地，一个新的生命就此诞生。每个生命，开始于父母的牵手、父母的欢笑、父母的情爱、父母的希望。因此，生命是在父母两个生命体的交融嫁接中诞生的，一开始就承载了父母的欢乐、期望和理想，承载了父母对生命的理解及所赋予的生命的意义。每个生命，在父母的扶持下学会了行走，在父母及社会的悉心呵护下茁壮成长，在父母、师长及亲朋好友的孜孜不倦的教育中丰富学识。当然，一个生命的成长更要依赖于自身的顽强的生命力，经历了无数次摔倒后再站起来，经历了无数次的风吹雨打后变坚强，经历了无数次的疾病后更强健，经历了无数次的失败和挫折后变成熟。因此，一朵灿烂的生命之花是在父母、自身和社会的辛勤浇灌下盛开的花朵，它的出生、成长和盛开的过程都是无数生命的倾注和意义的体现。

（二）生命的存在形式

生命是所有生物体的共有现象，生物体死亡后不可复生，但是生命又有其特殊性，尤其是人类的生命，它能通过各种抽象的形式而延续。人的生命是指有意识的存在，生命具有感情，生命的由来是伟大并且富有精神意义的，对人类具有重要作用。作为人来说，不仅要有信念、精神、意志，最重要的是怀有对生命的敬意和感恩，认同生命并使其灿烂无比。人的生命主要有三种存在形式。

1. 物质形式

生命的物质载体是人，人的生命作为一个自然生理性的肉体生命而存在，是一个动态的过程，人的生长和发展必须服从生物界的法则和规律。所以，衣食住行、生老病死是每个人都必须经历的，也是每个人都无法逃避的。

2. 精神形式

人之所以为人，就在于人有高于动物的意识活动，有超越生物性生命的精神世界。人不仅是为了满足自己的自然生命而活着，还要追求超越肉体存在的精神存在。正是有了生命的精神形式的存在，才使人的生命有理性的意蕴和道德的升华。

3. 社会形式

人是社会活动的主体，是社会关系的承担者和体现者。人类学、考古学和社会发展史都证明，人是由古猿进化而来的，人的劳动及在此基础上形成的语言和思维，都是社会的产物。人在母体子宫的时候就已经具有了社会性，因为它没有办法脱离他人而独立存活，必须依靠母亲的滋养才能生存下来。出生后，在与人的沟通、交往和互动中保存自己的生命，追求自己生命的意义，实现自己生命的价值。正是这种社会性存在，使人们面对各种变化时，有种生命的智慧和坚定的信念，使人们在面对有生有死、有爱有恨、有聚有散、有得有失的人生和无奈命运时，有一种豁达的胸怀和坦然的态度。

（三）生命的特征

1. 生命的有限性

生命的有限性表现在三个方面。第一，生命存在的时间有限。现代人的自然寿命平均为七八十岁，最多百十来岁。第二，生命具有无常性。生老病死、旦夕祸福等不可预测，是人生必须经历的过程。第三，生命具有联系性。每个生命个体都不能离群索居、不食人间烟火，每个人都是在人与人之间的扶持和关怀中长大的。正是生命的有限性促使人去努力思考、发奋创造、积极生活，去实现自己生命的意义。

2. 生命的双重属性

人的生命存在着两种属性：一是人作为物质的存在，人的肉体具有生物属性，是自然界的一部分，受自然规律决定和制约，具有自然性；二是人作为精神的存在，人的意识受到社会伦理和道德规范的影响，具有社会性。每个时代，每个人都必须面对生命的这两种属性，人就是在生命的这两种属性中寻求生命的意义，实现生命的价值。

3. 生命的创造性

人的生命本身就是一个不断成长、发展的过程。每一条生命都是具有独特的创造性的不间断的运动，当一切运动静止时，便是死亡。但生命比单纯的持续运动更为丰富，每一条生命运动的速度是不一样的，每一条新的生命运动都是一种创新，当生命成熟时为社会贡献的创造性运动也是不一样的，生命的基本特点就是创造性。人通过创造去实现生活的变化，通过创造去探索生命的意义，通过创造去认识、把握和超越自己的生命。

4. 生命的完整性

德国哲学家雅斯贝尔斯非常强调人的生命的完整性，他指出：毋庸置疑，生命是完整的。一方面，人是肉身性与精神性的完整存在，是生理、心理、社会的综合体。人的生命包括需要、感觉、认知、意志、情绪、体验等部分，但这些部分并不是独立的存在，而是共同存在于一个生命体内。它有着年龄、自我实现、成熟和生命可能性等形式。作为生命的自我存在也是向往着成为完整的，只有经过对生命来说合适的内在联系，生命才能是完整的。另一方面，人是个体性与社会性的完整统一。人总是存在于具体社会结构当中，具有特定的社会地位，并不是一个孤独的个体生命，所以就注定了人自从诞生到这个世界起就会跟他人发生关系、产生联系，就具有了社会性。因此，完整性是人生命存在的基本特性，任何对人的生命的研究和以生命为对象的实践，都必须建立在完整性的基础之上。

5. 生命的自主性

人不仅是自然的存在，更是精神的存在。精神是自由开放的，它不受人的自然生命及环境的制约，而表现出自身的自主性。人区别于其他生物之处就是拥有精神，使人的生命具有了自主性。于是人就能不像其他生物那样完全依赖于环境的状况，可以通过自主性去改变和支配环境为自己的生命服务。

6. 生命的独特性

地球上生存着近 70 亿的人类，尽管他们有些很相似，但是没有完全一样的两个生命体。正如世界上没有两片相同的树叶一样，每一条生命都是独一无二的，有自己独特的风格和特点。即使是孪生姐妹，相同的遗传基因也因后天家庭、教育、生活环境和经历的不同，而使她们有不同的发展，形成不同的个性和思维方式。正如卡耐基所说："发现你自己，你就是你。记住，地球上没有和你一样的……在这个世界上，你是独特的存在。你只能以你自己的方式唱歌，你只能以你自己的方式绘画。你是你的经验、你的环境、你的遗传所造就的你。无论好坏与否，你只能耕耘自己的小园地；不论好坏与否，你只能在生命的乐章中奏出自己的音符。"

7. 生命的不可逆性

生命的珍贵，就在于它只能一天天生长，不可逆转，开始生长就不会停止直至衰败死亡。就像人类从胚胎起，生命便一直生长、发育、发展，直到衰亡。它绝不会"倒行逆施"，返老还童是不可能的。正是生命的这种特征，才使得人们更加关注、珍惜和呵护自己的生命。因为生命一旦走过，上一秒的生命状态也已成为过去、成为历史，是无法倒退和逆转的。

（四）生命的意义

"生命是否有意义？如果有，生命的意义是什么呢？"这是一个一直困扰着整个人类的问题，每一种答案都是对这个问题的一种诠释、一种可能的方向、一种个体的生命体验。这个问题历经千年，似乎一直没有一个终极答案，而且没有一个答案能够完全对其进行解答。因为每个答案都会随着世界的发展和时空的转换而变化，随着人生不同阶段的感悟的变化而变化，于是，意义和无意义成为了我们丰富的生命中的一部分。

毋庸置疑，每个人的生命都是有限的。我们做过的事情、说过的话、爱过的人，可能几十年之后就没有人会再记起。有人说，生命是无意义的，每个人到最后都要死去，纳入宇宙的尘埃之中。有人反驳说，这怎么可能？人作为万物的灵长，怎么能没有意义呢？如果这样我们不就白活了吗？我们存在的价值不就烟消云散了吗？

还有一部分哲人和心理学家认为，生命虽然无意义，但是我们可以给予意义，给我们的人生赋予价值和趋善趋美趋真的观念，可以通过自己的践行和努力把人生变得有意义。岳飞顶着秦桧的陷害，精忠报国；玄奘冒着生死危险，西行取经；诸葛亮辅佐蜀国雄起，呕心沥血。中国历史上不少非凡人物，通过社会的实践和精神上的提升，找到了自己活着的意义。所以说，人活着的关键在于如何看待自己，如何为自己的生命赋予意义。

1. 意义——决定生命有价值和无价值的关键

这个问题造成的困扰，即便身为瑞士心理学家、哲学家的荣格也没能逃脱。他虽然深受困扰，但有些是可以确定的，即他清楚地意识到关于意义的问题是无法获得统一和最终的答案的，最好的答案在于人们对生命的追寻过程中。面对生命的拷问，荣格的做法是将个人的元素融入集体中，把个人的创造与集体的创造相结合，由此，意义和无意义的冲突便会呈现出自己的价值。

在对生命的意义进行深入且全面的考察和对弗洛伊德主义进行更加精细的分析之后，他把研究的重心转向审视自己，进入更深的个人自我冲突中。总之，他是不认可生命没有意义这个观点的，在他看来，生命充满意义和经验，但这种意义和经验却不在现实的标准中。因为人除了客观的思考之外，其主观的价值也在起到重要的转换作用。个人的能力和现实的成就能够带来生命的价值和意义感，但个人的无能和现实的虚空也起到同样的无意义的推动作用，得失既是客观的也是主观的。

因此，荣格把人的生命分为了几个阶段，就如同孔子把人生分为不同的几个阶段，因而其所感所悟也不尽相同。荣格认为，35 岁是一个十分重要的年龄（孔子把 30 岁看作而立之年），它标志着人生后半生的开始，在这段时期，人的心理会发生变化，出现心理转变。而这种心理转变正是我们区分有意义和无意义的核心所在。

2. 定向思维与幻想思维

现实的成就容易让人陶醉，很多人往往会把这些误认为有意义或有价值，比如事业成功、财富、地位等。我们在探寻意义的过程中，不仅要回到自己的历史轨道上，更要回到民族、世界的历史中。关于意义，我们的心灵不会直接给出答案，而是以意象的方式呈现，而意象超越人类理性的认知，是一种感性和理性的大融合。

在这种背景下，我们的思维分为两种：定向思维和幻想思维。

定向思维能给出很多确定又客观的答案，如个人的身份、地位、成就等，使人认为这些就是生命的意义。但在面对自己时，那种无意义感和虚无感便会自然涌现，这便是幻想思维。无助的部分和人的局限便成为主导，会出现对痛苦、死亡、精神的迷茫等。如果刻意忽略这一部分，个人的想象力也会逐渐失去，成为僵化现实的附庸。

探寻意义的过程不是理论思考，它更像是一种哲学式的形而上思考，一种体验式进入，因为意义不存在于理论中，而存在于我们每个人的人生体验之中。

3. 对意义理解上的个体差异

每个人都有属于自己的道路和性格特征，世界上没有完全一模一样的人，进而也不会有完全相同的人生道路。我们只能借鉴，却不能让他人代替。由此，我们每个人面对的意义感和无意义感都是不同的，只有深入思考意义和无意义的两极在自己身上的呈现、在自己人生道路上的现实凸显，并允许来自深层的、无意义的内容自发地涌现，才能把对意义的追寻转化为对生命的体验。

不同的个体对意义的理解是不同的，这也正是对意义追寻的答案无法做到统一的最大原因。和对幸福的看法一样，在你眼中可能极有意义的一件事，在另外一个个体眼中，可能毫无意义；反之，亦然。由于个体的这种差异，我们的世界变得丰富多彩，但同时也会杂乱无章，无法定型和整齐归一。

一种哲学观点认为，我们之所以认为生命无意义是因为人的生命是有限的。如果人的生命无限，那就不存在这个拷问了。事实真的如此吗？假设我们的生命真的无限长，每个人都可以达到一种长生不老的状态，那么我们的生命就有意义了？可以设想，当我们的生命无限长时会出现太多弊端。首先，我们永远不会开始做事情，任何事情都可以拖到明天去做，因为时间无限多，生命无限长，时间在我们眼里，变得一文不值。你总是告诉自己，还有时间，时间很长，你可能永远还在原地打转儿，那样的话何谈推进和创造呢？其次，就是你的生命永远无法定形。比如，当生命有限时，一个人离开了世界被后人评价时，别人会说这个人曾经做过什么，是个什么样的人；但是当我们的生命无限长时，我们每个人的生命都无法成形、无法定论。对于无限来讲，所有已经实现了的目标都是阶段性的，我们没有任何的终极目标。最后，就是地球的承受能力，现在地球人口数量是 70 多亿，如果没有人死去，按照目前的生育速度，估计没过多久，地球上的资源就会被消耗殆尽，无法容纳人类的生存。

所以，从这个角度看，正是因为有了生命的限制，才让生命变得富有意义。不能只生，还得有死。万事万物处于生与死、有与无、喜与悲的辩证统一之中。

4. 阻碍意义探寻的拦路虎——自由意志

如果生命没有自由意志，或许意义的探寻会更加简单明了，但是生命就是这么奇妙而复杂，尤其是人类，不仅有思考，而且有自由意志，可以通过自主选择决定自己的人生。

对于人生的意义，康德曾经举过一个例子：天上的鸟认为如果没有空气的阻力，自己会飞得更高更快，可是如果没有空气，鸟根本飞不起来。正是由于空气的阻力，鸟才得以飞起来。同样的道理，生命的意义的有无，也是以万物实体的存在为基础；如果没有万物实体的存在，人们何谈自由意志，没有了自由意志，意义也就成了一个带着空壳的虚无之物。

综上所述，人生对事物的追求是无限的，人生有涯，以有涯追逐无涯。庄子说：“殆已。”庄子说得虽然不无道理，但是时间流转了千年，我们应该也有属于自己的认知。在智者看来，以有涯追逐无涯，反而有无限的境界，可以扩大自己的精神辐射；以有意义对抗无意义，反而能证得意义的存在，让彼此的人生变得丰盈和充实起来。毕竟，人活一世，不应给后人留下些有价值、有意义的东西吗？

（五）大学生生命教育的意义

1. 生命教育促进大学生认识生命的完整性

生命的完整性可以从三个维度来理解。

第一，根据生命存在的不同层次，生命分为自然生命、精神生命和价值生命。目前，大学教育中一直存在着重视精神生命和价值生命，忽视自然生命的现象。教育一般关注的是人的社会文化属性，强调个体的社会价值，当个体存在和社会价值之间产生冲突时，个体被要求牺牲自我，来实现社会的利益。而牺牲的对象包括个人利益之外的东西甚至生命，这种做法的直接后果就是部分大学生轻视自然生命，不珍爱自然生命。生命教育提倡在珍爱生命的前提下，对生命采取负责任的态度；在个人利益与精神自由、社会价值之间存在冲突时，提倡在保持生命完整性的前提下，谋求自然生命、精神生命和价值生命的和谐发展。

第二，生命一般的完整性包括从生到死的整个过程。教育一般比较重视大学生在校的生命发展和完善，强调的是掌握知识、学习技术、训练技能，以便成为某一领域内的专才，而忽视了对大学生生命整体性的教育，特别是对生命中的死亡的认识、理解和接受。由于受传统思想的影响，一般教育很少对学生进行死亡方面的教育；学生在不了解死亡的真相和威胁的前提下，失去了生命存在的动力和紧迫感，失去了对生命的珍惜。生命教育关注人从生到死的整个过程，重视对学生进行有关死亡方面的教育，传授学生有关死亡的知识，培养学生正确对待死亡的态度，从而使学生正确地认识死亡、珍惜生命。这有助于促进学生认识生命的完整性，追求完整的生命。

第三，生命的完整性还包括认知、情感的统一。认知是人的智能的认识活动，情感是对客观事物是否满足自己需要的心理体验。认知与情感虽是不同的心理活动，但二者是紧密相连的。认知是情感产生的基础，没有人的认知活动就不会产生喜怒哀乐的情感；而如果没有情感的推动，人的认知也就不可能发展和深入。认知与情感是相互影响、相互制约、协调发展的。生命教育使人们认识到情感在人的发展中特殊的价值，注重认知与情感的协调发展，在知识教学中，引导学生不断地感悟、体验，有助于知识的理解、掌握和运用。情感教育只有融入知识、智慧之中才会激发理性的生命，真正提升生命的质量。

2. 生命教育唤醒大学生生命意识

现代社会对物质生活的过分追求，使部分大学生迷失了人生的坐标、忘却了人生的目标；虽然学到了“何以为生”的本领，却忘记了思考“为何而生”。他们把物质财富、技术力量、科学知识作为生命追求的目标，对为什么活着、怎样活着等生命本身带有的实质性问题缺乏深刻的思考。不少大学生对生命感到彷徨、消沉，陷入了前所未有的困境，对生命的存在产生怀疑甚至轻易放弃。因此，生命教育要帮助大学生认识生命的意义。因为只有正确地认识自己生命的意义，人才能更好地认识生命、珍爱生命。当他面对激烈的竞争、巨大的压力及人生中种种失落与痛苦时，才能正确而客观地面对困难、迎接挑战；反之，则容易造成个人的挫败感，一旦遇到困难，就可能选择向困难低头甚至放弃自己的生命。

## 二、识别大学生心理危机

### （一）心理危机概述

#### 1. 危机和心理危机的含义

危机有两个含义，一是指突发事件，即出乎人们意料发生的事件，如地震、水灾、空难、疾病暴发、恐怖袭击、战争等；二是指人所处的紧急状态。当个体遭遇重大问题或变化发生，使个体感到难以解决、难以把握时，平衡就会被打破，正常的生活受到干扰，内心的紧张不断积蓄，继而出现无所适从甚至思维和行为的紊乱，进入一种失衡状态，这就是危机状态。危机意味着平衡稳定的破坏，引起混乱、不安。危机出现是因为个体意识到某一事件和情景超过了自己的应付能力，而不是个体经历的事件本身。

心理危机是指个体在遇到突发事件或面临重大的挫折和困难，当事人自己既不能回避又无法用自己的资源和应激方式来解决时，所出现的心理反应。还有心理学家将心理危机定义为由于突然遭受严重灾难、重大生活事件或精神压力，使生活状况发生明显的变化，尤其是出现了用现有的生活条件和经验难以克服的困难，以致当事人陷于痛苦、不安状态，常伴有绝望、麻木不仁、焦虑及植物神经症状和行为障碍。其通常表现为出现精神濒临崩溃的状态，表现出极度恐慌、紧张、苦恼、焦虑、抑郁，甚至产生轻生的意念。

#### 2. 心理危机的性质与特征

心理危机不是一种疾病，而是一种情感危机的反应。其有四个基本特征：① 是一种短暂的临时状态；② 是一种混乱与崩溃状态；③ 当事人无法用通常有效的方法来处理所面临的特殊困境；④ 有获得新的良性结果的潜在机会。

#### 3. 心理危机界定标准

（1）危机事件。存在具有重大心理影响的危机事件。

大学的每一个阶段都会面临不同的压力。以高职院校为例，大一阶段：适应新的校园生活。大二阶段：情感、交往、学习等。大三阶段：就业、专升本等人生重大选择、社会环境的压力等。

（2）心理因素。引起急性情绪扰乱或认知、躯体、行为等方面的改变，导致当事人的主观痛苦，但又不符合任何精神疾病的诊断标准。

危机状态的程度与发生事件的强度之间不一定成正比。它取决于当事人对于事件的认识、应对能力状况、以往的经历和个性等。危机事件固然必要，但个体应对危机的能力（良好的心理素质）更加重要，它既决定了危机的大小，又决定了个体对危机的承受程度。

（3）应激反应。当事人用平常解决问题的方法暂时不能应付或应对无效，导致当事人的心理、情感和行为等方面的功能水平较危机事件发生前降低。

危机事件并不重要，重要的是应对。面对威胁和挑战，需要个体付出较大努力才能进行适应性反应，或这种反应超出了个体所能承受的适应能力，就会引起心理、生理平衡的失调，即紧张反应状态出现。

可以看到，人的痛苦是一种内心的主观感受。经历同样的危机事件，不同的人的心理感受可能很不相同。

### （二）大学生心理危机的分类

#### 1. 发展性危机

发展性危机是指在人的正常成长和发展过程中，急剧的变化或转变所导致的异样反应。对大学生来说，新生入学不适应、考试挂科、不喜欢所学专业、大学毕业没找到合适的工作……都可能导致发展性危机。

#### 2. 境遇性危机

当出现罕见或超常事件，且个人无法预测和控制时出现的危机称为境遇性危机，如交通意外、被绑架、失恋、突然的疾病和死亡等，都可以导致境遇性危机。

#### 3. 存在性危机

存在性危机是指伴随着重要的人生问题（如关于人生的目的、责任、独立性、自由和承诺等）出现的内部冲突和焦虑。

### （三）危机事件后的身心反应

#### 1. 生理方面

危机事件后，生理方面会出现的反应有：身体颤抖、筋疲力尽、头痛、背疼、恶心、胸闷、心悸、失眠、噩梦、肌肉紧张、尿频。

#### 2. 情绪方面

危机事件后，情绪方面会出现的反应有：恐慌、担忧、愤怒、悲伤、自责、内疚、绝望、易怒、无助。

#### 3. 认知方面

危机事件后，认知方面会出现的反应有：健忘、注意力不集中、意识模糊、记忆力下降、思维混乱、自尊下降、负面自我对话、否认、不断思考事情发生的原因。

#### 4. 行为方面

危机事件后，行为方面会出现的反应有：睡眠障碍、食欲改变、社交退缩、哭泣、手机不离手、反复看信息、指责、攻击。

### （四）危机心理反应阶段

#### 1. 冲击阶段

冲击阶段，即第一阶段，也称强烈的情绪反应阶段，一般发生在危机事件出现后不久或当时。如果刺激过大，就会使人感到震惊、眩晕、不知所措，也可称为类休克状态。例如，听到新型冠状病毒肺炎疫情暴发、确诊人数和死亡人数每天在增加、武汉封城等消息后，大多数人会表现出惊慌、害怕和震惊，只有少数人能保持冷静与镇定。

2. 安定阶段

安定阶段，即第二阶段，也称逐渐接受现实阶段，人们会采取各种措施努力恢复心理上的平衡，控制焦虑和情绪紊乱，恢复受到损害的认识功能，而后采用各种心理防御机制或争取亲人、朋友的支持。例如，随着党中央和政府一系列强有力的疫情防控措施的出台，疫情得到控制，治愈率增加，各种媒体信息更加透明，人们的恐慌心理逐渐减低。

3. 改变阶段

改变阶段，即第三阶段，也称寻求改变阶段，求助者会将自己的注意力转向产生压力的危机，并努力设法处理它。可能采取逃避行为而远离产生压力的原因，如依赖药物、酗酒等；或者提高自己的应付技能，改变策略和行为，直接面对危机、解决困扰，如求助。比如，SARS 流行期间，有的人躲在家里不出门、不敢见人，而有的人则采取积极的预防措施后照常工作等。

（五）大学生心理危机关注对象

（1）遭遇突发事件而出现心理或行为异常的学生，如家庭发生重大变故、遭遇危机、受到自然或社会意外刺激的学生。

（2）患有严重心理疾病，如患有抑郁症、恐惧症、强迫症、癔症、焦虑症、精神分裂症、情感性精神病等疾病的学生。

（3）既往有自杀未遂史或家族中有自杀者的学生。

（4）身体患有严重疾病、个人很痛苦、治疗周期长的学生。

（5）学习压力过大、学习困难而出现心理异常的学生。

（6）个人感情受挫后出现心理或行为异常的学生。

（7）人际关系失调后出现心理或行为异常的学生。

（8）性格过于内向、孤僻，缺乏社会支持的学生。

（9）严重环境适应不良导致心理或行为异常的学生。

（10）家境贫困、经济负担重、深感自卑的学生。

（11）由于身边的同学出现个体危机状况而受到影响，产生恐慌、担心、焦虑、困扰的学生。

（12）其他有情绪困扰、行为异常的学生。

尤其要关注上述多种特征并存的学生，其危险程度更大，应成为重点干预的对象。

## 三、大学生心理危机干预

如果人承受危机事件的能力超过了自己应对压力的能力，就会出现心理危机。在多数情况下，心理危机可以在几周内平静下来，并被顺利解决；但是有时会逐步加重而导致人际关系和身心健康的问题，甚至会使人产生自我伤害的想法。

为解决严重的心理危机，需要寻求身边人的支持及专业人员的帮助。

危机也是转机：危机中的“危”是“危险”的意思，“机”是“机会”的意思。“问题不是问题，如何应对才是问题。”

（一）危机事件的影响与后果

（1）危机事件可能会危及生命安全或造成伤害。危机事件若处理不当，会严重影响正常生活秩序，更会蔓延而成为社区或社会的问题；若处理得当，会从中汲取教训，转危为机。

（2）危机事件会产生一定的社会心理后果：焦虑和抑郁、PTSD（创伤后应激障碍）、睡眠问题、做噩梦、幸存者有罪恶感。

根据对突发事件后心理创伤的流行病学调查，发现突发事件后 PTSD 的终身流行率在 30%～60%；而 DSM-IV 对压力源准则的界定更宽松，其终身流行率在 80%以上；而天灾事件的终身流行率约为 15%～20%；70%～75%的受害者会有短暂的焦虑和抑郁症状；5%～10%的受害者会表现出带有精神病特点的严重综合征；10%的受害者将不受影响。

（二）心理危机的四种后果

（1）当事人不仅顺利度过危机，而且从危机发展过程中学会了处理危机的新方法，个人的心理健康水平提高。

（2）危机度过后，当事人通过自己或者他人的帮助，逐渐恢复到危机事件之前的水平。

（3）危机虽已度过，但当事人却在心理上留下一块“伤痕”痛点，适应能力下降，当事人任何生活变化都可能诱发心理危机。

（4）陷入崩溃状态，出现各种精神疾病症状，甚至自杀。当事人经不住强大的心理压力，对未来失望，于是企图以结束生命来获得解脱。

（三）危机干预概述

1. 危机干预定义

危机干预指对处在心理危机状态下的个人采取明确、有效的措施，使之最终战胜危机，恢复心理平衡，重新适应生活。

危机干预的效果表现为，个体可从危机中得到对现状的把握，对经历的危机事件重新认识，以及学到更好的应对未来可能遇到的危机的应付策略与手段。

2. 危机干预的必要性与可能性

危机干预是短期的、问题取向的，其目标是尽可能快速且直接地让来访者的危机状况产生改变。

危机干预之所以必要和可能，是因为危机发生有其共性：危机都是因为在相对稳定的生活中发生了紧急突发事件，这种突变导致人的需要不能得到满足，安全感丧失，从而引发恐慌焦虑、无所适从、痛不欲生。

针对易感个体或群体进行危机干预，能够防止和减轻人们危机后的不良心理反应，避免心理痛苦的长期化和复杂化，促进其社会适应和心理康复，提高社会应急能力。

（四）大学生心理危机干预步骤

1. 心理危机个别干预步骤

第一步，保证安全。采取合适措施，保证被干预者安全。

第二步，确定问题。确定危机发生的诱发事件和危机干预的目标。

第三步，评估危机。评估危机问题的严重性和紧迫性，评估被干预者的主要症状和行为表现，评估被干预者的资源，用自杀评估表格评估自杀风险。

第四步，提供支持。采取合适的会谈技术，以及其他途径，给予被干预者心理、身体、社会支持。

第五步，给予希望。根据被干预者的资源，帮助来访者找到应对危机的资源、方法和途径。

第六步，制订计划。根据找到的方法、途径和资源，和被干预者一起制订、实现目标的计划，并实施。

第七步，获得承诺。与被干预者讨论合作，形成不伤害协议，得到不自我伤害的承诺。

第八步，转介随访。安排后续的干预和转介工作。

2. 大学生常见的自助危机应对方法

（1）自我认知调节。了解危机事件的相关知识和信息，改变自己的非理性想法；与自我进行正面对话；转移注意力；多看、多听权威的信息发布；思考和寻找生命的意义。

（2）自我情绪调节。接纳自己的负面情绪；表达和倾诉自己的感受；深呼吸；肌肉放松；静下来，如冥想、瑜伽等。

（3）自我行为调节。充分地休息；正常饮食，定时定量；多与朋友、家人保持联系；维持日常生活习惯、节奏；有节制地了解危机事件的相关信息；阅读或写作。

# 模块三　心理训练

## 训练一　探索我的人生意义

### 一、训练目标

（1）让学生在认知上改变对生命的态度，不要轻易放弃自己的生命；使学生学会规划人生，并能用积极的心态来面对人生，只有这样才能让自己的生命更加精彩。

（2）帮助学生寻找自己的压力来源于何处，以便进行科学管理和缓解压力。

（3）让学生意识到自己有克服逆境的勇气，提高承受高压的能力，在逆境面前保持良好的心志，增强自信心。

（4）整理自己的抗逆力资源。通过对自己可用资源的澄清，明白从挫折中反弹的力量来自自身。

### 二、适用对象

大学任一年级的学生团体。

### 三、适用人数

人数不限。

### 四、适用场所

室外、室内均可。

### 五、材料

“我的生命线”活动材料：每名成员一张 A4 纸、一支笔。

### 六、活动时间

90 分钟。

### 七、活动程序

（一）观看 MV《时间都去哪儿了》（时间：20 分钟）

1. 活动导入

让我们一起观看王铮亮演唱的歌曲《时间都去哪儿了》的 MV。

《时间都去哪儿了》MV 二维码

2. 活动实施

心理行为训练员组织学生一起观看《时间都去哪儿了》的 MV。

3. 讨论与分享

请同学们分享你看这部 MV 的感受。你关注的是 MV 中的哪个角色？他对你的人生规划有什么样的启示？

（二）我的生命线（时间：60 分钟）

1. 活动导入

只有优异的成绩，却不懂得与人交往，是个寂寞的人。

只有过人的智商，却不懂得控制情绪，是个危险的人。

只有超人的推理，却不了解自己，是个迷茫的人。

——樊富珉

生命线是每个人都有的东西，人手一份，不多不少。人间有多少条性命，就有多少条生命线。生命线就是每个生命走过的路线。

接下来这个活动就是画出你的生命线。

2. 活动实施

（1）请准备好 A4 纸和笔。先把 A4 纸摆好（最好横放），写上“某某某的生命线”。

（2）在纸的中部，从左至右画一道长长的横线，然后给这道线加上一个箭头，让它成为一条有方向的线。

请你按照自己规定的生命长度，找到你目前所在的那个点，如图 12-1 所示。

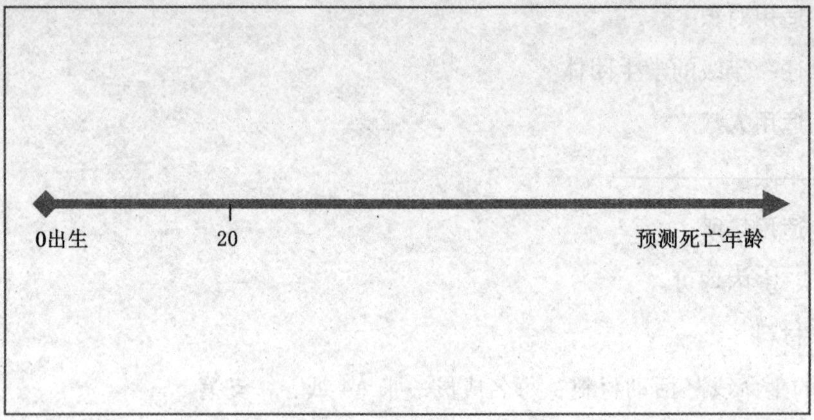


图 12-1 “我的生命线”例图一

（3）请在你的标志的左边（即代表过去岁月的那部分），把对你有着重大影响的事件用笔标出来，如图 12-2 所示。

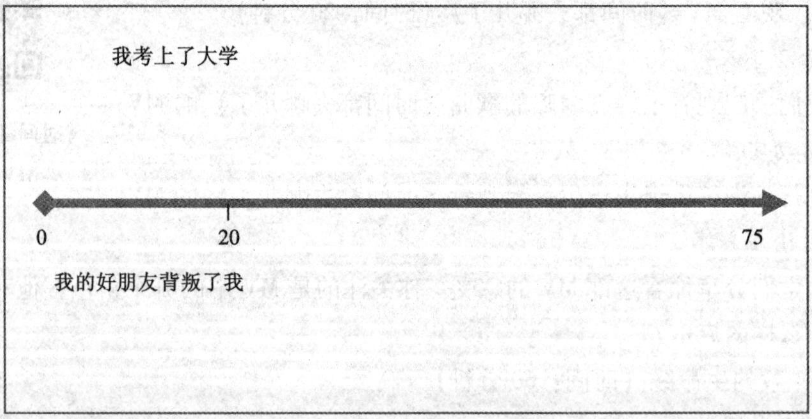


图 12-2 “我的生命线”例图二

注意：你如果觉得这是件快乐的事，就用笔写在生命线的上方，如果觉得快乐非凡，就把这件事的位置写得更高些；如果你觉得这是不快乐的事，就用笔写在生命线的下方，越痛苦的事情离生命线的距离越远。

（4）你要看一看，数一数，在影响你的重大事件中，是位于生命线之上的部分多，还是位于生命线之下的部分多？上升和下落的幅度怎样？

接下来，我们即将进入将来时。

（5）在你的坐标上，把你这一生想干的事，比如挣多少钱、住什么样的别墅、职业生涯、个人情趣等都标出来。如果有可能，尽量把时间注明。视它们带给你的快乐和期待程度，标在线的上方。当然，如果它是你的挚爱，就请高高地填写在你生命线的最上方。

（6）当然，在将来的生涯中，还有挫折和困难，比如职场或事业方面可能出现的挫折、阻碍等，不妨一一用笔把它们在生命线的下方标示出来，这样我们的生命线才完整。

3. 讨论与分享

（1）你要看看你亲手写下的这些事件，是位于生命线的上半部分较多还是下半部分较多？也就是说，是快乐的时候比较多，还是痛苦的时候比较多？

（2）如果你的生命线上所标示的事件，大部分都在下半部分，那么是否可以考虑调整一下自己看世界的眼光？你对未来的估计是不是太悲观了一些？如果是，你对你的情况是否满意？

（3）你现在画出了自己的生命线，以后还会不会有变化呢？

**（三）活动结束（时间：10 分钟）**

小组成员交流第一次团体心理训练的感受和体会，然后汇总团体的反馈，并约定第二次团体心理训练的时间、地点等。

## 训练二　体验我的人生之旅

### 一、训练目标

（1）让学生明白生命中什么是最重要的人和事物。

（2）学会珍惜现在所拥有的。

### 二、适用对象

大学任一年级的学生团体。

### 三、适用人数

人数不限。

### 四、适用场所

室外、室内均可。

### 五、材料

“生存选择”活动材料：每人一张 A4 纸、一支笔，每组一份“小组成员决定统计表”（如表 12-1 所列）。

表 12-1 小组成员决定统计表

| 人物 | 小组成员 | | | | | | | | 小组决定 |
|---|---|---|---|---|---|---|---|---|---|
| | 1 | 2 | 3 | 4 | 5 | 6 | 7 | 8 | |
| ① | | | | | | | | | |
| ② | | | | | | | | | |
| ③ | | | | | | | | | |
| ④ | | | | | | | | | |
| ⑤ | | | | | | | | | |
| ⑥ | | | | | | | | | |
| ⑦ | | | | | | | | | |
| ⑧ | | | | | | | | | |
| ⑨ | | | | | | | | | |
| ⑩ | | | | | | | | | |

## 六、活动时间

90 分钟。

## 七、活动程序

“生存选择”活动共分为四轮，总时间为 90 分钟。

### （一）第一轮生存选择（时间：20 分钟）

1. 活动导入

心理行为训练员告诉成员：“地球上发生了核战争，人类将要灭亡。但是，一位科学家发明了一个特别的保护装置，如果谁能进入其中，谁就能生存下去。现在有 10 个人，但是核保护装置里的水、食物、空间有限，只能容纳 7 个人。也就是说，全人类只能有 7 个人生存下去。请你决定谁应该活下去，谁要面临死亡，说出理由并排出先后次序。”

2. 活动实施

（1）先将全体成员分组，每小组 5~8 人。

（2）全体成员听完心理行为训练员给出的情况后，认真思考，然后做出自己的选择。成员可以用排除法，先选出死亡者，也可以直接选出生存者。

（3）现存 10 人分别是：① 小学老师；② 小学老师怀孕的妻子；③ 职业棒球运动员；④ 12 岁的少女；⑤ 外国游客；⑥ 优秀的警官；⑦ 年长的僧侣；⑧ 流行男歌手；⑨ 著名的小说家；⑩ 慢性病住院患者。

（4）每名成员将自己的选择及理由记入“小组成员决定统计表”中，并在小组内交流。

3. 讨论并分享

为了获得小组一致的意见，全组充分讨论、各抒己见，每个人可以在讨论后修正自己的意见。然后每个小组派代表在整个团体中介绍小组的决定及讨论情况。或者小组成员可保留自己意见，到团体中再阐明。

（二）第二轮生存选择（时间：20 分钟）

时间：20 分钟

1. 活动导入

心理行为训练员介绍活动规则。

2. 活动实施

（1）在柔和的音乐背景下，心理行为训练员在多媒体上显示“写下 10 个你生命中最重要的人”这句话。如果所在教室不具备多媒体，心理行为训练员可以在黑板上写下这句话。

（2）学生在白纸上写下 10 个自己生命中最重要的人，如“爸爸、妈妈、爷爷、奶奶、哥哥、姐姐、最好的同学、班主任、好朋友、某教师……”

（3）心理行为训练员引导：假设我们的生活遇到了意外，上面提到的一些人要离开，你能接受谁先离开呢？

（4）学生依次划掉自认为不那么重要的人，留下一个最重要的人。

3. 讨论与分享

心理行为训练员引导学生分享感受：为什么留下这个人？为什么先划掉这个人？为什么选这 10 个人是对你最重要的？在划掉每个人的过程中，你有什么感受？

（三）第三轮生存选择（时间：20 分钟）

1. 活动导入

心理行为训练员介绍活动规则。

2. 活动实施

（1）在柔和的音乐背景下，心理行为训练员在多媒体上显示：“写下 10 项在你生命中最重要的东西”这句话（心理行为训练员引导：没有这些东西，你将不能生存，或者你的人生将没有意义。）

（2）学生在纸上写下 10 项在自己生命中最重要的东西，如“空气、食物、水、零食、书本、电脑、亲情、友情、学习、电视……”

（3）心理行为训练员进行引导：假如我们突然遇到了地震、洪水、疫情等大灾难，要失去一些东西，你可以接受先失去什么？然后呢？

（4）学生逐一划掉自认为不那么重要的东西，留下一项最重要的东西。

3. 讨论与分享

心理行为训练员引导学生分享感受：为什么选择这 10 项东西？为什么按照这个顺序划掉？你在划掉每项东西的过程中有什么发现？

**（四）第四轮生存选择（时间：20 分钟）**

1. 活动导入

心理行为训练员介绍活动规则。

2. 活动实施

（1）在柔和的音乐背景下，心理行为训练员在多媒体上显示："假如你的生命只剩下 3 个月了，你最希望做的事情有哪些？"

（2）学生写下几件重要的事情，如"环游世界、和爸爸妈妈待在一起、尝尽美食、跟父母说我爱你……"

（3）心理行为训练员在多媒体上继续显示："假如生命只剩下一周了，你最希望做的事情是什么？"

（4）心理行为训练员在多媒体上继续显示："假如生命只剩下一天了，你最希望做的事情是什么？"

3. 讨论与分享

心理行为训练员引导学生分享感受：为什么最希望做这件事情？对这个活动有什么感想？

4. 注意事项

此活动重在引导学生体会选择过程中的心理感受，以及让学生明白谁是生命中最重要的人。活动过程需要注意以下几点。

（1）心理行为训练员要注重引导学生建立一个严肃的课堂氛围。每次划掉一个项目，要引导学生想象人生中真正失去它的状况和后果。

（2）心理行为训练员在引导学生写下 10 个项目的时候，态度要中立，不要过多举例提示，以免影响学生判断。

（3）创设的情境要根据学生的实际情况和课堂的实际情况而定，如果学生难以接受太过真实的模拟环境，心理行为训练员要适当引导学生回到现实中来。最后的讨论和总结要突出顺序，如果在生活中无所适从的时候，要知道如何选择。

（4）有的学生如果觉得最应该划掉的是自己，那么心理行为训练员要重点关注该同学。建议在心理行为训练员的指导下对该同学进行自杀态度问卷调查。（见附录）

**（五）活动结束（时间：10 分钟）**

小组成员交流第二次团体心理训练的感受和体会，然后汇总团体的反馈，并约定第三次团体心理训练的时间、地点等。

训练三

明确我的生命意义

# 模块四　资源共享

推荐阅读

生命，为祖国澎湃——追记海归战略科学家黄大年

影片赏析

《活着》赏析

# 参考文献

[1] 牧之,苏陌.哈佛教授讲述的300个心理学故事[M].上海:立信会计出版社,2013.
[2] 乔纳森·布朗,玛格丽特·布朗.自我[M].王伟平,陈浩莺,译.2版.北京:人民邮电出版社,2015.
[3] 阿德勒.自卑与超越[M].马晓娜,译.北京:北京联合出版公司,2016.
[4] 泓露.做最真实的自己[M].北京:中国商业出版社,2016.
[5] 路西.心理学的故事:心理学就是这么有趣[M].北京:中国华侨出版社,2015.
[6] 伯格.人格心理学[M].陈会昌,译.8版.北京:中国轻工业出版社,2014.
[7] 杜安·舒尔茨,西德尼·艾伦·舒尔茨.人格心理学:全面、科学的人性思考[M].张登浩,李森,译.原书第10版.北京:机械工业出版社,2016.
[8] 拉森,巴斯.人格心理学:人性的科学探索[M].郭永玉,等译.2版.北京:人民邮电出版社,2011.
[9] 费尔德曼,黄希庭.心理学与我们[M].黄希庭,等译.北京:人民邮电出版社,2008.
[10] 樊富珉,费俊峰.大学生心理健康十六讲[M].北京:高等教育出版社,2013.
[11] 美国精神医学学会.精神障碍诊断与统计手册[M].张道龙,等译.5版.北京:北京大学出版社.2016.
[12] 彭纯清,孙霞.大学生心理素质训练[M].2版.武汉:华中师范大学出版社,2019.
[13] 津巴多,约翰逊,麦卡恩. 津巴多普通心理学[M].邹智敏,肖莉婷,等译.原书第7版·DSM-5升级版.北京:机械工业出版社,2017.
[14] 切卡莱丽,怀特.心理学入门:日常生活中的心理学[M].张智勇,施惟希,于思琦,等译.原书第2版.北京:机械工业出版社,2016.
[15] 施塔,卡拉特. 情绪心理学[M].周仁来,等译.2版.北京:中国轻工业出版社,2015.
[16] 金.劳拉·金普通心理学[M].王飞雪,戴潇虓,冯夏玫,译.原书第1版.北京:中国人民大学出版社,2013.
[17] 刘庆明,杨丽.新编大学生心理健康[M].6版.大连:大连理工大学出版社,2011.
[18] 肖丹.心理学基础[M].2版.北京:人民卫生出版社,2008.
[19] 林崇德.咨询心理学[M].北京:人民教育出版社,1998.
[20] 科里.心理咨询与治疗经典案例[M].谭晨,译.7版.北京:中国轻工业出版社,2010.
[21] 钱铭怡.心理咨询与心理治疗[M].北京:北京大学出版社,1994.
[22] 卢秀安,陈俊,刘勇.教与学心理案例[M].广州:广东高等教育出版社,2002.

[23] 格里格,津巴多.心理学与生活[M].王垒,王甦,等译.16 版.北京:人民邮电出版社,2003.

[24] 郭瞻予,房素兰.让快乐伴你成长:大学生心理健康教育读本[M].修订版.沈阳:辽宁大学出版社,2015.

[25] 黎文森,谢建,刘晓君,等.大学生心理健康教育导论[M].长春:吉林人民出版社,2003.

[26] 傅佩荣.完整人生:Ⅰ[M].北京:北京理工大学出版社,2011.

[27] 张日冉,许波,杨延斌,等.大学生心理健康[M].3 版.大连:大连理工大学出版社,2014.

[28] 燕国材,马家乐.非智力因素与学校教育[M].西安:陕西人民教育出版社,1992.

[29] 李伯泰,等.教育心理学[M].上海:华东师范大学出版社,2000.

[30] 沈杰.中国转型时期青年社会心理[J].北京青年政治学院学报,2005(2):5-11,28.

[31] 张冲.大学生生命教育的意义及实施[J].江苏广播电视大学学报,2007(6):91-93.

[32] 郝静,龙霄,王丽晓.当代大学生“拖延症”现象分析[J].山西煤炭管理干部学院学报,2015,28(2):144-146.

[33] 杨新惠.学校环境对大学生心理健康教育的影响及对策[J].河北软件职业技术学院学报,2007(4):25-28.

[34] 洪叶.人生的大餐[J].视野,2009(20):13.

# 附录　心理测试量表及自测问卷

时间管理自我诊断量表

学习动力自我诊断量表

情绪稳定性自我测试

爱情态度量表

心理承受力自测问卷

心理适应能力自测问卷

生活压力测试

学生生活事件

自杀态度问卷(QSA)